U0613769

全球视野下的
中国与世界

WENMING JIDANG
Quanqiu Shiye xia de Zhongguo yu Shijie

国家图书馆 编

国家图书馆出版社
东方出版社

图书在版编目（CIP）数据

文明激荡：全球视野下的中国与世界 / 国家图书馆编 . —北京：国家图书馆
出版社：东方出版社，2022.2

（"部级领导干部历史文化讲座"20周年纪念版）

ISBN 978-7-5013-7406-9

Ⅰ.①文⋯　Ⅱ.①国⋯　Ⅲ.①国际关系—文集　Ⅳ.① D81-53

中国版本图书馆CIP数据核字（2021）第253752号

书　　　名	文明激荡：全球视野下的中国与世界
著　　　者	国家图书馆　编
责任编辑	王燕来　王　雷
助理编辑	闫　悦
责任校对	宋丹丹
装帧设计	奇文云海
出版发行	国家图书馆出版社（北京市西城区文津街 7 号　100034）
	（原书目文献出版社　北京图书馆出版社）
	010-66114536　63802249　nlcpress@nlc.cn（邮购）
网　　　址	http://www.nlcpress.com
排　　　版	阳光盛嘉
印　　　装	三河市龙大印装有限公司
版次印次	2022 年 2 月第 1 版　2022 年 2 月第 1 次印刷
开　　　本	710×1000　1/16
印　　　张	20
字　　　数	300 千字
书　　　号	ISBN 978-7-5013-7406-9
定　　　价	69.80 元

文明激荡

王晓秋

东亚国家的不同发展道路

王晓秋

王晓秋，1942 年生，祖籍江苏海门。1959—1964 年在北京大学历史系学习，1964 年毕业留校任教，先后任助教、讲师、副教授、教授。1987—1998 年任北大历史系中国近代史教研室主任。北京大学历史系教授、博士生导师、中外关系史研究所所长。曾担任第九、十、十一届全国政协委员，全国政协文史资料委员会委员，国家清史编纂委员会委员，北京市社会科学联合会常委，中国中日关系史学会副会长，中国中外关系史学会副会长，北京市中日文化交流史研究会会长，中日历史共同研究委员会中方委员等职。曾任日本文部省国际日本文化研究中心、日本中央大学、韩国高丽大学、法国巴黎高等师范学院等校客座教授，以及日本庆应大学、东京大学、泰国法政大学等校访问研究员。

主要研究方向为中国近代史、晚清史、中日关系史、中外文化交流史。主要著作有：《近代中日启示录》（获第二届全国政治理论读物一等奖，并已译成日文、韩文出版）、《近代中国与世界——互动与比较》、《近代中国与日本——互动与影响》、《近代中日文化交流史》、《近代中日关系史研究》、《中日文化交流史话》、《近现代中国的革命》（合著）、《民族英雄林则徐》、《晚清中国人走向世界的一次盛举》（获辽宁省优秀图书一等奖）等。主编《戊戌维新与近代中国的改革》、《戊戌维新与清末新政——晚清改革史研究》、《国外中国近现代史研究述评》、《中日文化交流史大系·历史卷》（中方主编，获亚洲太平洋出版协会1996年学术图书金奖）等。

今天我试图从全球和东亚的大视野出发，运用纵向比较和横向比较相结合的方法，论述东亚国家各个时代的变迁和不同时代东亚各国发展的历史。重点探讨中国、日本、韩国三个东亚国家发展道路上的共性和个性，进行政治、经济和文化的综合分析，并且剖析一些东亚发展史上的热点和疑点，特别是西方学者提出来的一些观点。力求总结历史的经验教训，探索历史的发展规律，以史为鉴，面向未来。同时谈谈自己的心得体会。

一、古代东亚文明的兴盛

谈发展道路，决不能割断历史。每个国家的发展，都是建立在这个国家的文化传统和历史积淀的基础之上，对于东亚国家来说更是如此。东亚地区有着悠久的历史和灿烂的文化，而且是现存唯一延续不断的人类古代文明。东亚文明为人类社会的发展作出过突出的贡献，甚至使许多西方的旅行家、思想家为之倾倒。古代的东亚不仅文化发达，经济发展也处在当时世界的前列。英国经济学家麦迪森在《世界千年经济史》中估算，在1700年，也就是清代康熙三十九年，中国的国内生产总值（GDP）占世界总量的22.3%，日本占4.1%，中国和日本加起来占世界总量的1/4还多。而当时整个西欧国家的生产总量加起来不过占世界总量的22.5%。当时的英国只占2.9%，美国仅仅是0.1%，这是1700年世界经济的情况。所以当时的中国无论文化还是经济都位居世界的前列。那么古代东亚国家的发展究竟有什么奥秘呢？下面我们来分析一下。

（一）东亚的地理概念和特征

东亚顾名思义指亚洲的东部，与之相对的有西亚、南亚和中亚。西方人从他们的立场出发，称东亚为"远东"，而东亚的人称西方为"泰西"。东亚分为广义的东亚和狭义的东亚。广义的东亚包括东北亚和东南亚。现代的东北亚包括中国、日本、韩国、朝鲜、蒙古，还有俄国的远东地区，东南亚包括越南、泰国、缅甸、印度尼西亚、马来西亚、新加坡等东盟国家。狭义的东亚指的主要是中国、朝鲜半岛和日本列岛这一区域。为什么把中、日、韩叫作狭义的东亚？因为这三个国家不仅有地理上的联系，而且还有着历史、文化、经济等方面的共同性。过去我们称之为"东亚文化圈""东亚朝贡贸易圈"或"东亚华夷秩序"。我们不是地理决定论者，不能用地理来决定一切；但是不能否认，地理因素对各国的发展有着重大影响，尤其在古代。我们知道东亚东临黄海、东海、日本海、太平洋，西靠喜马拉雅山、青藏高原、昆仑山、帕米尔高原。所以它实际上形成了一个半封闭的、和其他的文明相对隔离的小环境。而东亚的气候比较温和，中国有大江大河，适宜农业和水利的发展，也便于江河和沿海的交通，这个地理环境培育出了古代东亚一种比较高水平的农业文明。东亚地区的中国、韩国和日本从地理上看恰好是大陆、半岛和岛国，也就是从核心、外围到边缘的放射型文化圈。中国是核心，朝鲜半岛是外围，到了日本列岛已经是东亚文化圈的边缘了。这种地理位置对三个国家的发展道路和国民的心理都有很大的影响。日本人常常说他们是"岛国根性"。岛民的心理一般来说比较狭隘。但是他们处于东亚文化圈的边缘，也有他们的有利条件，就是他们更容易接受外来新事物，因为它离核心地区比较远。

（二）关于东亚文化圈

古代东亚之所以能创造出高度的农业文明，与中华文化的传播和影响是离不开的。东亚文化圈又可以叫作"汉字文化圈"或"儒学文化圈"，还有的人更通俗地叫它"筷子文化圈"。那么，中华文化是如何传播、辐射到朝鲜半岛和日本列岛，促进两国社会文化的发展，并且共同创造了辉煌的东亚文明呢？中华文化向朝鲜半岛、日本列岛的传播，有各种途径和方式，这里主要讲四个途径。

第一个途径是移民。在古代，中国和朝鲜半岛可以很方便地交通，到日本列岛可以通过朝鲜半岛渡海或沿着东海过去。所以中国的移民在很早的时候就到达了朝鲜半岛和日本列岛。传说公元前 11 世纪，就是周武王的时候，箕子带了很多人到朝鲜去。秦汉的时候，为了躲避战乱，有更多的中国人逃到朝鲜。汉初的时候，卫满率领他的族人到朝鲜自立为王。中国到日本的移民也很早。中国人到了朝鲜以后，通过两条路到日本，一条是通过朝鲜海峡对马岛，另一条是沿着所谓的日本海环流路，到达日本的北陆地区，本州的北部。

在公元二三世纪的秦汉之际，有一批中国人移民到日本。其中象征性的代表人物就是大家熟悉的徐福。徐福骗了秦始皇，带了三千童男童女和中国的工具种子等出海东渡。"徐福东渡"是司马迁《史记》中最早记载的。但司马迁没有明确说徐福到了日本，后来中日两国民间传说都把徐福描述成中国上古向日本移民的代表人物。当时的日本社会从以采集为主的绳文时代进化到以农耕

日本徐福公园里的徐福塑像
聂鸣 / 供图

为主的弥生时代，这个发展跟中国的大批移民带去先进的生产技术有关系，这一点连日本学者也承认。中国去日本的移民一直没有断，魏晋南北朝、隋唐、明清都有。比如明末有名的思想家朱舜水和隐元和尚等等。

第二个途径是通过遣使。公元 1 世纪到 7 世纪，朝鲜半岛处于三国时代，三个国家一个叫高句丽、一个叫百济、一个叫新罗。这三个国家都跟中国有遣使往来。唐代初年百济派了 20 多次使节到唐朝，新罗派了 30 多次，同时唐朝也派了 9 次使节到新罗。日本遣使也很早，倭奴国早在公元 1 世纪的时候，就向当时的东汉王朝派遣使节，后来倭五王时代也向中国遣使进贡。特别是到了日本的奈良平安时代，开始派遣大型的使节团即遣隋使、遣唐使到当时中国的隋朝和唐朝，全面学习中国的经济、文化、制度、艺术，推动了日本社会的进步。日本的第一次改革"大化改新"，就是在这种学习的基础上进行的。明朝的时候，日本还派过遣明使。朝鲜在李朝时代的初年也向明朝派遣使节，据统计有 300 多次，到了清朝，李朝的使节有 500 多次，大量吸收中华文化。

第三个途径是留学。早在隋唐时期就有不少日本、朝鲜留学生来中国。还有一种是留学僧，即留学的和尚。比较有名的留学生有阿倍仲麻吕。唐朝的时候，国子监里的新罗留学生有 200 多人，有些人还考中了中国的进士，在唐朝做官。宋代、元代、明代来中国的日本人中更多的是僧人，他们被称为入宋僧、入元僧和入明僧。

第四个途径是贸易。朝鲜对中国主要是朝贡贸易。日本对中国，在宋、元时期主要是民间贸易，明代是勘合贸易，到了清代是信牌贸易。

中华文化传播的内容也是丰富多彩的，比如生产技术、生产工具、文字、制度、法律、经济、思想、宗教、文学、艺术，一直到社会习俗等等，有些影响一直到今天都还存在。其中影响最大、最深远的是文字和儒学，成为中华文化圈各国最重要的共性。

大约公元 1 世纪时，汉字传到了朝鲜半岛。四五世纪时成为朝鲜的书面文字，直到 19 世纪末。朝鲜李朝的档案叫《李朝实录》，完全是用汉字写的。第二次世界大战以后，朝鲜首先于 1949 年停用汉字，韩国 1970 年也停用汉字。但是现在很多韩国学者又提出要恢复汉字，他们认为停用汉字是一个很不明智的做法，影响了文化的发展。

汉字大概是在公元三四世纪传到日本的。根据日本史书的记载，最初是一个叫王仁的博士，到朝鲜当五经博士，讲授儒学，在朝鲜又应日本官方的邀请，到日本去传授儒学。他为日本带去了《论语》和《千字文》等书籍。日本东京的上野公园还专门立了一块碑，叫作"王仁博士碑"，上面介绍了他怎样把《论语》等书籍带到日本。汉字也成为日本官方的书面文字。

到了公元八九世纪，日本才在汉字的基础上创造了假名。但是公文中大部分还是汉字，即使假名发明了以后，仍然是假名和汉字混用。直到现在，日本的文字中间还是既有假名又有汉字，还有很多西方的外来语。现在日文里面还有 1945 个常用汉字，他们的中小学生必须要学会，否则就看不了日文。古代东亚三国共同使用汉字，为三国之间在外交、贸易，以及文化交流、人际交往、感情沟通等方面创造了一个极为有利的条件。

中国的儒家思想早在公元 1 世纪就传入了朝鲜半岛，当时有些朝鲜人已经能够背诵《诗经》。到三四世纪的时候，朝鲜半岛的高句丽已经建立了儒学的最高学府——太学。百济设立了五经博士，专门讲儒学。7 世纪的时候，新罗国也开设了国学，学习儒学。到 12 世纪的时候，高丽王朝还设立了经建制度，专门讲授儒学。到了李氏朝鲜时期，专门设立一个机构——成均馆，讲授儒学。后来成均馆变成一个大学，叫成均馆大学。这个学校是世界上唯一有儒学院的大学，这个儒学院不但学儒学经典，还学儒家的礼仪，包括祭祀的仪式、舞蹈等。

日本《东征传画册》第四卷描绘的抵达唐朝港口的日本遣唐使船只　　　　　　文化传播 / 供图

　　日本是在 4 世纪的时候，由王仁博士带去儒家的经典《论语》。后来派往中国的遣隋使、遣唐使、留学生更是带回了大量的儒家经典。到了 17 世纪，日本的江户时代，中国儒家的朱子学，就是朱熹的理学，已经成为日本的官学。日本民间盛行的是阳明学。儒家思想也深刻影响到朝鲜和日本的政治、经济、文化、社会、宗教以及伦理道德、价值观念、行为准则等等各个方面。所以它成为东亚文化圈的一个重要特征。

　　朝鲜和日本在吸收和借鉴中华文化的过程中，也有改造、创新和发展。我们不能认为它们完全是模仿、照搬中国的文化。比如日本，吸收了唐朝的大量文化，当时称为唐风文化。但是后来经过他们的融合、改造，逐渐形成了国风文化，就是具有日本本国民族特色的文化。朝鲜古代虽然使用汉字，但是后来为了使一般的民众、官员能够按朝鲜语来阅读，在 7 世纪的时候，新罗的薛聪就仿照汉字的结构，创造了一种韩文，叫作吏读文，又叫作谚文，就是官吏也能读的文字。到 15 世纪的时候，朝鲜李朝的世宗大王，命令官员用汉字的笔画创造了一种表音文字，当时称为正音字，就是今天的韩文。

日本人在公元八九世纪的时候，也是在汉字的基础上，创造了假名，作为日本的字母来拼写日语。日语里边的假名有两种，一种假名是简化了汉字楷书的偏旁、部首制造的，叫片假名，现在大部分用来记载外来语。更常用的是简化了汉字的草书而形成的，叫作平假名，平假名是现在日语里边最常用的文字。所以现在的日语就是由假名、汉字，再加上西方的外来语混合的一种文字。日本人在吸收了汉字的很多词汇以后，又创造了很多有新含义的汉字。例如"干部""主义""哲学""社会"等很多新名词，这些词是明治维新以后，日本人在向西方学习的过程中创造的，中国的留日学生又把这些汉字吸收回中国，成为汉语中的新名词，所以应该说中日的文化是互相交流的。

日本人在学习中国的制度、礼俗时，有两样东西没有学。一个是宦官制度，一个是缠足的礼俗。因为太监制度、缠脚风俗是陋习，所以他们没有学这些，我觉得是明智的。日本还对学习到的东西加以改造、推陈出新，有些方面甚至青出于蓝而胜于蓝。中国的儒学传到日本后，逐渐被日本化了，他们把儒学与日本固有的神道结合起来，神儒调和，还把儒学跟佛教结合起来，儒佛调和。朝鲜也有很多儒家的学者对儒学进行了发展。比如说朝鲜学者李退溪，他对儒学的研究很深，被称为朝鲜的"朱子"。

中国的饮茶、书法、插花、武术等传到日本后，被改造成一种独特的道的文化和艺能，日本人称之为道文化。如喝茶变成茶道，书法成为书道，插花变成花道，剑术变成剑道，射箭变成弓道，武术变成柔道，这是日本人的一种发展。还有中国的一些工艺，比如中国的扇子、刀箭、漆器、陶器、瓷器等传到日本和朝鲜以后，也得到推陈出新。中国的扇子原来主要是圆的团扇，后来日本和朝鲜把它改造成折扇，可以折叠起来，而且扇面上可以有各种画，这种扇子后来又传回中国。所以我们可以看到东亚文化圈的共性，使中、日、韩三国人民更容易沟通、交流，也是东亚各国应该发扬和利用的一种传统文化遗产。

但是现在有些日本人和韩国人，企图否认中国文化的影响，鼓吹所谓的"去中国影响化"，要把中国的影响去掉。有的日本学者说，日本的文化跟中国没有关系，日本是一种海洋文化，中国是大陆文化。有的日本学者为了证明日本的历史也是非常古老的，不惜弄虚作假。日本东北旧石器文化研究所的副理事长藤村新一，为了证明日本历史很早，自己偷偷地往地里埋文物，然后再挖出来，说是新发现。

韩国有些学者现在也在制造一些舆论，说黄河文明的祖先实际上是韩民族。有的韩国电视剧也在歪曲历史，这是一种极端的民族主义，这种倾向也是值得我们警惕的，应该尊重历史。

（三）关于华夷秩序和朝贡贸易

古代东亚各国之间有一种前近代的国际秩序，就是人们常说的"华夷秩序"和"朝贡贸易"。它对古代东亚各国的发展道路影响非常大，学术界有各种各样的看法。

"华夷观念"是从中国发源的，后来逐渐成为东亚文化圈各国统治者和知识分子共同的传统观念，它以儒家的仁义、礼仪作为价值标准，以"内华外夷""华夷之辩""以华变夷"作为价值取向。实际上华夷观念包含了一种华夏中心地理观，认为中国就是世界的中心，还有一种就是华夏文化的优越观，认为中华的文化是最优越的。从这种华夷观念出发，企图要构造一种东亚的国际秩序。"华夷秩序"以中国的天朝为中心，然后向周围四方传播教化，传播儒家思想、导以礼仪，而周围的藩属邻国，像朝鲜、琉球、日本、越南等，应该向中国朝拜进贡，慕德向化。这种华夷秩序主要通过中国的册封、赏赐、颁正朔（历法）和各国的遣使、奉表、朝贡等一整套制度礼仪来体现，因此有的学者也称之为"册封朝贡体制"或"天朝礼治体制"。

古代东亚华夷秩序和朝贡贸易体系有个形成和演变的过程。两汉时期，朝鲜中南部有三韩，叫辰韩、马韩、弁韩，它们通过汉代在朝鲜北部的乐浪郡向中国进贡。东晋时期，百济国向东晋王朝正式遣使进贡，受册封。唐朝的时候，新罗向唐朝遣使朝贡，高丽王朝向北宋和元朝进贡，李氏朝鲜王朝向明朝和清朝进贡。

日本最早是在东汉的时候，由倭奴国向中国进贡。《后汉书》上记载，公元57年倭奴国来奉贡朝贺，汉光武帝赐给倭奴国王一个金印。1784年在日本九州的福冈县志贺岛上，出土了一个金印，就是当年汉光武帝赐给倭奴国王的金印，这个金印叫作"汉倭奴国王金印"，经过考古学家各方面的考证，确实就是当年汉光武帝赐给日本的金印，证实了这段史料的记载。隋唐时代，日本派出许多次大型遣隋使团、遣唐使团，全面向中国学习，推动了日本的"大化改新"和社会进步。宋元时代，日本曾脱离华夷体系，明代日本室町幕府将军足利义满一度恢复对中国朝贡，后因倭寇问题又游离于华夷秩序之外，但明清时期还保持着半官方的勘合贸易和信牌贸易。明清之际，朝鲜与日本还一度产生"华夷变态"，即不承认清朝是中华正统，而认为自己才是"小中华"或华夷体系中心。一直到1895年中日甲午战争以后，"华夷秩序"才彻底解体。

应该承认，这种华夷秩序具有封建的不平等性质，但它与西方殖民主义国际秩序、宗主国与殖民地关系有着本质的不同。中国基本上不干涉朝贡国的内政，册封只是承认既成事实，并且主要采取和平手段，注重礼仪形式。还实行厚往薄来原则，赏赐品往往远多于贡品，并允许在中国贸易。朝鲜、日本等国曾把朝贡当作与中国进行贸易的重要途径。因此日本学者滨下武志认为朝贡的特征是商业贸易行为，对古代东亚经济发展起了重要作用。

二、近代东亚的巨变

19世纪东亚文明由盛极转衰之时，遭到西方资本主义列强的冲击和挑战，东西方历史走向出现巨大的反差。可以说19世纪中叶，中、日、韩三国后发型近代化启动的时候，基本上处于同一条起跑线上，尚有选择本国发展道路的机会。三国统治者先后进行了类似的近代化改革，如中国的洋务运动、日本的明治维新、朝鲜的开化运动。然而到19世纪末，三国已经走上三条不同的道路，中国沦为半殖民地，朝鲜沦为殖民地，而日本却成为亚洲唯一的帝国主义强国。为什么近代东亚三国发展道路有如此大的不同？以往中外学者从各种角度有各种分析，往往强调一两种因素。我认为实际上是东亚三国各种内外因素合力作用的结果。

（一）中国沦为半殖民地的曲折历程

中国是西方列强冲击的主要对象。1840 年鸦片战争使中国成为东亚最早被西方列强用武力打开门户的国家。但由于中国的封建统治者对世界形势的愚昧无知，缺乏危机意识和变革意识，鸦片战争后错失近 20 年改革机遇。鸦片战争结束以后，签订了《南京条约》，当时统治者把它称为"万年和约"，认为可以保一万年的太平，所以他们仍然苟且偷安、麻木不仁，过着享乐腐化的生活。他们对西方的冲击反应迟钝，没有及时地改弦更张。

外力的冲击往往可以刺激一个国家的改革，但是清朝的最高统治者没有这样做，直到 1860 年英法联军打进了北京、火烧了圆明园，清政府在太平天国农民起义和第二次鸦片战争的双重打击下，才不得不启动了中国近代历史上的第一次改革——洋务运动。所以中国的近代化改革是在第二次鸦片战争以后才启动，如果在第一次鸦片战争以后马上启动，中国的改革就可以提前 20 年。

西方画家笔下第二次鸦片战争中英法联军洗劫圆明园的情景　　　　　　　　　海峰 / 供图

洋务运动是中国近代化的一个开端，办工厂、建海军、办学校、派留学生，这些应该说是符合历史发展潮流的，但它根本的指导思想是用西方技术维护封建体制的"中体西用"，制约了改革的深入。1895 年甲午战争中国失败，洋务派创建的北洋海军全军覆没，《马关条约》割地赔款，又引发了瓜分危机。在这样严重的民族危机之下，洋务运动实际上破产了，所以维新派提出了"维新变法，救亡图存"，就是要求进行政治上的改革，推动光绪皇帝实行戊戌变法。但是 1898 年的百日维新最后也失败了，其根本原因是当时中国新旧力量的对比过于悬殊，而当时光绪皇帝和维新派脱离中国的国情，企图照搬日本明治维新的模式。我认为戊戌维新的失败，实际上使中国丧失了选择发展道路的主动权。从此以后，近代中国已经没有自主选择发展道路的可能了。

八国联军侵华以后，慈禧太后也不得不实行清末新政。她改革官职、废除科举、操练新军，应该承认这些也是近代化的措施，但是毕竟已经不能挽救腐朽不堪的清王朝了，最终被辛亥革命所推翻。辛亥革命后的近代化努力又被军阀混战延误，再遭日本侵略所打断。中国在半殖民地深渊中越陷越深。

（二）朝鲜沦为殖民地的悲惨命运

朝鲜历史上将西方的冲击称为"洋扰"。虽然李朝统治者也产生过危机意识，但对危机反应比较迟钝，一旦西方军舰被打退，他们又高枕无忧、不思进取了。

当时朝鲜的统治阶级叫作"两班"官僚，所谓的"两班"就是文官和武官。1876 年爆发"江华岛事件"，朝鲜门户被日本打开，日本用武力强迫朝鲜签订了《江华条约》。当时朝鲜的统治阶级也实行了一些改革，叫作开化运动。推动开化运动的官员叫开化派，开化派又分成两派：一派是所谓的激进开化派，他们主张全盘仿效日本明治维新，而且企图依靠日本的势力来推进改革。激进派在 1884 年发动了一次政变，叫甲申政变，这个政变劫持了国王，杀戮了大臣，结果迅速地失败了，当时清朝也派军队去镇压。另外一派是温和改革派，它主张仿效中国的洋务运动缓进改革，并且维持和中国的宗藩关系，主要依靠中国的势力。

19世纪90年代，列强在朝鲜展开了一场激烈的争夺。1894年爆发了朝鲜历史上最大规模的东学农民战争。他们提出的口号是"逐灭倭夷""尽灭权贵"，就是要赶走日本和西方侵略者，打倒权贵，最后被政府军和日本军队联合镇压了。开化派后来又在日本的支持下，搞了两次改革政变。1894年的叫"甲午更张"，1895年的叫"壬午改革"。在这次改革中，他们在日本操纵下，监禁了国王，杀害了闵妃，这样也失去了人心，很快失败了。

1897年朝鲜的李朝政权改国号为大韩帝国，国王改称皇帝，企图通过改国号加强专制的皇权，提高它的国际地位。但结果不仅不能维护独立主权，反而进一步沦为日本的殖民地。1904年，日本通过《韩日协约》把韩国变成了它的保护国。1910年还逼韩国签了《日韩合并条约》，从此以后，韩国完全沦为日本的殖民地。根据韩国学者的研究，当时韩国纯宗皇帝没有签字，是当时的总理大臣李完用在上面签的字。所以现在韩国正在追究韩奸的历史责任。

（三）日本走上资本主义、军国主义的道路

日本明治维新为什么能够成功？为什么能够走上资本主义道路？有着多方面复杂的原因，我简单地归纳为以下几条：

1. 江户时代发展的基础和特色

日本并不是在明治维新时一下子就发展起来的。日本在江户时代，已经有了一定的基础。日本的体制跟中国不太一样，它的政治体制是一种幕藩体制。藩主实际就是各个封建领主，他们有一小块自己的领地。因此日本的经济体制是一种领主制土地制，跟中国的地主所有制不太一样。这种土地制度相对更接近于欧洲的领主制。所以有学者分析，正是因为日本的这种体制比较接近于欧洲，所以更容易产生资本主义。

日本虽然在文化上学习儒学，但是它还有学习西学和兰学的传统。当时日本实行锁国体制，但是它允许两个国家跟它进行贸易，一个是中国，一个是荷兰。它主要通过长崎这个贸易窗口得到外国的知识。

日本的国门是被美国的舰队打开的。美国培理舰队于1853年、1854年两次抵达日本，最后打开了日本的门户。开国以后，日本统治者感到严重的民族危机，所以从中央的幕府到地方上各个藩都开始进行改革。所以在明治维新以前，日本已经在搞幕藩改革了。

当时中国发生了两次鸦片战争，给日本敲响了警钟。这一点日本的学者也承认。正因为有了中国鸦片战争这个前车之鉴，才使日本的统治者产生强烈的危机意识和变革意识。

2. 日本新旧势力的力量对比

日本维新势力以天皇为首，以中下级的武士作为骨干，以地方上的强藩作为后盾，而且得到很多农民、市民、商人的支持。维新势力大大超过了幕府的守旧势力。维新派利用幕府内外交困的条件，抓住了机遇。当时中国爆发了太平天国运动，西方列强主要关注的是中国的局势发展，没有更多精力重视日本。所以当时就有日本学者说，如果没有太平天国运动，英法早就对日本大动干戈了。

过去我们有个误解，以为明治维新完全是一个和平式的改革，实际上倒幕维新也经过战争，日本历史上称为戊辰战争。这场战争打得也很激烈，死了很多人。只是最后打到江户（今东京）的时候幕府军投降了，之后建立了明治新政权，利用国家的力量，推行了各项改革措施。

3. 明治政权全面地逐步地推行了资产阶级的改革

1871年，明治政权刚刚建立，就派出"岩仓使节团"出访欧美。明治政府的重要人物几乎都在使节团内。他们到欧美12个国家考察一年多的时间。"岩仓使节团"的口号是"求知识于世界"。他们通过考察明确了发展方向，就是要全方位地学习、引进西方资本主义的政治、经济、文化、教育制度。回国以后，他们制定了三大政策，即"文明开化、殖产兴业、富国强兵"。还制定了一个目标，就是"脱亚入欧"，即争取与欧美列强联合，掠夺亚洲邻国。1889年日本颁布了《大日本帝国宪法》，1890年召开了帝国议会。这标志着日本基本上完成了向资本主义近代国家转型的过程。

4. 日本的资本主义发展，与掠夺亚洲邻国是分不开的

日本近代能够得到如此迅速的发展，与掠夺、牺牲亚洲邻国的主权利益分不开。

《马关条约》规定中国向日本赔款2亿两白银，实际上是2亿3150万两，3000万两是三国干涉还辽后的所谓赎辽费，还有150万是威海卫的驻兵费，它在中国驻兵还要我们交费。这样一大笔赔款，使日本成为亚洲的暴发户。这些钱他们用来做什么了呢？我特别查了日本的财政史，其中百分之七八十都用来扩军备战，发展海陆军和重工业了。这使它的工业基础大大地加强了。还有一部分用来开发殖民地中国台湾和朝鲜，再有一部分作为教育基金和天皇的经费了。

日本还利用这笔赔款把它的货币单位从银本位转为金本位，从而进入到世界金融贸易体制里。同时它通过掠夺、榨取殖民地的资源、原料、农产品、劳动力等等，进一步完成了向帝国主义的过渡。1931年日本发动了九一八事变，开始侵略、掠夺中国东北的资源，以后又发动全面的侵华战争、太平洋战争。它不但对中国、朝鲜进行掠夺，还对东南亚各国进行掠夺，这就成为日本帝国主义经济发展的重要支撑。

再谈谈日本为什么会在走上资本主义道路的同时走上军国主义道路。

（1）历史渊源。从古代到中世纪，日本形成了一个武士阶级，所谓的幕府就是将军执政的武家政权。武家政权弘扬的是一种武士道精神，它宣传的是"海外雄飞论"。他们认为日本只是一个岛国，资源太贫乏，应该到海外去发展。日本明治维新的一个重要思想家叫吉田松阴，他认为"失之于欧美应该取之于中朝"。他认为日本如果被欧美侵略了，失掉的东西应该到中国和朝鲜去寻找补偿。

（2）明治维新的不彻底性。明治维新虽然是一次成功的改革，但是它并不彻底，保留了很多封建残余，特别是它的天皇制度。日本军人的势力很强，通过军部即参谋本部来干涉政权。

（3）"脱亚入欧"的道路。"脱亚入欧"是日本的著名启蒙思想家福泽谕吉

提出来的。他在书里倡导的是什么呢？他认为日本应该跟西方列强联合起来去改造亚洲的邻国。"脱亚入欧"的本质就是牺牲和掠夺亚洲的邻国，来达到自己走上西方式发展道路的目标。

（4）屡次发动侵略战争得手致使野心膨胀。日本通过甲午战争，成为亚洲的暴发户。后来又参加八国联军，强迫中国签订《辛丑条约》，分得一部分赃款。日俄战争，日本又打败了俄国，取得东亚霸权。它不断地扩大对外侵略战争，第二次世界大战时期，又勾结德、意法西斯，建立法西斯同盟，发动了太平洋战争，妄图称霸世界。

所以近代东亚历史的巨变，东亚三国近代的三条不同发展道路是非常令人深思、发人深省的。

三、现代东亚的重新崛起

20世纪中叶，第二次世界大战刚结束时的东亚，已是满目疮痍，当时被认为是"世界上最没有希望、最不稳定的地区"。曾几何时，日本首先重新崛起，成为世界第二经济大国；韩国经济起飞，成为新兴工业国家；中国在改革开放后经济高速增长，正在实现伟大的民族复兴。西方人不禁惊呼，称其为"东亚奇迹"，把东亚看作"世界上最有活力、最有前途的地区"。半个世纪之间，变化反差如此之大，令人难以置信，其中原因奥秘何在？学者们作了各种探讨，简要分析归纳如下。

（一）日本重新崛起之路

1945年日本投降时，本土100多个城市被美军轰炸。广岛和长崎被投放了两颗原子弹，国土一片废墟，国民经济濒临崩溃。为什么日本能很快恢复、重新崛起呢？

1. 战前工业化遗产是战后经济复兴的基础

第二次世界大战中，日本虽然被轰炸，但它的一些生产设备、技术优势还保留着，特别是它的智力资本和教育普及。日本当时已经培养了一批优秀的技术人才、设计人才，这些都为它下一步的发展奠定了基础。

2. 特殊的国际环境提供了发展机遇

20 世纪 50—70 年代，正好是世界资本主义上升和现代化浪潮兴起的时代，出现了新一轮的技术革命。尤其是冷战国际形势，给日本提供了一个有利的条件。西方阵营当时为了跟东方社会主义阵营进行冷战，把日本看成是东亚的战略枢纽，看成是东亚的反共前哨和基地，所以对日本加以扶植。

3. 最重要的是美国的扶植支持

战后美国单独占领日本，由于冷战需要，对日政策从压制打击转为扶植支持，提供美援贷款，削减赔偿，主导经济、民主改革。1951 年，由美国操纵举行了旧金山和会，片面对日媾和，签订了《日美安全保障条约》，就是我们平时说的《安保条约》。这个条约规定美军驻扎在日本，与日本建立军事同盟，美国给日本提供安全保障。日本在美国的安全保护伞下节省了大量国防军费的开支。1986 年以前，日本的军费在 GDP 中连 1% 都不到。所以我认为美国的扶植是日本能够所谓重新崛起的一个最重要的因素。

朝鲜战争、越南战争给日本带来了大量的特需供应。所谓的特需经济就是战争给它带来大量的订货单，向日本购买武器、弹药和其他各种军用品，订单之多以至于日本的工厂都来不及生产，这极大地刺激了日本的经济繁荣。

4. 日本自身的因素

日本政府采取了政府主导型的市场经济模式，这种模式的调控主要是通过通商产业省进行。通商产业省制定了官、产、学三位一体的产业政策。日本还实行了一些特别的经济制度，比如说日本的企业采用终身雇佣制、年功序列制、企业工会制和个人储蓄制。这些管理制度也起到了一些推动的作用。

日本重视科学教育和国民素质、劳动者技能的提高。在这些内外因素合力的作用下，1979 年日本一跃成为世界第二经济强国。美国学者傅高义写了一本书叫《日本：世界第一》，主要讲日本是怎么创造这个奇迹的。日本人自己也说"日本可以说不"。当时西方普遍流传"日本威胁论"，日美的贸易摩擦很尖锐。

但是到 90 年代，日本经济泡沫破灭，各种危机也暴露出来。从这以后很长一个阶段，日本的经济都不景气。经济的不景气也引起了社会的右倾化和国民心理的扭曲。

（二）韩国经济起飞之路

朝鲜半岛在 1945 年第二次世界大战结束时，摆脱了日本的殖民统治，取得独立。但是它分裂成南部的大韩民国和北部的朝鲜民主主义人民共和国，也就是我们今天说的韩国和朝鲜。1950 年爆发了朝鲜战争，1953 年朝鲜战争结束，韩国也是满目疮痍，1960 年人均国民生产总值仅 83 美元。然而从 1962 年经济起飞到 70 年代末，在不到 20 年的短短时间内，韩国一跃成为实现了工业化的"亚洲四小龙"之一，1996 年人均国民生产总值已经超过了 1 万美元。韩国经济为什么能如此迅速地起飞呢？我分析，主要原因如下：

1. 韩国经济起飞前的经济基础。日本殖民统治时期，韩国积累了一些资本主义因素。第二次世界大战后，在美国的推动下，李承晚政权进行了一些改革，包括土地改革、拍卖日资工矿企业、将银行私有化、启动城市化等，美国给予了一定的经济援助。但是由于当时行政腐败，经济恢复得很缓慢。

2. 朴正熙上台以后，确立了以经济发展为中心的发展路线。1962 年 5 月 16 日，朴正熙军事集团发动军事政变，建立了一个军人独裁政权。但是朴正熙上台后，把经济发展作为压倒一切的中心任务和国家目标。朴正熙政权虽然是一个军人政权，但是他却把经济建设作为中心任务。有些学者把它叫作威权主义，就是利用政治上的专制来保护经济上的自由和发展。朴正熙还严惩贪污腐败，保持行政机构的廉洁和效率。

3. 政府主导型的市场经济发展模式。政府加大对经济的干预，制定了几个五年计划，完成了从进口替代型向出口导向型的工业化战略转变。政府与企业家密切融合。70 年代初，韩国的经济增长很快，主要是靠轻工业的出口生产，以后又进一步鼓励发展汽车工业、重化工业等工业。韩国经济起飞以后也暴露了很多问题，如产业结构畸形、劳动力工资上升过快、外债负担过重、依赖国

际市场和进口能源、中小企业发展不够等等。1979 年，朴正熙被暗杀，全斗焕
军人政府上台。全斗焕开始推动政府主导型向民间主导型转变，进行了产业结
构的调整。80 年代，韩国经济又出现了一个新的增长。1987 年卢泰愚上台，开
始推行政治民主化改革与经济自由化改革的结合。1988 年举办的汉城奥运会对
韩国是一个机遇。韩国的发展道路是先实行经济的现代化，再转向政治的民主
化。韩国发展模式的特点是政府和财阀相互依赖。这种特点也存在很多的矛盾
和问题，特别是财阀的膨胀、官商勾结，还有过热的民族主义情绪等等。韩国
后来也出现了泡沫经济，1997 年爆发亚洲金融危机的时候，韩国的经济遭到了
沉重的打击，这些都是值得我们引以为戒的。

（三）中国的民族复兴之路

1949 年中华人民共和国成立时也是一穷二白，人民革命的胜利和社会主义
制度的确立，为中国奠定了根本的政治前提和制度基础。但如何发展，还需要
不断探索。中华人民共和国成立后，曾照搬苏联发展模式，搞计划经济，"大
跃进"走了弯路，接着是三年自然灾害、"文化大革命"十年浩劫。1978 年召
开党的十一届三中全会后，中国坚持改革开放，以经济建设为中心，抓住机

中国通过改革开放实现了经济腾飞。图为中国改革开放窗口城市深圳新貌   CNSPHOTO/ 摄

遇，30 年高速发展。2008 年北京奥运会、2010 年上海世博会又是机遇。我们终于找到了一条中国特色社会主义道路，用科学发展观全面建设小康社会。这条道路我们一定要坚定不移走下去。

四、几点心得体会

回顾上述东亚国家从古代到近代、现代的发展历史，最后再谈谈几点心得体会。

（一）传统与现代化的结合

东亚的传统文化是东亚国家发展道路上的一个重要因素，这个因素究竟是财富还是包袱？我们应该作全面的分析。我们对传统文化应该采取取其精华、去其糟粕的态度，使它和当代的社会相适应，与现代的文明相协调，我们还要和世界的优秀文化相融合，在中国特色社会主义现代化建设中发挥更大的作用。我觉得这里特别重要的一点是，要保持一种文化的自觉，这是费孝通先生提出来的。文化自觉就是要知道我们中华民族的文化到底是什么样的文化，到底哪些是精华、哪些是糟粕，知道世界其他国家的文化是什么，这样才能够在全球化的浪潮中间不失去自我，保持民族性、体现时代性，用中国特色社会主义文化来丰富世界的文化。

（二）机遇与挑战同在

回顾东亚各国发展的历史，我们可以看到，能不能抓住机遇、能不能应对挑战、能不能把外来的压力变成动力、能不能保持一种危机意识和忧患意识，对一个国家的发展来说至关重

要。近代的中国曾经多次错失机遇，而战后日本、韩国抓住了机遇。2008年北京奥运会和2010年上海世博会是巨大的机遇。但是机遇和挑战总是并存的，所以我们还要居安思危，应对这个挑战。实际上我们面临的挑战很多，全球化的国际竞争，国内的发展不平衡，贫富差别以及金融、能源、环境、安全等等都有很多风险和挑战。东亚发展历史上的很多教训值得我们引以为戒。

（三）借鉴与创新并举

中国的现代化是一种后发型、赶超型的现代化，所以我们必然要借鉴一些西方发达国家和东亚邻国的经验教训。人类文明的一切优秀成果都是可以共享的，但是我们绝对不可以简单地模仿和全盘照搬。我们必须要立足本国的国情进行探索，特别是要创新，走出自己的发展道路，坚定不移地走中国特色社会主义道路。提高自主的创新能力，建设创新型的国家，这是国家发展战略的核心，也是提高综合国力的关键。我们要不断地完善中国特色社会主义理论体系，实践科学的发展观，实现中华民族的伟大复兴。

（四）走东亚和平合作发展之路

东亚的历史证明，中、日、韩三国关系是东亚地区和平发展的重要因素。过去历史上那种以邻为敌、以邻为壑，企图靠侵略、掠夺和损害邻国使自己富强的发展道路已经彻底破产了。中、日、韩三国是搬不走的邻邦，有着2000多年的文化交流传统，所以我们只能够以邻为伴、与邻为善。东亚各国应该发扬互信、互惠、互利、协作的精神，共同营造东亚地区和平稳定、合作共赢的环境，走一条东亚和平、合作、发展之路。

（讲座时间　2007年）

李工真

废墟上的奇迹

李工真

李工真，1952年生，湖北武汉人。历史学博士。武汉大学历史学院教授、博士生导师。1988年、2009年访学德意志联邦共和国特里尔大学、柏林自由大学。曾任中国德国史研究会副会长，中共中央组织部干部教育局全国干部教育培训基地师资库主讲人。享受国务院政府特殊津贴。主持多项国家社会科学基金、教育部人文社会科学基金项目，并多次获得国家及省级人文社会科学优秀成果奖项。

主要研究方向为德国历史文化及现代化问题。主要代表作有:《德意志道路——现代化进程研究》《文化的流亡——纳粹时代欧洲知识难民研究》《德国现代史专题十三讲——从魏玛共和国到第三帝国》《大学现代化之路》以及个人学术论文集《德意志现代化进程与德意志知识界》。在《历史研究》《世界历史》等重要学术期刊上发表相关论文50余篇。

第二次世界大战的硝烟散去已经整整70年了,作为两场世界大战的发动者,德国经过了第二次世界大战的洗礼后又在一片废墟当中重新崛起。德意志民族今天在欧洲重新赢得了人们的尊重,主要是由于它对自己过去犯下的战争罪行进行了深刻的反思,并在一种西方民主制度下和平地走过了这70年。今天我们主要关注的问题是:德国在战后是如何从一片瓦砾堆中重新崛起的?对于这个问题的探讨,能为正在进行社会主义现代化建设的中国提供某些有益的借鉴。

　　联邦德国于 1949 年 9 月 20 日宣布成立后，所走的路程几乎跟新中国一样长，但它并没有像第一次世界大战失败后建立起来的魏玛民主共和国那样被极端民族主义势力所颠覆，而是已经和平发展了整整 66 年。在这 66 年间，德意志民族成为对纳粹罪行最为清醒的反思者、"欧洲共同体"最为重要的奠基者、世界和平最为积极的呼吁者。

　　今天的德国人对战争是最没有兴趣的，也是反战反得最厉害的。面对如此巨大的历史反差，人们不禁会提出这样一个问题，过去的世界头号"战争民族"，今天为什么会成为一个世界头号的"商业民族"？要回答这个问题，就要把目光集中在战后德国人对自身历史的反思上，集中在他们与我们的"社会主义市场经济理论"只差两个字的"社会市场经济理论"及其所带来的经济奇迹上。

一、"社会市场经济理论"的出台

　　第二次世界大战的结局对德国来说意味着纳粹帝国被彻底摧毁，长期以来控制德国军政大权的容克贵族及其军官团被彻底铲除。从政治重建这个意义上

第二次世界大战后的德国柏林是在战争废墟上建设起来的。图为 20 世纪 50 年代的柏林风貌

王琼 / 供图

讲，德国战后未来的政治家们是最幸运的人，因为他们在从事战后重建时，没有任何历史留下来的政治抵押品，他们是在一个完全空白的基础上来构建一个新社会的。德国统一给战后的德意志民族留下的最珍贵的历史遗产就是：除了一片废墟以外，还留下了一个重新选择的机会，但这个选择的机会是打有历史印记的，是带有历史的警告性的。因此，德国在战后能够在一片废墟上创造经济奇迹，是与其所处的这样一个大环境、大背景息息相关的。

（一）战后德国的经济局势

1. 战争留下的一片废墟

战后德国经济可谓一团糟。在第二次世界大战结束时，它的工业总生产能力的 50% 以上已被战火完全摧毁，国民生产总值倒退到 1938 年 40% 的水平。最重要的铁路、隧道和桥梁全被炸毁，食品日常消费量降到人均每日不足 1000 卡路里的水平，家用燃料煤的供应量下降到战前的 25%，住房的三分之一被完全摧毁，40% 遭到严重破坏，成为一片废墟。而此时还有上千万的东德难民涌入西部地区，占据了西德人口的 20%，千百万人在忍饥挨饿、无家可归、流离失所。

在那个时代里，每个人醒着的时候都在为吃饭而奔波，若是经济生活能得到保障，那就是人生最高的奖赏。我们能看到的那个时代留下的照片中的人物几乎全是妇女，因为当时有 750 万 18 岁到 40 岁的男人死于战火，还有 250 万人作为战俘被关进了战俘营，而绝大部分的战俘是在 20 世纪 50 年代经济已经开始起飞的时候才回家的。这就是战后一片废墟上的德国社会的真实写照。

2. 盟国的非工业化计划

此时，盟国正在推行"四化"政策，即非纳粹化、非军事化、非工业化和民主化。其中，非纳粹化和非军事化实际上已经在战争过程中完成了，而苏、美、英、法四大占领国为避免德国东山再起，接受了"摩根索计划"，欲将德国变成一个非工业化的农业国，让其永远失去发动战争的能力。他们通过实行非工业化计划，对剩余的德国工业设施进行大规模的撤除以充赔款，而且力争要将德国未来的工业降到 1932 年世界经济大危机最低谷的水平。

非工业化计划规定，未来德国的钢铁生产不得超过 580 万吨，汽车工业降至 20%，机械制造降至 11%，重型机床降至 31%，禁止任何武器生产，滚珠、轴承、拖拉机、铝、镁、无线电通信器材、远洋船只、民用飞机的生产也都在禁止之列。连窗钩都不能生产，因为盟国认为，能生产窗钩就能生产枪栓，能生产拖拉机就能生产坦克。联想如此丰富，其目的非常明确，就是要把德国重新变成一个以农牧业为主要特点的国家。

当时的德意志人真可谓食不果腹、疲惫不堪，前景暗淡无光。

3. 纳粹经济体制的继续保留

为避免社会混乱和物品短缺，美、英、法三大西方盟国在旧德国西部保持了纳粹时代的"统制经济体制"。这种体制很有点计划经济的味道，特点就是：食品、衣物凭票供应，全部原料和生产资料实行管制，生产有规定，销售有义务，冻结价格和工资，并对外贸实行全面管理。

在物品短缺的环境下，这种经济体制的继续保留，逼着人们无视它的规章，导致了黑市和腐败不断滋生。美国香烟取代了形同废纸的帝国马克，成为商品的媒介物，从而创造了一种新的经济模式。老板不敢把库存物资放到货架上，因为这样卖出去，拿回来的就是根本没用的货币，货品只能通过美国的骆驼牌香烟来以物易物。10 条香烟可以买一套迈森的瓷器，20 条香烟可以买一部莱卡相机，50 条香烟可以买一架斯坦威的大钢琴，200 条香烟可以买一件最华贵的貂皮大衣。成千上万箱的香烟从美国空运到德国，以此套购德国最好的货品。这种"香烟经济"对劳动成果与报酬关系的扭曲达到了无以复加的地步。

（二）西德局势的转折点

西德的局势在两年后发生了转折，这主要与冷战大局的发展相关。随着希特勒的倒台，过去东西方两种不同制度间存在的差异和对立也都显现出来，由此引发了苏美冷战。而之前由《波茨坦协定》规定的"四国共同管制德国"的局面，也已经由于美国出台的"马歇尔计划"而开始发生了转变。

1.“马歇尔计划”的出笼

随着 1947 年苏美冷战的爆发，为实施《欧洲复兴纲领》，1947 年 12 月，美国国会批准在 4 年半时间里向西欧提供 170 亿美元的“马歇尔援助计划”，西德作为“马歇尔计划”的援助对象，经济开始逐渐复苏。与此同时，苏联红军却仍然拿枪逼着东德的工人把工厂的机器全部拆掉，运到西伯利亚去以充赔款。美苏两国对德政策的反差导致了大量东德人往西涌去，以至于最后不得不靠建立“柏林墙”来加以阻挡。

德国“马歇尔计划”广告画

文化传播 / 供图

由于德国曾在和平时代向欧洲提供过高质量的工业品，更由于一道正在形成的美苏两大阵营的分界线是从其领土的正中央划开来的，甚至是从其老首都柏林的正中央划开来的，因此德国西部占领区成为欧洲战后经济重建的关键角色。这样，美国将被战胜的敌国变成未来盟友的工作开始了。东西德变成了两大阵营、两种制度的橱窗。西德最后的胜利恰恰是其体制的胜利。

2.《1779 号指令》的目标

美国新的世界战略迅速改变了西部各占领区的独立化倾向。1947 年 6 月，美英占区合并为联合经济区。1949 年 4 月，法占区也加入进来，终于实现了三占区的统一。

1947 年 7 月，美国参谋长联席会议《1779 号指令》宣称：美国的占领政策将“以提高德国人的生活水平，尽可能快地建设一种能养活自己的德意志经济为目标”。因为美国人发现，美国一天要扔好几亿美元才能保证德国人不造反，还不如让德国人自己养活自己，这就为废止纳粹“统制经济体制”、重建战后西德经济开辟了道路。

（三）"社会市场经济理论"的提出

"社会市场经济理论"是在经历了纳粹主义统治的灾难后，又面临着东方社会主义迅速发展的强大压力，为维护私有制而发展起来的。在当时，社会主义越出一国边界，从苏联扩展到东欧大陆，对西方阵营形成巨大压力。社会市场经济理论家们看出，"如果西方的民主主义者不想在共产主义的挑战面前再度失去他们的地盘，就必须整顿他们的世界"。20 世纪 40 年代到 50 年代，东方社会主义的胜利，造就了当时"东风压倒西风"的局势，对于社会主义将会渗透整个欧洲的危机感，促使西方阵营中的民主主义者们痛下改革的决心。

1. 对纳粹运动的深刻反思

我们今天所理解的德国人对第二次世界大战罪行的反思，指的是德国老百姓直到 20 世纪 60 年代末、70 年代初才真正开始的那场反思。而对于反纳粹的德国民主政治家来说，他们的反思则要早得多，当然这种反思更多是精英层面的反思，主要集中于对战后未来秩序的发展理论的确定上。而老百姓的想法则不同，他们饿得肚子都疼，只会想到如何解决自己的温饱问题，要让那一代的老百姓去反思纳粹罪行是不现实的。真正的反思是到他们的下一代成长起来以后，质问他们的父母："你们当年干吗了？"这样才形成一种全民性的反思浪潮。

我们现在讲的 20 世纪 40 年代这个阶段中德国人的反思，是反纳粹的精英阶层的反思，他们在对 20 世纪 30 年代经济大危机与纳粹主义上台之间关系的回顾中认识到："巩固民主制度

第二次世界大战后的德国满目疮痍

文化传播 / 供图

必须要有发达的经济作保证，魏玛民主共和国的历史已经证明：贫穷、失败只会是纳粹主义的滋生地。要防止纳粹主义的复活，仅有一种法律上的民主制度远远不够，这种制度必须与大众经济上的安全保障相联系。"老百姓是否有生存的空间，在这个民主制度下是活得更好还是更糟，这是人们愿不愿意坚持民主、选择民主的关键。

2. 对"自由放任式的资本主义"的尖锐批判

社会市场经济理论家们认识到，"唯有通过市场经济秩序创造一种尽可能竞争的制度，才是实现财产分散化、人的自由与尊严、社会公正之目标必不可少的前提"。他们对魏玛时代充分实施过并酿成 30 年代大危机的"古典式的、自由放任式的资本主义"提出了尖锐的批评，并将它称为"非人道的市场经济"和"拦路抢劫式的资本主义"。

在自由放任式的资本主义与纳粹主义的关系问题上，他们认为："这种资本主义，先是听任各个市场的参加者围绕着竞争原则去彼此斗争，后又通过私人卡特尔化，形成一种经济上具有垄断性的专权。"一开始实行市场经济，大鱼吃小鱼，最后出现几大巨头，他们一旦达到了垄断的程度就可以规定价格，把小企业主打垮，并将他们全部变为无产者。当行业内只剩几大巨头在那儿盘踞时，经济也就失去了创新力。所以市场经济在其初期阶段是很活跃的，但若不控制垄断，社会就会丧失活力，有钱的人势必就会和有权的人勾结起来。"当这些私人利益集团与国家权力勾结在一起时，也就彻底破坏了竞争原则并导致市场自动机制的失效，从而形成经济和社会上强烈的依附关系，造成大众财产的丧失和无产阶级化，最后导致的就是纳粹主义的极权统治和自由民主结构的解体。"

3. 对"社会公正原则"的强调

社会民主主义理论家维克多·阿加兹指出："光靠市场经济原则远远不够，这是因为，首先，并不存在一种能自动履行公正的市场经济；其次，市场中形成的收入分配，不仅本身能反过来影响消费需求，而且本身来源于纯粹的任意性，它能反过来对经济和社会上的无保障性造成影响。"因此，光靠市场经济是不行的，市场只能保证效率，而不能保证社会公平和社会正义。

德国著名的弗莱堡学派理论家奥肯和勒普克，在希特勒时代流亡瑞士期间，思考过纳粹政权垮台后德国应该创建一种什么样的新经济体制的问题。威廉·勒普克对此作了这样的总结："30年代的经济危机已经表明，那种自由资本主义会给社会带来何等的灾难！因此，在未来的经济框架中，社会与人道主义原则必须与个体原则同样重要，必须对市场规模下的个人利益进行调整，以求达到社会的和谐与平衡。""没有社会上的安全保障和公正，没有所有人在物质、精神生活水平上的提高，自由就毫无内容，个人自由必须与经济上的安全保障相联系。"他还以"当人们在做奴隶和有自由没饭吃这两者之间进行选择时，绝大多数人都愿意选择做奴隶"为例，说明"如果自由就意味着没饭吃的话，这种自由是无人想要的"。所以社会是必须先有秩序再有自由的，而要想让民众有秩序，就要让老百姓有饭吃，否则就要造反。

勒普克的这个重要理论后来影响了他的学生——时任联邦共和国经济部部长的艾哈德，战后联邦德国的经济起飞正是艾哈德在任期间完成的。

4."社会市场经济"的本质及核心内容

在这场由纳粹"统制经济体制"向新经济结构的转变中，他们抛弃了魏玛时代那种"自由放任式的"资本主义市场经济模式，提出了一种"竞争原则"与"社会公正原则"相结合的"社会市场经济"新模式。从本质上讲，这是一种国家有所调节的市场经济。

"社会市场经济"的核心内容就在于：市场竞争和生产资料私人占有仍是这一制度的原则，但同时赋予国家一种强大的作用，即为竞争秩序确定框架，并不断保护这个框架。在保证自由进入市场、防止垄断行为的条件下，市场过程的参与者可以自主地作出决策，国家则可以通过市场把各个市场参与者的计划协调成一个国民经济整体。每个人进入市场都是自由的，但必须遵守市场的规则，国家则要保证这个规则能够顺利地贯彻下去，这是国家最重要的作用之一。

国家的另外一个作用，就是要对市场中的获利者实行严格的累进税制，并通过一个全面的社会保障体系，实现国民个人收入的再分配，来达到一种市场自由与社会公正之间的结合与平衡。

国家的第三个作用，就是要在社会福利的管理上扮演重要的角色。"社会市场经济"的理论家们提出："任何人的私有财产都是神圣不可侵犯的。但是，私有财产必须为社会尽义务！"这是德国人在战后的一大发明。

二、"社会市场经济体制"的建立

（一）1948 年的货币改革

这场经济体制的变革开始于 1948 年 6 月 21 日的货币改革。货币改革不仅一夜之间使"新德国马克"在整个西部地区成为唯一有效的支付手段，而且对西部社会贫富差别所产生的社会对立起到了巨大的缓解作用，而这种缓解作用本身就是战后西部社会发展的一个条件。每一场货币改革一定是对利益进行某种重新分配，这一次的货币改革就是要用"新德国马克"取代"香烟经济"，并平衡贫富之间的差距，其背后蕴藏着更深层的计谋。

1. 战败初期的财产局势

战败初期，占人口总数 20% 的东德意志难民，在向西部的艰难迁徙中已两手空空，他们之间财产关系的界限已相当模糊。战火中幸存下来的容克贵族为逃避苏联红军纷纷往西逃窜，当初从东普鲁士出发的贵族经过苏联红军的沿路抢劫，到达西德后，已经跟替他们赶车的农民一样，变成了无产者。他们到了陌生的地方，举目无亲、孤立无援，只有靠自己的双手去劳动。这场旅途所经历的奇妙的关系变换，迫使德国贵族走向了最后的灭亡。

与此同时，西部工业设施被盟军的战略轰炸摧毁了一半以上，大量企业家破产，剩下的工厂或是作为大垄断巨头的财产被盟国没收和分解，或是由于非工业化计划而被强行拆除，但仍有许多企业家通过战争保存着巨大的纸面财富。

2. 货币改革的开端

货币改革的第一个月里，西占区每个公民只能领取 40 马克的"人头钱"，第二个月再加 20 马克，其余所有债券、存款多年后才均按 100 旧帝国马克比 6.5 新马克的比率兑换。这就将这笔纸面财富的 93.5%，即价值 4150 亿帝国马克的财产剥夺殆尽，从而达到了通过货币改革缩小贫富差距的目的。

因此，1945 年后，每个西德意志人"相同出发条件的单一状况，被进一步地固定下来了，每个人都不得不以 40 马克（两个月后就是 60 马克）的'赏格'着手经营"，以确保每个人都在同样的起跑线上。

3. 货币改革的意义

这场 140 年后开展的"新经济革命"弥补了自 1807 年普鲁士改革以来德意志社会犯下的一个历史性错误。1807 年的农奴制改革为得到容克贵族的支持，逼着农民拿钱来赎买自由，农民为了获得自由就要出去打很长时间的工。因此，越来越多的钱集中在贵族手中，使他们能进一步扩大农庄或置办工商业，从而导致德国的贫富分化越来越严重，德国的政治局势也由此变得极为复杂，这也是为什么第一个社会主义工人政党会出现在德国的一个重要原因。

货币改革的进步意义在于：它是在无须照顾传统特权阶层的前提下，在一种近乎人人平等的相同起点的局势下，通过采取既有国家严格规定和保障，又更为自由的竞争原则来进行的。当德国人再次获得重建新社会的机会时，他们决定让所有的人都退回到零起点，在公平的竞赛中重新一决雌雄。

因此，新出现的利益多元化，是在完全排除了旧有的世袭等级地位、排除了政治上的专横权势对特权阶级有意扶植的条件下，通过一种近乎完全意义上的"机会均等"和"自由竞争"带来的结果。即使是竞争中的失败者，国家贯彻的社会保障制度也仍给他们提供再次的机会。所以，人与人之间利益局势上的差别，变得既容易被人理解，也容易被人接受了。

今天的德国人也并非全都一样，有住别墅的富人，也有吃救济的穷人，但社会井然有序。因为今天的德国人明白，他们的起步平等、机会均等，唯有能力的不同才导致了结果的不同。而当有人活不下去的时候，国家就会通过社会保障制度来发挥干预作用。

4. 货币改革的启动作用

货币改革以及与之相配套的其他变革措施如价格、工资制度的改革，一举改变了西德意志地区的经济形势，为完全取代纳粹统治残留下来的"统制经济体系"打开了大门。

一位法国记者如此描述当时的德国，"黑市突然消失，柜台上的商品琳琅满目，工厂的烟囱青烟缭绕，公路上载重卡车川流不息，不管走到哪里，看到的都是一个景象，死一般沉寂的废墟已变成了热火朝天的工地。这种复兴的规模本身就已使人吃惊，然而更令人愕然的，则是它那么突如其来，它在经济生活的各个领域，都是随着货币改革之日的一声钟响而启动的"。

（二）1957 年的反垄断法规

随着市场经济的活跃，新的集中势头开始出现。为避免出现垄断，营造一个公平的竞争环境，勒普克的学生，时任经济部部长的艾哈德提出"凡是在市场失灵的地方，国家的干预就是合适的"理论，其目的就是要让市场机制灵动起来。1957 年，他着手制定了《反限制竞争法》，对大资产者的经济特权进行严格限制。联邦、各邦很快成立了"反卡特尔局"，以保护竞争自由，铲除私人经济强权垄断市场的局面。

该法的核心是禁止"卡特尔化"，它明确规定，"任何企业和企业集团原则上不得通过就价格、数量和瓜分销售领地达成协议来限制相互的竞争"。违反禁令者，"反卡特尔局"可"处罚 100 万马克以下的罚金，此外还可判处相当于违法所得 3 倍以上的罚金"。奥迪和保时捷汽车就是"反卡特尔化"的产物，奥迪、保时捷、大众原本都是一家公司，但第二次世界大战后因为大众经营的甲壳虫几乎垄断了整个德国的汽车市场，德国当局便将其高端部分拆出来，组成了独立的奥迪和保时捷，以避免一家独霸的局面。

同时，国家还控制着企业兼并，即便在同一地区也要严格限制其销售市场和企业规模。"当一个企业拥有超过三分之一的市场销售额，或销售量达到 25 亿马克后进行的任何兼并，联邦反卡特尔局都将禁止。"大资产者的经济权力已不再能毫无顾忌、毫无困难地立即转变为社会或政治上有意义的行动了。这就是反垄断，并且德国将这种精神一直坚持到今天，所以今天的世界 500 强里没几家德国企业，不是因为德国的企业做不大，而是德国政府不允许企业做得过大，98% 以上的都是中小企业，这也是它经济始终活跃的原因。

（三）严格的累进税制

根据《德意志联邦共和国基本法》中"私有财产必须为社会尽义务"的原则，企业主必须为每个雇员缴纳失业保险金、医疗保险金、养老保险金的一半，以及工伤事故发生后的一切善后处理费用。

同时，累进税制规定，"任何有纳税能力的人都必须纳税"，即任何有工作收入的人都必须纳税。之所以如此规定，是为了培养民主思想，让人人都养成一种"纳税人"的观念，"谁拿走了我的钱？谁在管这笔钱？有没有贪污的？有没有滥用的"？人们就会关心这个社会是否公平、是否民主。事实上，"纳税人"的观念本身就是民主制度的一个来源。联邦德国累进税制的严厉程度实为世界少有，对年收入达到 10 万马克的经理人员的薪金，要征收所得税 48600 马克。最高达 95% 的累进税率使经理人员的薪金实际上有一个限额。向企业公司征收的所得税率最低为利润的 55%。

魏玛时代和纳粹时代资本野蛮剥削的特点得以改变。它使市场分配的部分结果极为广泛地转移到个人的社会收入份额中去成为可能。正因为如此，联邦德国成为战后所有发达的西方国家中贫富差距最小的国家。在联邦德国社会内部，工人罢工的事情鲜有发生，近年来少有的几次罢工也是因为反对德国政府养欧盟懒汉。

（四）受雇者地位的改善

除了限制企业家无休止的利润盘剥外，还需要提高受雇者的地位。在劳动保护政策方面，国家法律规定：禁止招收童工，禁止让 18 岁以下的青年工人上夜班，禁止休息日和节假日上班，禁止让孕妇产前 6 周和产后 8 周工作，除每周休息两天外，每个工人每年享受 6 周带薪假期。有人以德国现行的 35 小时工作周进行计算，将德国人所有的休息日和节假日加起来，达到了平均每周休息三天的水平。但它今天的人均产值却是我们中国的 10 倍以上。另外，当破产企业拖欠职工工资时，一概由国家支付。

在劳动市场政策方面，成立了地方各级的劳动局。劳动局不是由国家公务员来垄断，而是由企业家协会、工会、国家三方各派三分之一的代表组成。它们负责向工人介绍劳动岗位，提供职业咨询，促进职工教育，组织进修和改行培训。在此期间，劳动局为进修和改行培训的工人提供无偿补助、信贷和生活费，以及分居补助、路费和搬迁补助费。

在工人参与权方面，通过1951年公布的《煤钢行业参与决定法》和1972年的《企业组织法》，建立起工人参与管理的现代企业管理制度。《企业组织法》规定，凡超过5名雇员的私人企业都应成立企业职工委员会，凡超过2000名雇员的企业都应成立企业监事会，该会由劳资双方数量平等的代表组成。《煤钢行业参与决定法》还规定设立与其他董事会成员具有平等地位的"劳动经理"。没有监事会内部职工代表的同意，任何人不得任免这位"劳动经理"。在这种现代企业管理制度中，"录用、解雇工人的人事决定，不再完全由企业家来支配了，而是必须与工人代表共同商议来解决。在工人工资的变动上，只能作出有利于工人的决定"。这意味着工人的录用和辞退需要劳资双边协商，员工的工资只能涨不能降，最后一次拿的工资一定是你人生中最高的那次工资。

（五）社会保障网的建立

1. 社会保障网的建立

一张极其严密的社会保障网，作为社会市场经济体系不可分割的一部分建立起来。它保障了联邦德国公民的生存，并在他们面临疾病、工伤事故、失业、残疾、衰老、负担家庭以及死亡风险时，提供了广泛的社会保障，从而使联邦德国成为战后世界上最为发达的社会福利国家。

其实，这个世界上最早的社会福利保险制正是德国人在俾斯麦时代开创的。1883年开始实行的医疗保险、工伤事故保险和残疾保险这三大保险，穿越了以后德国历史上的所有时代存活下来，一直发展到联邦共和国。事实上，魏玛共和国的失败也与福利制度有着很大关系。福利制度是社会制度中很重要的环节。

在经济处于上升期时，是大力发展福利制度的大好时机；而当经济停滞不前时，则万万不能扩展福利制度。德帝国时代，每个工业无产者从无到有地得到了福利，因此人人感谢皇帝，以至于德国工人都愿意帮着皇帝打仗；而到了魏玛共和国时代，福利扩展得太快，经济却面临了十年危机，即便人民拿到的福利比帝制时代至少多五倍，但是对当时的政权却恨得咬牙切齿，因为民众看到的是没有保障的、得到的福利越来越少的局面，人心自然就散了。而联邦德国的成功恰恰在于政府是在一个经济上升期中，慢慢地、稳健地建立起这样一套制度的，从而避免了重犯魏玛时代的错误。

在失业保险方面，凡在失业前三年里缴纳过至少 360 天义务保险费的工作者（他只需缴纳该费的一半，另一半由雇主缴纳），便可领取失业保险金。若需抚养子女者，可领取最后净工资的 68%，其他人为 63%，但最多不得超过 832 天（两年零 100 天）。在这个过程当中，劳动局必须要向失业者提供 3 次与他的手艺、技能有关的工作，而且在此期间他无须纳税。如果超过 832 天还未找到工作，则可通过失业救济领取最后净工资的 58%，无时间限制。所以在德国，很多妇女先找份工作，争取到失业保险金后，便嫁个丈夫选择离职，因为她有最后净工资的 58%，根本不愁生存问题。若是丈夫选择离婚，则需将原家庭财产的 51% 送给前妻，还要继续供养她，直至前妻改嫁。若前妻不再嫁人，则需继续供养，直到她去世。

在工伤事故保险方面，每个企业主都必须向保险机构投保，而雇员无须缴纳保险费，一旦发生事故，由保险机构负责提供全部医疗伤残金、伤残养老金；发生死亡时，提供抚恤金、遗属养老金，该金额为死者年劳动收入的 40%。

这方面有很多值得中国人学习的地方，德国的环保为什么搞得那样好？德国的机械制造为什么那么先进？都与俾斯麦当年推行的工伤事故保险有关。因为当时就规定，一旦发生工伤事故，必须由老板全额赔付。与其支付工人巨额的医疗、伤残等保险费，不如投资进行环保技术开发、设计安全装置。没有了生病和伤残的源头，自然也就没有了保险上的开销。德国人正是用这种工伤事故保险的方法来制约企业主，让其积极主动地去建立一种有益于全民和社会健康发展的经济机制。

在养老保险方面，凡年满 65 周岁的男性和 60 周岁的女性，只需在 15 年中缴纳过一半保险费，便有权享受这种"正常养老金"，其金额为最后净工资的三分之二。

在鼓励生育方面，每个有子女的家庭，不管收入状况如何，可享受每月为第一个子女领取 50 马克补助费的权利。从第二个子女开始，这种补助费上升到 100 马克，第三个子女上升为 250 马克，这种费用一直支付到该子女年满 27 周岁。德国现在最大的问题就是生育问题，因为福利制度太好，根本无须养儿防老，但也因此造成了社会劳动力越来越少的局面，所以它必须加大鼓励生育的政策力度。如今德国社会民主党提出的"凡是怀孕的妇女都应享受国家公务员待遇"的方案就是一个鲜活的实例。

在教育福利方面，国家法律作出规定："应使所有的青年人，不管其出身和父母收入状况如何，都能得到适当的教育，中、小学生可得到补助，大学生可得到贷款，包括大学教育在内，整个教育都是免费的。"德国人提出，"义务教育就是免费教育，不能免费的教育就不是义务教育"。早在帝制时代，德国就已经开始实行免费教育了，他们认为，"读书是为了履行国家义务，跟当兵一样，我们总不能让农村的孩子自己带枪、带炮、带军装来参军吧？教育也是一样，也是国家义务，因此不能让学生自己带课本、带学费来学习"。所以德国人要求教学资源、师资力量、校舍之类的所有东西都必须是国家的，德国甚至不允许设私立学校，所有的学校都是国立的，包括幼儿园都是国立的。但学生是不允许逃学的，凡逃学的学生，其家长是要抓来罚款的，因为逃学等于逃避国家义务。

2. 国家福利支出的规模

联邦政府"在这方面的总支出从 1949 年的 99 亿马克，上升到 1978 年的 3000 亿马克，几乎占国民生产总值的 30%，超过世界上的任何一个国家，即等于社会保险福利每年对每人支出 4838 马克"。

1988 年后，这方面的总支出一直维持在国民生产总值的 37% 以上。联邦德国成为一个"可以不要国防军，但万万不能没有福利制度"的国家。所以德国人的钱不是用来发展军事的，而是用来办福利的。

3. 社会保障网的意义

通过这张社会保障网，每个联邦德国公民，无论出身于什么家庭，从"摇篮到坟墓"的一生中，在生、老、病、死等问题上，已得到国家法律的全面保护。它消除了在职者一旦丧失工作机会和超过工作年龄后经济上无依无靠的恐惧。它为包括孤儿寡母在内的所有人提供了一种"合乎人的尊严"的生活水平。所谓"合乎人的尊严"的生活水平，就相当于 1988 年中国留学生在德国拿到的全额奖学金，这相当于当时中国一个教授工资的 40 倍。当然现在不一样了，我们国家有非常大的进步，这是我们要充分肯定的。

这种全民性质的社会保险体系，不仅冲破了俾斯麦于 1883 年创立福利制度以来的所有传统限制，而且提供了更宽的社会福利面和更高程度的福利水平。它通过规定各种保险、救济金额等级上的差别，使受雇者在职期间的工作努力状况与随之生效的社会保险权利上的享受之间建立起一种紧密联系。它将全民免费教育纳入社会保险体系之内，使这种体系具有了发展科学教育事业、培植生产力的功能。德国的职业教育可谓是世界上最成功的，这也是它制造业强大的根本原因。

德国社会学家海因茨·兰佩特这样评价道："它使教育、等级、职业和收入上的特权受到了削弱。这个社会正在变成一个'开放的'社会，即变成一个职业地位和社会地位不再以等级和出身为标准的社会，而是由每个人自己创造的、并为社会所承认的成绩所决定的社会。"

一个理想社会的数学模型应该是一个 45 度的滑坡，每个人的起点都是一样的，大家都在一个公平的环境中依靠自己的努力向上攀登，上下都很自然。最怕的就是 Klasse（德语，意为"阶级"），上面的人再怎么荒淫无耻也永远过着上层的生活，下面的人再怎么努力也永远别想上去，这个社会就是个不合理的社会。我们需要达到的是一个"开放的"社会，一个充满上下流动性的正常的社会。兰佩特进而总结说，联邦德国的社会现在就是这样的社会，"它福利制度的全民性、广泛性、严密性成为有利于这个西方民主国家社会安定和生产力迅速发展的重要因素"。

三、联邦德国的"经济奇迹"

联邦德国之所以能创造"经济奇迹",除了前面所说的理论框架外,所处的社会大局也是至关重要的。联邦德国的政治家的确非常幸运,他们在一个没有过去旧有的政治结构包袱的前提下,创造了一个崭新的社会。但我们不能因此错误地理解成第二次世界大战以后的联邦德国社会是一个完全从"零点"上起步的社会,它还是有其潜在优势的,它是在纳粹时代"暴力现代化"遗留下来的所有结果上起步的。

(一)战后西德的潜在优势

第一,战争带来了更多的熟练劳动力。为夺取"生存空间",希特勒政权将所有力量都投入战争经济轨道。工业劳动力的奇缺导致农民大规模从田野流向工厂;壮年男子被驱赶到战场上的同时,大量妇女从家庭被赶到现代化的机器旁。第二次世界大战失败的结局彻底埋葬了这条"军事工业化"道路,并给德国留下一片废墟,但并没有改变这个事实,即这场战争使这个民族中更多的人成为拥有工业生产经验和生产技能的熟练劳动力。这是德国一个非常大的优势。

第二,是被很多人所忽略的西德所拥有的高科技强大优势。事实上,第二次世界大战本身就是一场敌对双方的高科技大竞赛,按照汤因比的说法,"它是人类科学技术发明的一场急行军"。每一场战争都是一场科技大进步的急行军,人类就是在自己的发明创造所制造出来的压力之下奔波忙碌的。出于对侵略战争"闪电式"进攻效率的追求,纳粹德国在世界各国中率先开始了一场现代交通运输业革命和一场现代电子工业革命,并在世界上最先取得了合成燃料、人造橡胶、人造脂肪、人造皮革、人造纤维、塑料工艺技术方面的专利权,从而首先开始了一场化学工业革命,并在导弹、原子弹研究方面也一时走到了世界的前列。

战争无情地摧毁了这座"欧洲法西斯国家的兵工厂",但德意志科学家、工程师、技术员以及熟练工人掌握的高科技生产水平,成为他们在一个"和平工业化"时代所拥有的潜在优势。看看东欧与西欧在战后的发展,就能明白这种潜在优势的重要性。在战后的欧洲，一边是"一天等于20年"速度的东欧国家，一边是留下大量瓦砾堆的西欧国家。战后重建初期，似乎东方比西方发展得更快；等把场地一清完，西方的优势就显示出来了。这就好比当双方都是一张白纸时，掌握画笔的人的水平决定了画卷的水平。东方这边原来基本上是个乡村社会，它画的是一幅初步工业化社会的图景；而西方原来是进行过工业化的，因此现在它画的就是一幅更高水平、更为发达的高工业化社会的图景，因为它会反思以前哪儿画错了，哪儿需要加以改进。因此，一开始这两边的社会还能竞争一下，后来东边发现没希望追上了，干脆不追了，索性就垮掉了。因此这些潜在的优势是我们必须要重视的。在东亚，日本也是如此。日本在20世纪50年代的工业生产水平跟中国差不多，"文化大革命"后，当我们再打开国门时，已经不认识日本了。

第三，也是非常重要的一点，"非工业化计划"使德国得到了意外的好处。战后盟国对德国问题的处置以及1947年后美国战略的转变，出人意料地为西部占领区从"军事工业化"向"和平工业化"的加速转变创造了优越条件。当美国停止实施"非工业化"政策，并着手将西部占领区纳入欧洲战后和平重建计划时，德国西部与军工直接相关的、最大的1546家工厂已被扫除。这些工厂在一个和平重建时代恰恰是无用的东西，它们的扫除恰恰为西部历史上前所未有的工业设备更新做好了准备。

第四，劳动力向西部的聚集。在波茨坦会议上，苏、美、英三大国领导一致同意，将波兰、捷克斯洛伐克和匈牙利新西部边界以东的原第三帝国东部地区所有的德意志居民，全部移向奥得河—尼斯河一线（今联邦德国东部边界）以西。纳粹德国原来为了扩张"生存空间"便往东边拓展，第二次世界大战后，奥得河—尼斯河以东的居民全部被驱赶出来，因为当时的东西方盟国害怕将来德国又会像1938年的《慕尼黑协定》那样，要求把凡有德意志人居住的地区全部划为德国领土。为了防止第二次世界大战以后再出现这种现象，索性全都赶走，以绝后患。

这一决定导致1200万东德意志人涌入西部占领区，也意味着旧帝国的劳动

波茨坦会议召开的场景　　　　　　　　　　　　　　　张庆民 / 供图

力向西部的快速聚集，使这个当时仅有 24 万平方公里土地、人口不足 5700 万的德意志联邦共和国，成为欧洲，也是世界上熟练劳动力储备最为集中的地区。这种人力资本的转移和聚集，正是战后联邦德国和平工业复兴的一笔最为重要的财富，"这些移居者中，从 18 至 21 岁者占 47.2%，21 至 25 岁者占 36.4%，他们一般都已完成了学业，因而具有极强的机动性"。这就为联邦德国至少"省去了 300 亿马克的教育培养费，远远超过了'马歇尔计划'援助联邦德国的 15 亿美元的规模"。因此，"马歇尔计划"的援助能全部用于"和平工业化"启动，并使联邦德国拥有了欧洲最高的投资水平。与此相对照的是，"马歇尔计划"给了英国、法国更多的钱，但是全部用去吃救济了。德国的一位理论家由此得出一个非常惊人的结论："这充分证明了一个道理，一个你不得不承认的事实，彻底战败比勉强战胜强得多！"

来自东德意志的难民，由于其年轻化和高教育化特点，恰恰支持了联邦德国的经济繁荣和教育成就。他们在西德举目无亲、寄人篱下，几乎都被安置在西部的乡村里。在城市经济重建的最初阶段，哪里有工作的机会他们就去哪里，什么苦都吃，什么苦活都干，他们具有最高的职业动员率。他们靠着自己的努力改善了生活，引得西部乡村中的其他人也跟着他们涌进城里，西部城市化的速度由此变得更快。正是源源不断涌进城里的 1200 万东德意志难民支持了联邦德国的低工资、低成本。

第五，由于美国承担了联邦德国的战后防务，"和平工业化"进程中重新起步的联邦德国，成为"没有一美元军费开支的国家"。这等于将纳粹帝国曾用于武装 1000 万军队的庞大开支节省下来，全部用于和平经济发展，这种没有军费开支的优越性只有东方的日本能与之相比。到了 1955 年以后，联邦德国才被纳入"北大西洋公约组织"，但在里边承担的份额是最小的。

德国人的战略观也发生了历史性的根本转变，从以前的地缘政治战略观，转变为第二次世界大战后的经济政治战略观。在第二次世界大战后的联邦德国，经济政策不是它外交政策的基础，而是它外交政策的本身。联邦德国人已充分认识到，"一个国家的强大，不在于有多大的领土版图，而在于能创造出什么样的高科技产品，有了这种能创造高科技产品的本领，哪里都是我们的生存空间！"过去的德国人曾因希特勒的"军事工业化"吃尽了苦头，如今的联邦德国人已经能"轻装上阵"，全力以赴，通过和平的经济增长，生产更多的民用产品来满足国内外市场需求，促进国家繁荣了。

（二）联邦德国的"经济奇迹"

社会市场经济体制与占据优势的工业潜力相结合，创造出德意志 100 多年来工业发展史上前所未有的经济增长速度，迅速、彻底地改变了联邦德国的经济和社会现状，创造了西方世界新的"经济奇迹"。

在国民生产总值的年增长率方面，从 1950 年至 1960 年，联邦德国高于所有西方工业化国家，达到 8.6%；在人均产值的年增长率方面，联邦德国同样高于所有西方国家，达到 5.6%，并在 1965 年以后继续保持 3.9% 的增长速度和世界领先地位。1985 年，联邦德国的国民生产总值达到 12300 亿美元；人均国民生产总值超过美国，达到西方工业化国家第一位的 13590 美元。

在年通货膨胀率方面，联邦德国是西方国家中最低的，仅为 1.9%。在货币政策方面联邦德国政府是相当谨慎的。第一次世界大战后的魏玛德国政府曾推行过长达 5 年的超通胀政策，引起社会剧烈动荡，结果导致 1923 年 11 月，希特勒发动啤酒馆暴动，带领德国走向一条不归路。这个历史教训使德国人明白，德国要发展经济，绝不能去玩金融游戏。

与此同时，失业率也从 1950 年的 7.3% 降至 1960 年的 0.9%，工人的实际工资翻了两番。到 1986 年，平均每个工人的年收入为 39638 马克，平均每个职员的年收入为 50747 马克，而如今，工人和职员的工资都差不多了。德国为什么有那么多人愿意做工人？因为脑力劳动者和体力劳动者的收入差别越来越小，这在实际工资中就能体现出来。一个人从 16 岁开始当工人领工资和一个人从 30 多岁开始当白领领工资，最后算下来发现，每个人一辈子拿到的钱基本上是一样多的，所以德国人现在都是根据自己的意愿来选择就业的。

国家的黄金储备由 1950 年的 1.1 亿马克增至 1960 年的 328 亿马克，1980 年上升为 634 亿马克，远远超过当时所有西方国家。从此，联邦德国马克成为世界上最为坚挺的货币，直到后来被欧元所取代。

（三）经济结构的突变

"和平工业化"进程导致了联邦德国经济结构史无前例的变化。到 20 世纪 60 年代初，联邦德国的农民在总人口中的比例仅为 13%，1980 年进一步减少到 6%，德国重新统一前的 1988 年，农业人口再度下降为 5%。因此，联邦德国继英、美之后，成为农业人口最少的国家之一，在国内生产总值比重方面，也成为农林业比重最低的国家，1971 年仅为 2.8%（英、美均为 2.9%）。

在工业产值比重方面，联邦德国则超过了世界上任何一个国家，达到了 53.5%（英、美分别为 44% 和 34.2%），成为地地道道的现代化工业国。德国人从不放弃他们的强项，这就是机械、化工、电气、光学，他们始终抓住制造业的最高端，依靠高端工业品的设计、制造与出口，以低耗材、低污染换取高额利润，在对外市场上主要针对美国、欧洲以及世界上其他国家的尖端客户。

1964 年，民主德国在柏林墙上加设混凝土板，阻止民主德国人逃亡联邦德国

文化传播 / 供图

（四）"大众消费"时代的来临

　　农业人口不断减少，甚至接近消失，意味着全体国民的经济生活呈现出普遍城市化的趋势。这种对城市生活的依赖性，本身就是商品加速流通的刺激性因素。

　　由于旧德国高科技熟练劳动力在联邦德国的聚集和储备，因而它的工业资本能超越常规、快速适应技术进步和需求结构的变化。曾为战争目的服务的交通运输业革命、电子工业革命以及化学工业革命，在改变了"军事工业化"的方向后，迅速向"和平工业化"的方向发展，这就导致了德国"钢铁时代"的结束，以及汽车、家用电器为代表的"大众消费时代"的来临。这种大众消费品能深入千家万户，因而为联邦德国的工业开辟了国内外广阔的群众性消费市场。以前评价一个国家是不是现代化工业国，就看其煤、钢的拥有量。然而，一般的民用消费者是不会去购买煤和钢铁的，要把它们变成汽车、家用电器等大众消费品才能深入千家万户。因此，现在评价一个国家是不是现代化工业国，是要看它的汽车、家用电器的拥有量的。

当这些大众消费品走进千家万户时，人们参加文化活动、改善住宿条件、开辟业余生活新领域的可能性随之扩大。这导致了大众消费需求向饮食业、旅游业、洗衣业、保健业、科学、教育、艺术、出版业服务产品异常迅速地转移，从而推动了联邦德国第三产业的快速发展。第三产业中的就业人数在1975年超过工业就业人数，到1980年已达到50%。第三产业服务经济终于占据了联邦德国经济发展进程中的主导地位。因此，现在评判社会的经济发展依据已经不再是仅看工业，还要看第三产业了，这是社会经济发展的大趋势。

德国人战后对于自己文化传统的尊重是特别值得中国人学习的。第二次世界大战期间，德国只有四座城市没有被美国的飞机炸掉，一座是为了以后召开波茨坦会议而被保留下来的波茨坦，一座是作为古老的汉萨同盟首都的吕贝克，还有一座是培养了众多美国科学家的大学城海德堡，最后一座是犹太人在2500年前流散到德国的第一个定居点——东德境内的雷根斯堡。其他的城市全被摧毁了。但是今天去德国，仍然可以看到一个外貌古老的德国，城市的老式建筑几乎全是巴洛克、洛可可时代的风格，每一条街道就像是一条古老的艺术建筑长廊，那几乎都是德国人把当年建筑的照片、设计图重新翻出来按原貌复建的。例如，一座古老的王家歌剧院是过去修了200年才修好的，被美国飞机炸平后，联邦德国政府组织一批建筑师、工程师、技术员、新闻记者、摄影爱好者、考古学家，忙活了35年，硬是把一堆破砖烂瓦重新拼回去了，最后还申请了世界文化遗产。联合国教科文组织的负责人这样称赞道："这座建筑修了200年才完工，肯定是世界文化遗产，把这堆破砖烂瓦重新拼回去，这个行动本身就是世界文化遗产！"所以，今日的德国是个"不变的德国"。

（五）对外贸易的发展

战后德国的分裂使联邦德国失去了原帝国东部农业区的食品供应，但在苏、美冷战新格局下，德、法世仇和解，英国结束反德战略，联邦德国被接纳进一个世界范围的经济体系中。魏玛共和国时代可以算是德国第一次"入关"，那次"入关"的失败使它得了一身的"病"，和美国一起成为当时受世界经济危机影响最严重的国家，现在第二次进入世界经济体系，才真正开始了繁荣。

随着 1950 年"欧洲煤钢共同体"向 1957 年"欧洲经济共同体"的发展，美国领导的世界体系给予了联邦德国在第一次世界大战后英、法所没有真正给予德国的东西——世界市场。联邦德国凭借着它强大的工业潜力、先进的高科技生产水平，确保了它在欧洲和世界市场上具有更高的生产率和更低的产品价格优势。

从 1950 年开始，联邦德国的对外贸易第一次出现顺差，随后出口贸易的创汇在国内生产总值中所占的比重不断增加。1990 年两德统一前，联邦德国一直保持着世界头号贸易大国的地位，将日本和美国远远抛在后面。国民收入的四分之一以上来自对外贸易，国内每 5 个工作岗位中就有一个取决于进口。到今天，每 3 个岗位里面就有一个取决于进口。

四、总结

第二次世界大战后，联邦德国的经济重建是在"社会市场经济理论"的指导下进行的，这一理论源于战后德意志民族对"自由放任式的资本主义"与纳粹主义造成的灾难进行的深刻反思。有了这场反思，才能让德国人在 20 世纪 60 年代经济获得成功后，回过头来对德意志民族在第二次世界大战当中犯下的反人类罪行进行深刻反思。

"社会市场经济理论"的核心在于"竞争原则"与"社会公正原则"两者的结合。它的贯彻削弱了大资产者的经济特权，缓解了贫富差别产生的社会对立，造就了"合乎人的尊严"的生活条件，创造了理性的市场竞争规则。它的履行使社会现存的经济潜力在冷战时代得以快速释放，从而创造了西方世界发展史上的"经济奇迹"。

这股猛然得到加速的现代化推动力，来自对德意志社会内外环境结构意义深远的改造。这场改造首先要归功于世界人民反法西斯战争的胜利给德意志、欧洲以至整个世界所带来的全面性结果。正是这种全面性结果，才为"社会市场经济理论"提供了改革实践上的机遇，才为德意志工业潜力的发挥提供了和平发展的新方向。它在战后时代取得的巨大成功，为 1990 年 10 月以联邦德国为主体的民族重新统一提供了坚实的基础。

（讲座时间　2015 年）

朱孝远

文化兴国的欧洲经验

朱孝远

朱孝远，1954年生，浙江海宁人。留美博士。现任北京大学历史学系教授、欧洲中世纪史及文化史两个方向的博士生导师。兼任美国俄勒冈大学名誉教授、中国世界中世纪史学会副理事长。北京高等教育教学名师。

长期从事欧洲文化史、德国史、史学理论研究。曾出版作品29部，代表作为《欧洲文艺复兴史·政治卷》《宗教改革与德国近代化道路》《文化兴国的欧洲经验》。其中《文化兴国的欧洲经验》一书，入选中国社会科学院与中国社会科学网评选的 2016 年度十大好书。在《中国社会科学》《历史研究》《新华文摘》、*Chinese Studies in History* 等中外专业杂志上发表论文 220 多篇，多篇被国际权威索引 *A&HCI*、*Historical Abstracts* 收录。曾获得过各种奖项 38 项，其中国际奖 6 项、国家级奖 11 项、省部级奖 12 项和北京大学奖 9 项。

　　各位领导，各位朋友，今天是一个我们研讨文化的好日子，因为 5 月 17 日在北京召开的哲学社会科学工作座谈会上，国家主席习近平再次提到了文化自信，并指出"坚定中国特色社会主义道路自信、理论自信、制度自信，说到底是要坚定文化自信，文化自信是更基本、更深沉、更持久的力量"。文化自信也被称为"第四种自信"。习近平主席在座谈会上用"三个更"指出了其与道路自信、理论自信和制度自信之间的关系，而且是"更基本、更深沉、更持久的力量"。有了文化这第四种自信，我们就认识到文化对于我们国家发展的重要作用。

　　坚持"四个自信"，关键在于如何夯实国家发展的基础，具体表现在战略、战术的准确性；科学研究的前沿性；民族发展的和谐性；国民素质的稳定性；经济发展的持续性；国家安全的保障性和文化教育的引领性。有了这些，就有了向前发展的最基本、深沉、持久的力量。

　　今天我们要研讨的题目是"文化兴国的欧洲经验"。这个题目是教育部秉承国家提出的"创新、协调、绿色、开放、共享"新发展理念而专门立项的一个题目，委托我来编写一本文化读物，旨在从大文化的角度向公职人员和一切热爱文化的人们介绍文化兴国的欧洲经验。一直以来，文化兴国是一个关键的词汇，我们国内的事情，需要借鉴外国的经验，尤其需要对与我们有过同步发展的经验作出概述。本讲的每个部分都从一个不同的角度论述可供借鉴的经验，从而构成一个整体，供领导们和朋友们参考。

　　本讲叙述的是欧洲的人文学所取得的杰出成就。这样的立意，是我认为国家要发展，需要认识文化对社会可持续发展的重要性。中国的发展应该是整个社会的发展，GDP（国内生产总值）、GNP（国民生产总值）是发展要素，但是HDI（Human Development Index，人类发展指数）则更加重要。HDI包括了健康、预期寿命、幸福感、生活环境、受教育程度、环境生态等，这些都离不开文化。没有文化，人的本质与社会和谐，都不能获得。要理解可持续发展中文化的关键作用，没有文化，人的素质、人的道德、社会的和谐、社会的发展，都不可能成功。

一、文化的重要性

　　在欧洲历史上，文化的引领作用十分明显。476年西罗马帝国崩溃以后，入主欧洲的是正从部落制度向国家转型、文化相对落后的日耳曼部族，这致使欧洲从古代向中世纪的过渡变得非常艰难。与此不同，因为有文化引领，欧洲从中世纪向现代社会的转型显得相对顺利，因为过渡是由三次文化运动和三次政治运动交替进行的。三次文化运动是文艺复兴、宗教改革和启蒙运动，三次政治运动则是尼德兰革命、英国资产阶级革命和法国大革命。这种对照，说明文化的引领性不可或缺。

欧洲历史也凸显了国家均衡、协调发展的重要性。举个正面例子：英国政治中的制衡机制，突出表现为政治运作中的均衡发展和协调发展，力图在自由与秩序、国家利益与不同社会阶层利益、政治权力与社会权益、工业发展与生态环境、国家财富与民众富裕、民权与君权、政治与经济、新兴体制与传统文化之间建立协调。再举个反面例子：亚历山大东征，指公元前334—前324年，马其顿国王亚历山大对东方波斯等国进行的侵略战争。作为国王和统帅，亚历山大也许是"信仰型"的，他想在军事上和文化上征服世界、扬名立万；他的高级将领们却是"战略型"的，他们对亚历山大的主张很不以为然，只考虑占地为王，成为诸侯；作为中层官员的希腊将领是"战术型"的，他们期望打胜仗，获得大量战利品；作为军队主体的士兵却是"生活型"的，他们反对战争，只想早日战争结束、回到马其顿与家人团聚。除了侵略战争本身不得人心外，

意大利庞贝农牧神宫镶嵌画《伊苏斯战役》中的亚历山大大帝　　　　文化传播 / 供图

亚历山大军队内部不能协调是其失败的重要原因。亚历山大最后客死他乡，他的军队则出现严重分裂，侵略性的东征自然再也进行不下去了。

有时候，完全是对文化的爱好，也能够在重大外交活动中起到非常重要的作用。了解欧洲文明的特性，对于我们国家很重要。因为只有深层次地了解欧洲文化发展的特点，才能有效地"知己知彼""推己及物"，与欧洲人的心灵沟通。一位资深外交官为了一件非常重要的事情去找一位希腊的高级官员，希腊官员说："你的希腊语讲得这么好，你爱希腊神话，爱苏格拉底，爱柏拉图，你是希腊人的朋友，你的国家和人民也是希腊人民的朋友，我将竭尽所能帮助你完成任务。"一件非常重要的外事任务，就出于对这位热爱古典文化的外交官的信任而圆满地完成了。

与欧洲国家交往，要了解欧洲标志性的文化旗帜。芭蕾舞就是这样一面被欧洲人引以为豪的文化旗帜。中国国家领导人到意大利出访，与意大利领导人一起谈到佛罗伦萨一个餐馆的服务员发明了芭蕾舞时，所有意大利人的眼睛一下子就全亮了。对具有代表性的文化旗帜如芭蕾舞、油画、交响曲等进行深入研究，或者把其与中国的民间舞蹈、国画、民族音乐进行比较，能够非常有效地增进国家间的友谊和信任。

再比如说，国与国的交往，常会因为对对方文化特点的深层次理解而获得尊重。例如，希腊的艺术品似乎脱离现实，艺术家只雕刻奥林匹斯山上的神如宙斯、赫拉、雅典娜、阿芙洛狄忒，而且雕刻得非常美丽。尽管现代艺术史家从古典主义的角度对希腊艺术的风格进行过分析，历史学家却认为：这个答案要从古代希腊政治的四分五裂中去寻找。因为当时希腊分裂成了200多个独立城邦，而奥林匹克运动会和对宙斯的崇拜，却是和平、统一的象征，是全体希腊人都认同的维护国家统一的纽带。去希腊进行国事访问，如果能够从这个角度与希腊领导人谈论希腊艺术，会立即获得希腊的高度重视和特殊礼遇。

这也可以解释为什么在政治分裂时期会产生文化高潮。春秋战国时出现"诸子百家"，"安史之乱"时产生诗圣杜甫，军阀割据时出现"五四运动"，黑死病后出现文艺复兴。尽管有着各自的原因，却都体现了危急关头知识分子所起的重大作用。文化成为维护国家统一的纽带。

　　欧洲的发展，是一部从不和谐走向和谐的编年史。古代希腊文化发达但政治分裂，致使文化成为维护希腊国家统一的纽带。罗马帝国是军事上的联合体，被少数贵族统治着，缺乏民众、外邦人对于帝国政治的参与。进入中世纪后，又出现了地方割据，政权掌握在私人手里，军队也通过契约被掌握在私人的手里，呈现严重政治分裂状态。至十三四世纪的文艺复兴，由于人的发现和世界的发现，欧洲才走上了发展的快速通道。我热诚地希望，在阅读本文之后，读者们可以从欧洲治乱兴衰中总结出一些具有价值的东西。换言之，这里所有的叙述都通向一个目标：向人们讲述文化兴国的经验是什么。为了朝这个令人振奋的目标跋涉，必须经历欧洲历史上的灾难、封闭，还有痛苦。在这个过程中，我们看到欧洲人跳着笨拙的舞蹈，唱着忧伤的歌——但是，在这舞中、在这歌中，我们察觉到欧洲在成长，在走向现代，并且在对艰难险阻的克服中，给我们留下了它可供借鉴的宝贵经验。

　　例如：文化是怎么让希腊统一的？中世纪的日耳曼王国是如何消亡的？英国是如何治理阴霾的？英国的政治是如何获得平衡的？西方国家是如何通过开放获得资源的？果断的决策为何能够为一些国家赢得先机？家族统治如何让位于国家统治？现代国家如何获得六个和谐要素？文艺复兴运动爆发的文化原因是什么？政治和道德为什么都是政治学的要素？如何认识大国重心转移的原因？"知识就是力量"如何改变欧洲命运？中央和地方之间应当如何获得和谐？国内与国际之间如何相处？国家与社会之间如何共赢？为什么"民族"一词也能够叫"国家"？国家与自然生态之间如何和谐？传统精英与专业精英之间应当如何协调？如何理解政府功能的扩大？德国历史发展的要素是什么？法国、英国、德国等不同的国家在民族性上有何不同，有何各自的思维定式？国家的创新能力指的是什么？为什么文艺复兴时期的艺术是"两面神"（批判与创新兼具）？亚历山大的远征为什么无法成功？为什么要突出文化的引领性？社会发展有何顺序？"先文化、再政治、再经济"的发展顺序是否合理？什么是欧洲文明的运动方式？为什么说最好的投资是对人的投资？为什么德国的自然科学力求各个方面同步发展，没有"攻关工程"那样的作为？哪些欧洲国家是后发制人，其迅速崛起的原因是什么？具有深厚文化传统的国家应当如何发展？这些问题非常重要，只是限于篇幅，这里只能择要论之。

文化是国家发展的大战略，把中国文化置于世界大文化的格局中看，能够知道为中国找到一个世界发展中的有利位置是何等重要。在世界大文化格局下，国家是按照规则逐步发展起来的，正如一个齿轮咬住另一个齿轮，却又在运动之中有规则地行进。从这种意义上看，文化代表了一种高层次的和谐、相容和包容。当今世界，谁具有文化上的引领性，谁就拥有建设现代国家的制高点。研究文化关乎国富民强并且触及国脉，对此又有谁能够不参与、不投入呢？

二、文化兴国的欧洲经验

（一）希腊如何用文化维护国家统一

人与人的交往，国与国的交往，常常因为对他方文化特点的深层次解释而获得尊重。友谊的获得，除了恪守礼仪外，更为重要的是从历史角度出发，对彼国的文化特点作出创新性的政治解释。例如，为什么只有希腊才出现以歌颂奥林匹斯山上诸神为主题的艺术？为什么只有希腊才把诸神雕塑得如此美妙？这是因为唯美的、理想化的希腊文化，其实服膺于一个政治目的，那就是维护希腊国家的统一。

古代希腊的雕刻作品精美绝伦，以奥林匹斯山上的诸神为描绘对象。那种完美和圆融的独特感觉，那种恢复你青春活力的性灵喜悦，实际上是把你置入了那个带有魔力的经过艺术修饰的画景象征世界中。希腊艺术品为什么要以描绘神像为其主要特征呢？这个问题却要从希腊政治上的四分五裂说起。

古代希腊的艺术品产生于一个烽火连天的乱世。据历史记载，公元前12世纪，爱琴海文明受到北方蛮族入侵的严重破坏。其后，不屈的希腊人在这块曾经有过丰厚文明的废墟上重建了灿烂的希腊文明，成为欧洲文明的真正始祖。进入奴隶社会后，希腊半岛上出现了两百多个奴隶制城邦国家，每一城邦以城市为中心连同城郊农村组成大小不等的国家，各自为政。其中最强大的是雅典和斯巴达。由于国穷民贫，为了生存和发展，各城邦国家之间不断发生战争，弱肉强食。为了保存自己、掠夺财富，城邦国家还实行了强国强兵政策。由此可见，古希腊艺术品诞生的时代，并非如艺术雕像那般典雅、优美，反而是来自于战火连天的乱世。

古希腊的雕塑品的主题是奥林匹斯山上的"十二主神"，这与用神像来维护希腊国家统一有直接关系。古代希腊城邦林立，要使处在战争状态的各个城邦的人都感到自己是希腊人，就不能塑造某个城邦的伟人，而是要塑造各个城邦能够公认的奥林匹斯诸神。试想：如果雅典艺术家只雕刻雅典名人，那么斯巴达人就不容易认可。各个城邦互不服气，用文化来统一国家也就成了一句空话。雕刻神像则有所不同。宙斯、赫拉等住在希腊北部高耸入云的奥林匹斯神山里，他们是整个希腊的统治者。换言之，如果你要让太阳能够照亮整个希腊，那就要把太阳置于晴日当空，只有这样，才能够让各个城邦的希腊人顶礼膜拜。正是出于这个政治原因，希腊雕刻不仅以描绘宙斯、波塞冬、阿波罗等神灵的英俊为主，也以突显阿芙洛狄忒、雅典娜、赫拉的美丽而著称。希腊艺术以神像为描述对象且又必须把神像雕刻得精美绝伦的谜团，在这里得到了一种解释。"神像"是全体希腊人心中的国家的象征，雕塑无数的"神像"，实际上就起到了一种用文化把整个希腊统一起来的作用。

希腊艺术的另一个主题是宣扬和平。例如，希腊的宗教就很有特点，只有对奥林匹斯诸神的祭祀和神话，却没有《圣经》，这就不会因为教义的争执而引起战争。希腊人为了宣扬和平而缔造了不会引起纷争的宗教，可谓用心良苦。值得注意的是，奥林匹斯山上的诸神如主神宙斯、太阳神阿波罗、海神波塞冬、智慧女神雅典娜、贞洁的保护神赫拉、美神阿芙洛狄忒，都是希腊所有城邦崇拜的对象。在希腊，表面上看是高高在上的奥林匹斯山的神祇在主宰人类，实际上却是杰出的艺术家在利用神祇宣扬希腊的和平和统一。

希腊艺术家的种种努力，收到了极好的效果。当外敌入侵希腊之时，不管是斯巴达人还是雅典人，都会团结起来抵御外敌，保卫祖国。这种特点为敏感

火神赫菲斯托斯、太阳神阿波罗、月神和狩猎女神阿尔忒弥斯
雕像
　　　　　　　　　　　　　　　　　　文化传播／供图

的历史学家希罗多德所注意。在古代希腊，有三部伟大的史书一直被世人称颂，那就是《荷马史诗》、希罗多德的《历史》和修昔底德的《伯罗奔尼撒战争史》。三部史书都是描写战争的，反映了古希腊人的政治分裂、城邦林立、外敌入侵、战争不止的状况。《荷马史诗》的上半部《伊利亚特》歌颂阿伽门农、阿喀琉斯、奥德修斯等英雄业绩，但下半部《奥德赛》却叙述了奥德修斯回家的故事，反映出作者对和平的深切渴望。希罗多德所描绘的是希腊与波斯人的战争，他眼光宏大，尤其注重社会文化史的记述，认为希腊文化是战胜波斯的真正法宝。希腊人用文化来维护国家的统一，无疑是很成功的。

（二）文艺复兴的现代启示

当人们注视宇宙时，会对欧洲文艺复兴投之一瞥：正是文艺复兴，带来了欧洲的由衰及盛。文艺复兴时期的人们提出了"知识就是力量"这个生死攸关的问题。同样明显的是他们把文化变成了人类生活的必需品，提供了把欧洲从瘟疫、战争、饥荒、秩序紊乱中拯救出来的有效手段。今天的人们非常重视这种把欧洲引向光明的可靠而又实在的力量。我们相信这种力量之中蕴藏着非常宝贵的历史经验。我们也相信，通过创造性激情创作出来的文艺复兴作品，已经闪烁着现代社会的三种本质，谓之文化、科学和创新。事实上，这三种本质像箭一样贯穿整个文艺复兴运动的进程。文艺复兴时期的思想家们，通过自己的思考与实践，肯定了人的价值和尊严。直到今天，人们仍然可以从文艺复兴对"人是目的"的核心表达中，体会到文化这一把欧洲引向光明的力量。

1. 为了"新生"联合起来

欧洲历史走进近代文明的黎明，就像一片在佛罗伦萨和威尼斯诸城中升起的神秘星云，注定要成为中世纪和近代的分水岭。当但丁、彼特拉克和薄伽丘等人把形形色色的思想汇聚在一起，一种完全崭新的近代情感产生了。最朴素的政治热情、最自然的生活愿望、最真挚的对艺术与科学的追求和爱慕，成为托起近代欧洲的力量。

谁又能想象得到，这一切竟是人们对于黑死病瘟疫肆虐、整个欧洲陷入瘫痪之中的一种本能反应？大瘟疫和伴随而来的封建主义危机带来了饥饿、战争、愚昧、冷漠、迷信和死亡。就意大利政局来说，政治分裂导致佛罗伦萨、威尼斯、米兰、那不勒斯、罗马之间战争不断，法国、德国则在意大利争霸，加深了意大利社会秩序紊乱和经济崩溃。在这种情境下，文艺复兴运动爆发，新文化就成了灿烂阳光，在文化上起到维护意大利统一的作用。

这样，便能理解但丁为何要把诗集取名为《新生》了。"新生"的号召彻底否定了中世纪的封建制度，意味着文化的现代转向。一场永远改变人类生活和思想的运动就此展开。在五彩斑斓、瞬息万变的景色之中，诗歌、音乐、绘画、雕刻和建筑蓬勃发展，一个由多面结构组成的近代文化体系在欧洲浮现出来。在今天的佛罗伦萨和威尼斯，还有许多其他欧洲城市，人们仍在尽情享受这段辉煌而富有创造性的时期遗留下来的文化杰作、经济成就和浪漫情调。而在 14 世纪，那些意大利城邦里的居民们，却是把文化置于生与死的天平上来称量的。诗人彼特拉克无疑是其中最为敏锐的一个，他把历史划分为古代、中世纪和近代，视中世纪为一个无比混乱的中间期。深感忧虑和不安的诗人和艺术家心里，酝酿出强烈的变革愿望。为了"新生"，学者、艺术家和科学家们联合了起来。

2. 新旧文化反差巨大

文艺复兴时期的作品，看似与古希腊的文化很相像，其实有很大不同。古希腊艺术家很感性，作品多以描写美丽善良的人物为主，《米洛斯的维纳斯》

《掷铁饼者》，都是希腊艺术家理想情怀的写照。这样的美景与古希腊人的梦境相符合。古希腊人爱做梦，常梦见出海远行，去遥远的地方采摘金羊毛。希腊艺术反映出古代希腊人理想与现实之间的差距。不过，这种差距并不构成对立，因为差距毕竟可以通过努力加以克服。

然而，在文艺复兴人文主义者那里，却体现出新文化与旧文化的对立。他们的做法是用色彩鲜明的新文化，来反衬和反对封建文化的落后与愚昧。看到丑，他们就去描绘美；看到假，他们就去寻求真。这样，美轮美奂的新文化就在意大利兴起，表现出了同中世纪封建文化的巨大反差。

米开朗琪罗的《大卫》雕像，展现出的正是人类的基本激情。站在我们面前的不只是一个肌肉发达的人体，而是象征着力量和勇气的强壮的年轻人。这个雕像是真实生活的写照，象征着新领导、真理和勇气的护卫者。它告诉人们，欧洲摆脱过去罪恶的方式只有一个，那就是以健康的精神去奋斗。这个伟大而现代的雕塑启示人们，要运用所有的力量摆脱中世纪非人的黑暗。

新旧文化水火不容，使文艺复兴时期的艺术品成为真正的"两面神"，同时要揭示新文化的光明和旧文化的丑陋。达·芬奇创作了谜一般的《蒙娜丽莎》。在这幅画里，蒙娜丽莎的年龄是不确定的，既像一位20多岁的年轻女性，又像一位40多岁但保养得很好的少妇；蒙娜丽莎的笑容也饶有深意，令人无法判断她究竟是高兴还是忧郁；同样，蒙娜丽莎的身份也难以判断，她既像一位贵族夫人，又可能仅是一位平民的妻子。在达·芬奇的画笔下，蒙娜丽莎成为真正的"两面神"，在她身上同时出现新与旧的对照，很好地体现出人文主义艺术作品的深刻内涵。

3. 思维转变与现代国家缔造

最重要的政治变革是现代国家思想的产生。在意大利，主要的理论来自但丁的《论世界帝国》、彼特拉克的《论统治者应该如何统治其国家》和马基雅维里的《君主论》，这成为现代政治理论的基础。变革自然也包括人的思维变化。人开始缔造幸福的人间王国，而中世纪文明专注于对神的信仰。现在，人的社会实践受到重视，人的生活受到重视，这就明显地改变了人们对自己生活的看法。

新的政治秩序是指具有国家主权的民族国家，没有国际上的干涉势力在它之上，也没有地方上的割据势力能同中央政府分庭抗礼。新的政府也在一定程度上代表了公共利益，因为它结束了国家行政受封建制度惯例和贵族忠诚程度变化的支配，从而获得了国家对于司法、行政的统一管理。各国的民族凝聚力有所增强，国家更实现了政治的统一和领土的完整。国家很快就有了足够的官僚和固定的军队来管理公共事务。政府致力于消除封建割据势力以及各种封建性质的领主权、私人契约和私人义务，排除了凌驾于民族国家之上的国际势力的干涉，不管它来自教皇，还是来自神圣罗马帝国的皇帝。新式的政府能为工商业发展提供有效的社会秩序保障，也带来政治稳定，有助于经济进步、工商业繁荣和人民生活质量的提高。

在政治制度方面，人文主义者提倡国家与社会的和谐、国家与民族的和谐、国内与国际的和谐、专业精英与传统精英的和谐、中央和地方的和谐、国家与自然生态环境的和谐。在但丁的《神曲》、彼特拉克的《论统治者应该如何统治其国家》、布鲁尼的《佛罗伦萨颂》、托马斯·莫尔的《乌托邦》和马基雅维里的《君主论》中，都能看到要求国家如何与自然生态、民族、社会、国际和谐的内容。

4. 文艺复兴确立了均衡发展的原则

文艺复兴运动之所以延续300多年，是因为科学、艺术、文化、教育成为人们的生活要素。文艺复兴时期的艺术家们把热爱艺术、城邦和祖国视为自己最为崇高的天职。他们追求的不仅仅是物质上的满足，同时也是社会、艺术、文化和情操上的满足。为了这些信念，他们竭尽所能地进行创作。同样，学者们试图改变语言的使用。生动的民族语言取代了脱离人们生活的拉丁语。学者们挑战生活，发现了生活的精度、强度、深度和广度。人们早准备好实验与逻辑推理相结合的新方法，变革了中世纪模糊不清的神秘概念。

文艺复兴确立了科学是人类发展根本动力的思想，积极鼓励探索，这些探索包括哥伦布发现新大陆、哥白尼的日心说以及伽利略的新行星理论。人文主义者把伽利略的理论作为基础，通过这些大发现，把知识用于发展对宇宙的全新认识上。

文艺复兴把教育当作培养人的最重要的手段。教育兴邦的观念产生了，艺术学、人文学和自然科学开始区分，近代的高等教育在牛津、剑桥这样的大学里诞生了。随着文艺复兴思想的传播，欧洲的另一个主要城市——伦敦也受到启迪。受过教育的人们和平民都聚集到剧院或其他场所去欣赏表演，其中最具代表性的是"环球"剧院，常表演莎士比亚的作品。

5. 文化是富国强民的强大推动力

狄特里希·杰拉德（Dietrich Gerhard）在《旧欧洲：一种关于延续的研究》中，把公元1000—1800年的欧洲归为"旧欧洲"。其理由是：当时的欧洲，经济观上，认同的是使用价值而不是交换价值；社会观上，认同的是差异、等级而非竞争和能力；政治秩序上，认同的是墨守成规而非革命和改革；文化上，认同的是群体意识而非个人精神；宗教上，认同的是超自然主义的迷信而不是自然主义。这些话，今天读来，仍然相当令人警醒。

文艺复兴却开辟了一个文化创造的新世界。同样的一件事，你全心全意地去做，效果总是极好；但如果半心半意地去敷衍，那么效果一定不佳。我们在工作和待人接物等事情上，应当很好地学会这些。达·芬奇把每一幅作品都画得那样精美；贝多芬把一个好的旋律珍藏在心里多年，后来就有了《欢乐颂》的主旋律。这些，都是伟大艺术家的信仰和道德责任的证明。倘若幸福就如亚里士多德所说的那样是"最高的善"的话，那么，纯洁无瑕的情感无疑就是步入艺术圣殿的承诺。这里有两个选择：最爱自己理想的人是最重视自己生命作何选择的人，或者，最重视自己生命选择的人是最爱自己理想的人。其实，这两者是一回事。

文艺复兴是欧洲由衰及盛的转折点。文化是灵魂，是富国强民的强大推动力。在人类历史上，强盛的国家都是文化强国。各国崛起普遍遵循先文化、后政治、再振兴经济的发展顺序。文艺复兴的历史告诉我们：艺术、文化、科学、教育给人们带来了主宰命运的机遇。人们珍视这些生命要素，从中获得极大能量和极度的审美喜悦。追求幸福、完善人格、创造新的发展机遇，这些呼唤至今仍在激励着世界各国的人们。

（三）欧洲建立现代国家的启示

现代国家的要素是实现六种和谐，分别是：国家与社会之间的和谐、国家与民族之间的和谐、中央与地方之间的和谐、国内与国际之间的和谐、专业精英与传统精英之间的和谐、国家与自然生态环境之间的和谐。

何谓王国？何谓帝国？何谓近代国家？何谓现代国家？这也是一些相当发人深省的问题。漫长的政治发展自有其规律，而当今的历史学，对这种变化作出了最为宝贵、最为深刻的经验总结。

从欧洲古代的历史看，国家的政治资源并不富裕。欧洲古代国家大概有两种类型：一是像罗马那样的大帝国，二是像雅典、斯巴达那样的希腊城邦。前者不过是军事上的联合体，少数贵族是统治者，缺乏民众、外邦人对于国家政治的参与；后者的民众积极参与了国家事务，但因为地域过于狭小，政治分裂，常常缺乏统一的基础。

476 年西罗马帝国瓦解后，日耳曼人就在欧洲建立了十来个小王国，这是欧洲中世纪出现的第一种国家形态。但是，这些王国还比较落后，仅处在部落制度向国家转型的时期。政府统治靠的是以国王为核心建立起来的私人政治网络，没有固定的疆域，政治分裂，地方主义盛行，也没有完善的政府机构。更为致命的是公私不分、以权谋私的现象很普遍，公权力常常服务于统治者的私人利益。小王国体制落后，搞领主与附庸之间的个人忠诚，公权力常被私用，大大削弱了欧洲的实力。欧洲的封建主义凸显了贵族文化和基督教精神，地方割据，政权掌握在私人手里，军队也通过契约被掌握在私人手里。

11 世纪时，这些小王国瓦解了，让位于英国、法国、西班牙那样的领地国家，领地国家成了欧洲中世纪出现的第二种国家形态。蛮族的王国为什么会走向衰败？而英国、法国这些国家为什么能够胜出？答案就存在于国家体制的优劣上。与蛮族王国相比，后来居上的英国、法国更加国家化、制度化、行政化、官僚化。领地国家规定公权不得私用，领土比较完整，欧洲政治由此渐渐步入正轨。英国、法国这样的新兴国家具有优势，它们取代了蛮族王国，成为较有发展前途的新的政治类型。

第三种国家形态是近代民族国家。近代民族国家有别于中世纪的国家：国家的主权完整，领土完整，政治上实现了统一，还拥有完备的官僚制度，以及完备的政府机构，如司法体系和税收体系。这些都是欧洲近代早期国家的标志。

第四种国家形态是经济国家，运用政府来发展经济的英国是其典范。在这种形态里，政府的功能大大扩展了，政府成为促进经济发展的重要杠杆。近代国家的特点是政治为经济发展服务，例如英国是宗教革命、政治革命、工业革命和科技革命的发源地。

第五种类型是现代国家，就是实现"六种和谐"的国家。这起源于文艺复兴的政治学。在《神曲》《论统治者应该如何统治其国家》《佛罗伦萨颂》《乌托邦》《君主论》中，我们都看到了要求实现国家与生态环境、民族、社会、国际力量和谐的内容。可以说，现代国家的理念，正是从文艺复兴政治学开始的。

"国家"一词有许多种称谓，如 Country、Kingdom、State 和 Nation。Country 是指有人居住的土地；Kingdom 是指以国王为核心的王国；State 是指政府，指一种政治性很强的国家；Nation 的原意是指民族。这四个词的含义不尽相同，但在现代社会里，都可以用来称呼国家。

国家与社会之间的和谐很重要。国家与社会是两个不同的范畴。国家要管理社会，社会也要回报国家。有时，社会常常提出要求，国家要酌情加以解决。例如，社会提出解决穷人问题，国家就制定政策，提高人民工资；社会提出有严重的环境污染，国家就要制定政策，解决环境污染问题。这样的话，国家和社会之间，就能够建立起和谐的关系。

国家与民族之间的和谐是一个重要的问题。一个国家之中有很多民族。当一个国家中的各个民族都认为同属一个国家的时候，就会产生如中华民族、德意志民族这样的概念，这时，民族也可以指国家。有一本杂志叫《国家地理》，用的就是 "*National Geographic*"。

中央和地方之间也需要实现和谐。中央有中央的考虑，地方有地方的实际问题。这两者之间的和谐对国家的发展起着关键的作用。

一个国家要发展，每时每刻都离不开国际环境。因此，国内与国际之间必须取得和谐。文化的交流，一是靠文化的优秀性，二是靠文化的互补性。在一个多样化的社会里，国家与国家、国内与国际之间的相互学习和相互补充，是每个国家发展的必经之路。

传统精英和专业精英之间也要获得和谐。传统精英有着丰富的政治经验，专业精英则具备许多专业化的知识。两者之间实现和谐，一定能够增强执政能力，提高政府的效率。

国家与自然生态环境之间的和谐，现在变得越来越重要。我们都需要白云蓝天，也需要干净的空气、干净的水源和健康的食品。国家要采取措施，大力治理环境污染，让生活在国家中的人，生活美好，健康长寿。

那么，如何实现上述的"六种和谐"呢？关键就是"以人为本"。人的主题，情的自觉，能够把国家与社会、国家与人民、国家与世界联结起来，我们都为一个目标而努力，那就是增进世界的和谐。

（四）德国是如何打造大民族的文化认同的

国家与民族关系的和谐，关键在于积极、主动地打造整个大民族的文化认同，如中华民族、德意志民族的文化认同。中世纪德国的全名为"德意志民族的神圣罗马帝国"。这名不副实，被伏尔泰称之为"既非神圣，又非罗马，更非帝国"。在实现国家与民族之间的和谐方面，德国的经验值得重视。德国历史上的长期动荡，导致人们饱受政治分裂、民族分裂之苦。历史的教训让德国人警醒，认识到要实现国家与民族之间的和谐，除了要制止民族分裂，更为重要的是，要通过优秀的制度、优秀的文化，积极、主动地打造属于整个德意志民族的文化认同。

1. 保护德国的"文化符号"

每个国家都有一些民族自豪的"文化符号"。例如，森林一直是德国的"文化符号"和各种神话传说的神秘之地，是德国人引以为自豪的民族符号。但是，自 16 世纪起，城市的发展导致木材成为紧俏商品，出现了对森林疯狂砍伐的现象。在这样的状况下，国家进行干涉。李伯杰教授说："勃兰登堡大选帝侯于 1685 年颁布法令，规定每一对新婚夫妇必须种植 6 棵果树、6 棵橡树方能成婚。德国其他邦国的君主也纷纷仿效，大量植树，人造林逐渐取代了原始森林，成为木材的主要来源。到了 1900 年，尽管德国已经成为世界第二大工业国，但是，德国的森林覆盖率还是恢复到了德国国土面积的三分之一。"今天，德国的森林覆盖面积为 1076.6 万公顷，约占全国面积的 30%，非常了不起。

2. 知识分子宣传

著名的学者如历史学家兰克、哲学家黑格尔、诗人歌德、社会学家马克斯·韦伯都期望德国统一，积极用文化来打造大民族的文化认同。最有名的文学家是格林兄弟，格林兄弟到民间寻求德意志优秀文化和语言，取得重要成就。他们写的《格林童话》家喻户晓。这些优秀的科学、文化、艺术成果是全体德国人的骄傲，使"德意志民族"的观念深入人心。

3. 自然科学家的努力

德国在数学、物理学、光学、生物学、医学领域世界领先。自然科学的伟大成就打造了德意志民族的骄傲，所以自然科学家也加入了。

4. 建立先进的福利制度

在福利制度建设方面，德国不仅早有传统，而且一直领先世界。德国利用制度上的优势，进一步打造德意志的大民族概念。

5. 实行开放政策

德国还对外开放，利用外来资源让本国强大。郑寅达教授在《德国史》中说："17 世纪末 18 世纪初，法国、荷兰、瑞士、捷克等地的胡格诺派新教徒在本地受到迫害，大量向外逃亡。弗里德里希·威廉一世从重商主义政策出发，颁布了一项收容新教徒的法令，此后，三万多名新教徒移居德意志东部诸城市，他们大多是熟练的手工业者和商人，随身带来了资金、技术和管理经验，很快在定居处建立了毛织和棉纺手工工场，经营蚕丝加工，传播印染麻纺品的技艺，从事天鹅绒、绢带、墙纸、蜡烛等的生产。他们还改善了当地玻璃、皮革和金属制品的生产，发展了钟表、化妆品、衣服、手套、帽子、冷兵器和枪炮的制造。"德国的国力由此大为增强。

6. 建立标准德语

过去，各地德语的发音非常不同，有西部的"法国音"、南部的"意大利音"、东南部的"斯拉夫音"，只有中部在讲比较纯正的德意志语。后来，德国做得很好，不仅把语言统一了，也把"德意志民族"这个观念树立了起来。

正面的经验是避免了民族分裂，积极地打造全国性的文化认同，增进国家的凝聚力；反面的经验是纳粹搞民族分裂和种族主义，把大批优秀科学家和文化精英驱逐出德国，德国的综合国力、科学实力、文化实力大为削弱，几乎一蹶不振。

德国还有其他一些特点需要重视。首先是德国没有经过深度的罗马化。如果我们翻开一张公元 150 年罗马帝国的地图，可以清楚地看到：环绕着地中海沿岸建立起来的罗马帝国，对德国的影响很小。换句话说，除科隆地区外，德国属于罗马化最边缘的地区。罗马帝国的核心区域包括意大利、希腊、高卢（后来的法国）、西班牙，以及向东扩张后的君士坦丁堡（现伊斯坦布尔），向非洲扩张后的埃及，然而对北方日耳曼人居住地区的控制力有限。这个事实，导致德国发展自己的道路，与深度罗马化了的英国、法国、意大利相当不同。为什么英国、法国、西班牙、意大利这些国家老是抱在一起，德国总是在它们外面，就是因为德国历史上没有受过深度罗马化，从来没有和它们变成过一个国家。所以，如果说英国有一种光荣的孤独，德国则有一种内心的自卑。

德国还有一个特点，即整体发展自然科学的模式。如果是 20 世纪 70 年代的水平，那么，所有的学科，大到宏观理论，小到试剂、试管，就都是 20 世纪 70 年代的；如果是 20 世纪 80 年代的水平，那也一样，各种配套设施齐全完备，并不会出现某种设施是 20 世纪 80 年代的，而其他设备却是 20 世纪 70 年代的。这种整体发展的模式，尽管不一定是最前沿的，却是最完备、最整齐的。德国的科学发展常像集团军那样整体向前压过来，这令许多欧洲国家、甚至是当代的美国都望而生畏。

全球化给德国造成的影响是双重的：既带来了前所未有的挑战，也带来了前所未有的机遇。如何适应全球化的形势，如何在全球化的进程中打造德国新文明，成为德国面对的两个最为迫切的问题。

第一，深刻吸取历史教训，倡导世界和平。2003 年 5 月 31 日，面对美国向伊拉克开战造成的危机，德国哲学家哈贝马斯和法国哲学家德里达联名在德国《法兰克福汇报》和法国《解放报》发表文章《论欧洲的复兴》，呼吁欧洲人尽快行动起来振兴欧洲。文中说："当代欧洲的典型经验是 20 世纪的极权统治和大屠杀——对欧洲犹太人的迫害和灭绝，纳粹政权同时也把被占领的国家纳入其中。对过去展开自我批评，让我们回想起了政治的道德基础……一段好战的历史曾经把所有欧洲国家都卷入血腥的冲突当中。第二次世界大战之后，欧洲国家从针锋相对的军事动员和思想动员当中得出教训：必须要发展一种新型的跨国合作形式。欧盟的成功历史加强了欧洲人的如下信念：要想使国家的暴力机关在运行过程中有所节制，在全球层面上同样也要求互相对主权的活动范围加以限制……我们当下处境中更为重要的是，必须从帝国灭亡的经历中领悟些什么。这样一种'走下坡路的历史'在很多情况下是与殖民帝国的灭亡联系在一起的。帝国统治和殖民历史一去不复返，欧洲的政权也就得到了一个机会，与自己保持一种反思的距离。"

第二，打造优秀的德国文化，使其成为德国进入全球化的前提。德国认识到，为了适应全球化的形势，德国必须扫除与全球化现代精神相违背的一切障碍。首先要致力于德国民族文化的优化，只有这样，德国才能够被全球文化所接纳，并且成为支撑全球文化的基础。

第三，扩展德国的教育和创新体系。尽管德国在科学研究和高等教育方面世界上领先，但为了适应全球化形势，必须打破"酒香不怕巷子深"的思想，以更高的质量来向世界各国的学生、学者、科学家开放。为此，德国政府致力于建立国际化的高端交流平台，既加强了德国大学的吸引力，也为德国融入全球文化开辟了途径。清华大学人文社会科学学院方在庆教授在《全球化对德国科技、经济竞争力的影响》一文中说："如何提高外国学生人数在德国大学中的比例，也是对全球化的回答。为此，德国联邦教育与研究部发起了一个领航计划，主要是面向外国学生，以英语教学，从 97、98 冬季学期先开设 13 门课程。德国联邦教育与研究部还与美国麻省理工学院（MIT）签订了相互交换学生的计划，以及一系列旨在增加德国大学吸引力的措施。"

第四，增加德国的区域竞争力，倡导"欧洲认同"，以欧盟为单位，发挥德国的作用。正如上引《论欧洲的复兴》的作者哈贝马斯、德里达所言："我们所有人脑海中都有一幅关于欧洲的图画，充满了和平、合作，对其他文化开放并积极进行对话。今天的欧盟已经是一种'超越了民族国家的管理'模式，这种管理模式在后民族格局中会自成一派。欧洲的社会福利国家制度也一直都具有典范意义。今天，在民族国家层面上，欧洲的社会福利国家制度已经陷入了被动。但是，未来把资本主义控制在一定范围内的政策，也不能不遵守社会福利国家制度所确立的社会公正准则。欧洲既然能解决上述两个广大范围内的问题，为何就不能接受进一步的挑战，在国际法的基础上捍卫并推动一种世界大同秩序呢？"

德国的上述政策收到了一定实效——在全球文化的冲击下，越来越多的德国事物被世界其他国家所接受。全球化标准是跨越国界的科学标准，它不以某个国家的标准来衡量，却以优秀性、互补性来加以调节。这样，全球化的目的，也就不仅仅是在为某国人谋福祉，而是要让全球的人们包括德国人都得到福祉。人类福祉作为一个衡量世界进步的大单位，要求德国人跨越国界来考虑问题。

（五）英国的政治均衡发展机制

在英国文化中，保守主义可谓是最突出的一个特点。有的学者认为，保守主义集智慧、道德、传统、天性为一体，是"人类天性"的体现和英国发展的制胜法宝；在另外一些学者那里，保守主义意味着倒退、反动，它逆历史潮流而动，是"资产阶级"妥协性的表现。这就产生了问题：小问题是保守主义何以能够延续至今、未曾消亡；大问题是保守主义在英国政治发展中究竟起何作用，有无意义。

其实英国不保守，英国虽然是保守主义的故乡，但也是诸多革命的发源地。

对这一"反常"现象的跟踪分析，凸显出英国政治结构的双重内核。保守主义作为英国政治运作中的一种制衡机制，最突出的作用体现在：通过批判、改良，缓和尖锐的社会矛盾，实现社会的均衡发展。

英国通常在革命以后就出现保守，我们看看下面这个例子就能够理解。亨利八世搞了宗教革命，马上就搞了宗教宽容；搞了政治革命，马上就搞了光荣革命，又把国王请回来。所以，英国总是进一步退一步，革命刚刚搞好，就有一些保守主义人士出来整合。我们过去只注意它落后的一面，没有注意到革命以后一定有一批人走出来搞社会整合。这样一种做法，实际上就是英国政治运作中的一种制衡机制。一方面，保守主义致力于社会秩序的维护，并把变革产生的一些积极内容在制度层面上予以巩固；另一方面，保守主义避免因剧烈的变革导致社会的无序和分裂，企图寻求合适的方式，避免社会运动走向极端。由此，"自由"和"秩序"构成一对范畴，一张一弛，宽猛相济，形成了英国独特的治国之道。对此进行剖析，具有重要的政治价值和现实意义。

学术界应该怎么看英国的保守主义文化，是作为一种哲学思潮还是作为一种政治文化？其实都不是，它是一种政治运作中的制衡机制，与主张破旧立新的革命运动不同，保守主义旨在维护秩序，避免社会分裂。

从英国历史看，保守主义具有四个方面的独特性：

第一，保守主义运动或思潮往往发生在社会剧烈变动之后，对变革引起的问题进行处理，并在制度层面上建立秩序。第二，它具有很强的整合能力，善于通过各个阶层、各个利益集团都能够接受的方案，把社会在制度层面上整合起来。第三，它对一些负面因素（如教派分裂、环境污染、民众生活窘迫）进行批判和改良，以维持社会的正常运转。第四，它以制衡为目的，但避免超越界限。它维护一些基本的原则，但避免采用激进的手段，从而与革命运动产生明显差异，但又不与其构成水火不容的对抗。

保守主义也面临诸多挑战，主要表现在以下两个方面：一是国家利益与不同利益集团间的均衡。保守主义需要与旧体制决裂，但面临的是拥有不同利益、不同诉求的各个阶层和利益集团。如何协调各种利益，避免因利益差异而导致社会分裂，是一个巨大的挑战。保守主义的通常做法是动用"国家"和"人类"的名义，作出超越派别的姿态来协调矛盾。二是自由与秩序之间的均衡。保守主义面临的一个难处是既要抵制激进运动，又要在制度层面上捍卫社会变革的成果。这种两面性在洛克的《政府论》中表现得很充分。《政府论》是在英国光荣革命时期写成的，上篇充分抨击君权神授，强烈抨击专制君主制度；下篇专门论述议会制度和议会立法，要求君主服从民意。把两个部分合在一起，凸显的就是君主立宪制度。

英国保守主义的内涵就是守住底线，实现宽容。什么叫守住底线？就是在一些原则问题上不让步。比如英国的宗教宽容政策，英国女王伊丽莎白一世信奉新教，但她执行政策的时候，要搞宗教宽容，否则政府危险。于是她在守住宗教改革成果底线的基础上提倡宗教宽容，但有两点是不让步的：一是英国的主权不容分割，二是已被没收的修道院财产绝不归还。在守住几个要点之后，你要信什么教，就信什么教，你要宽容谁就宽容谁，所以，英国的做法就是守住底线，然后实行自由，实行开放，实行改良，实行妥协。英国总是进一步，马上退一步，但退一步的时候不是像退潮一样，全部退回去，有一些基本的东西是留在那里的，永远不会让步。英国就以这样一种方法一步一步往外走。所以，英国政府显得比较稳扎稳打。可见，保守主义作为英国政治运作中的一种制衡机制，在维护秩序和缓和社会矛盾方面，起到了重要的作用。

三、欧洲经验的启示

"他山之石，可以攻玉。"欧洲历史发展提出的问题让人警醒。有些问题，现在看来相当重要。

（一）人文学者的研究至关重要

人文学者的研究至关重要，他们揭示出"文化兴，则国家强"的规律。人类通过"文字、城市、国家"告别了蛮荒，今天的人们通过"文化、科学、创新"建造现代世界。一部世界史就是文化的克敌制胜之道。

数千年来强国必然都是文化大国，都是文化、政治、经济、军事综合国力的综合发展。文化是灵魂，是治乱兴衰、富国强民的根本。没有文化哪有思想？没有思想哪有创建？没有创建哪有强邦富民之策？当今世界谁在文化上领先，谁就拥有引领世界的制高点，人文研究推动国脉昌盛，这是人文学者的责任。

要建立文化大国，关键之一就是要建立"双一流大学"。这是由三个"对外的一流"和五个"对内的一流"组成的。具体表现在以下三个方面：

第一，培养一流的大学生，即培养高水平的创新型综合人才，为实现"使我们国家的自主创新能力显著增强，并进入创新型国家行列"的伟大目标服务。在中国，一流大学生被称之为创新型综合人才，其主要特点是具备"四会"：无懈可击的专业水准、懂政治、懂经济、懂文化。这一目标的设定是为了适合我们国家发展战略的调整，从建设"四个现代化"发展为增强"我国的综合国力"。综合国力是指：政治的影响力、经济的影响力、文化的影响力和军事的影响力。与此相对应，中国的大学理应培养"四会"人才，即创新型综合人才。

第二，创造出一流的科研成果。一流科研成果是指：原创性的成果，指原创性的重大理论突破；技术创新和引领性创新（即建立新的交叉学科，增加新的学科或学术增长点）。这些一流的科研成果或者是提出了新的理论，或者是解决了关键性的瓶颈问题，或者是开创了新的研究领域。

第三，一流的国内外声誉和社会影响。一流大学因为做到了新知识、新科学、新思维，做到了教学硬，科研硬，会成为一个群英荟萃的神圣殿堂。这样一来，它也就拥有了一流大学的声望和影响力。这主要是指在世界范围内被普遍认可的前瞻性、教学和学术声望方面的公信力。

上述"三个一流"是要靠大学内部的"五个一流"来加以支撑的，它们是：一流的师资队伍、一流的管理模式、一流的教学模式、一流的体制改革模式和一流的大学文化学术氛围。只有做到上述的"八个一流"，才能使我国的高等教育在创建世界一流大学的宏伟过程中，迈出坚实的一步。

（二）建立对基础研究进行再研究的机构

我国的社会科学，可以分为基础研究和决策研究两种。由于分工的原因，基础研究在大学里进行，决策研究在政府部门进行。但是，基础研究如果不与决策研究结合，就会脱离现实；而决策研究如果不与基础研究相结合，其研究的深度也将受到制约。目前，这两部分并没有结合起来。从政府的角度来看，需要建立直属于政府的、对基础研究进行再研究的机构，以便把基础研究与决策研究、理论研究与实践活动、文化研究与应用研究结合起来。

19 世纪的英国，号称"日不落帝国"，殖民地遍布天下，但就是对付不了某些地方的部落酋长，一点办法也没有，他们老是反叛，老是造反。英国政府想派兵去镇压，但代价太大。后来就把一大批人类学家派到那里，人类学家写了许多人类学著作，给每个部落都写一本书。他们回来以后，英国政府很高兴，明明知道这些著作不太有用，却表彰他们，并把他们的成果送到由国家控制的再研究机构进行研究。再研究机构一研究就发现了一个共同点，即所有的部落都是世袭制度，酋长的儿子以后都要当酋长，与其派兵镇压，还不如把那些部落酋长的子女都接到伦敦来，女生送到最好的艺术学院，男生送到最好的大学，教他们英语，吃最好的牛排，住最好的房子，看最好看的芭蕾舞，再把他们派回去当部落酋长。于是，英国花不多钱，用这样一个办法解决了大问题。这就是一个再研究机构所发挥的作用。

美国也是如此。第二次世界大战结束了，美国不知道怎么对付日本人，于是请人类学家鲁思·本尼迪克特（Ruth Benedict）去写个报告，教教美国政府怎么对付战败的日本人。鲁思·本尼迪克特写了一本《菊与刀》，是专门研究日本民族性的专著。美国政府很高兴，马上表彰她，把这本书送到一个再研究机构去。再研究机构得出一个实际的决策，说天皇制度不能由美国人来废除，还应该按照日本的国民性去统治日本，这是再研究机构给出的研究结论。

因此，有必要建立对基础研究进行再研究的机构，应该由国家直接管理。这样一来，就能够使基础研究变得非常有用，使决策研究变得非常深刻。这也将推动建立在基础研究上的决策研究著作问世，这是我们国家非常需要的著作，这也正是摆在每个社会科学工作者面前的使命。

（三）"先文化、再政治、再经济"的发展顺序

欧洲的这种发展模式，凸显的是文化的创新性、引领性。英国历史上先后发生四次革命，其顺序分别是文艺复兴、宗教革命、资产阶级革命、工业革命。再从整个欧洲的发展来看，也是文化先行，带来了新的教育体制、新的学科分类、新的科学知识、新的政治体制、新的经济体制，推动欧洲向现代的转型。相反，中世纪欧洲文化滞后，缺乏社会亟须的有用、可靠、务实的新知识，致使其长期积贫积弱，战争、瘟疫连绵不断。

其实，中国古代也是文化引领的，也是先文化、再政治、再经济。但是，自鸦片战争失败以后，中国就变了。中国提出了"师夷长技以制夷"的口号，在福建办了造船厂，办了水军学校，请外国人训练水军，以为建立的非常好的北洋水师，在世界上绝对是一个高级舰队。但是，甲午战争又打了败仗，因为其时中国所有的大炮已经瞄准了日本的旗舰，但都是哑弹，打不出去，结果，日本人反败为胜。最后，邓世昌把自己的舰艇当炮弹撞过去，结果还是失败了。之后就开始搞政治，洋务运动、戊戌变法、辛亥革命，最后，才爆发了"五四运动"。据百科全书"五四运动"条目载，广义的"五四运动"则是指自1915年中日签订《二十一条》至1926年北伐战争之间，中国知识界和青年学生反思中国传统文化，追随"德先生"（民主）与"赛先生"（科学），探索强国之路的新文化运动的继续和发展。但是，这里的发展顺序是先经济、后政治、再文化。由于文化滞后，文化的引领作用便无法凸显。先文化、后政治、后经济的发展顺序，因为突出了文化的引领性，对我们有启发。

（四）均衡发展的重要性

只有均衡发展才能形成合力。英国政治文化中的制衡机制揭示出形成合力的重要性。如果综合国力中的要素发展参差不齐，就会出现"短板现象"，滞后

的因素会对其他因素形成钳制、阻碍社会的发展。这个时候，滞后的因素需要赶快发展，走在前面的因素也需要作出调整，甚至主动放慢速度，以便与其他因素互相协调、形成合力。所谓的综合国力，其实是指硬实力和软实力聚集在一起时形成的一种合力，政治、经济、文化互相协调，凝聚成团，当几个手指握成了拳头时，才能够发力，才能无坚不摧。

（五）学术创新刻不容缓

如何从中国制造转化为中国创造、从"四个现代化"转化为"增强中国的综合国力"、从培养"三好学生"转化为培养"四会人才"、从创建"一流大学"到实现"八个一流"？这就要突出科学研究的学术性、有用性、前沿性和中国特色。

学术性：无论是人文科学还是自然科学，我国学者都应具备提出重大学术或科学命题（如哥德巴赫猜想）的意识。中国有中国的发展经验，我们应根据需要开辟新的领域；还要有发明的意识，一流科研成果并不意味着在国际杂志上发表论文，更重要的是指"从无到有"的发明创造。在国际上被普遍认可的"青蒿素"和"超级水稻"，就是这样标志性的重大科研成果。

有用性：要建立理论体系，宏观的理论体系要建立，中观的理论体系也要建立。我们还应研究各个国家的要素和国民性，如英国的经验主义、希腊的感性和英雄主义。要撰写建立在基础研究上的决策研究论著，总结历史上与我们有着同步发展的其他国家的经验教训等。

前沿性：我国的科技发展处于世界中游水平，主要问题是模仿跟踪多、创新突破少。关键领域原始创新能力明显不足，已经成为制约中国社会发展的突出矛盾，这不仅使我国在现代化的进程中付出过高的经济成本，更严重的是迫使我国在结构调整和产业升级中受制于人，甚至可能长期被锁定在国际产业分工链的末端。那么，我们怎么能够走到前沿去呢？一是不在国际学术分工链的中低端做学问；二是需要提出原创性的重大理论，解决瓶颈问题；三是建立世界领先的新学科，扬长避短，调动资源，出其不意，做我们擅长的学问。

中国特色：如何在世界上具有发言权，最重要的是要拥有具有鲜明中国特色的科研成果。"青蒿素""超级水稻"的发明，都是极具中国特色、令世界瞩目的伟大成就。中国要与其他国家一起制定共同的科学、学术规则，要有让世界向中国学习的成果，特别是在制度建设方面的成果。过去我们倡导与世界接轨，现在我们要参加国际学术、科学规则的制定。中国做好了，其他国家就会向中国学习，这样一来就能够实现中国与世界的互动和双赢、多赢局面。

（六）迫切需要提升的几种能力

英国前首相丘吉尔在一次演讲中指出："大学不仅要传授知识，大学更应当传授智慧。大学不应满足于培训技术，大学更应致力于锻造人格。"我们认为创新人才必须具备两个品格：智慧与人格。智慧和人格就是创新人才的两个翅膀。

我想到了十四个问题，在这里提出来：第一，什么是我们最大的特点？第二，什么是我们的不可取代性？第三，什么是我们的弱势和我们的瓶颈？第四，什么是我们最大的优势？第五，当前最前沿的科学技术在哪里？最优秀的管理模式、教育模式在哪里？第六，什么是国家、社会、部门、读者、学生的需要，什么是他们最需要的产品？第七，什么是我们的资源所在，包括潜在的资源和潜在的能力？第八，什么是我们发现问题、解决问题的能力？第九，什么是我们的交流能力？第十，什么是我们对于学科发展、社会发展的整体的认识？第十一，什么是新的增长点？第十二，什么是我们的综合实力（综合国力），包括政治、经济、文化、态度和决断能力？第十三，什么是我们的发展战略？第十四，什么是我们的快速反应机制？这些问题非常重要，说穿了就是文化的问题。

（七）国民性研究关系到国家安全

国民性集中体现了一个民族的思维惯性、认可方式、价值观念、思维方式、生活态度和行为方式，是该民族一系列行为根本性的驱动力。国民性研究关系到国家安全、经济发展和国家稳定。为什么说它关系到国家安全呢？一个国家大部分人是这么想问题的，所以，当世界上发生了什么事情，就能知道美国人怎么想的、法国人怎么想的、德国人怎么想的、日本人怎么想的，也就是说，如果知道了世界各国的国民性，等于弄懂了某一国家大多数人的思维模式和反应模式，就可以预测事件发生后各个国家的反应模式和行动模式。这个问题，国外已经研究得非常深入了，但在中国还没有正式起步。

（八）加强对三级国际单位的研究

目前，国际事务的运行是在民族国家、区域文明和全球化三级单位中进行的。我国学者对民族国家和全球化有所研究，但对区域文明的研究较弱。有必要加强对这三者之间的差异、互补、矛盾、合作的研究，这样，才能够正确把握当前国际关系的复杂内涵和发展趋势。

（九）要重视对世界各国"软实力"的研究

我们很重视他国的硬实力，但对它们的"软实力"还研究得不够。"软实力"对于一个国家来说，就是一个国家的文化实力。对于单位和个人来说，就是单位和个人的创新能力。只有重视并且研究世界各国的"软实力"，才能够真正做到"一把钥匙开一把锁"，才能提高文化交流和处理外交事务的效率。

（十）对西方文明的研究还需要深入

从希腊、罗马、文艺复兴、启蒙运动等传承下来的西方文明，是一个与东方文明相对应的强势文明。近现代，它又融入了英国、法国、德国、意大利、西班牙、美国等元素，发展成为在当今世界具有巨大影响力的区域文明。西方文明的兴起和发展，为人类作出了许多贡献，但也走过弯路，存在不少失误和教训。剖析西方文明的特性、成败和兴衰，对崛起中的中国来说，非常具有现实意义。就西方文明的研究而言，国内外都出版过许多关于世界史、欧洲史、专题史、国别史的专著，但唯独缺少全面剖析其特性、得失、成败、兴衰、经验、教训的专门性著作。这种研究难度很大，但我愿意知难而进，以历史为依据，以现实需要为动力，以专题分析为手段，决意开拓这一研究领域，率先开拓出一片天地来。

首先，要对西方文明形成、要素和特色进行研究，包括西方文明形成的基础、西方文明形成的过程、西方文明的要素和特性、西方文明的运动方式、近现代元素的加入、西方主要国家在文化上和制度上的差异性等。

其次，要对西方文明影响力进行研究，包括对西方文明的结构、张力，造就西方强势文明的原因，西方的理性化、科学化、工业化进程，政府和政治制度的影响力，经济的影响力，文化的影响力，军事的影响力，科学技术的影响力，资源配备和应用等。还要对西方文明的要素、动力、整合能力、自我修补能力、克服危机能力进行研究，只有从静态结构和动态演变多个层面上进行立体分析，才能对西方文明的整体实力进行估算和分析。

最后，要对西方文明兴衰、得失、经验、教训、后果进行分析，探讨西方文明发展过程中的成功之处和失败之处，从经验、教训、启示三个方面对西方文明进行辨析，尤其是要阐明在哪些方面西方在世界上是领先的；在哪些方面，西方是停滞的、落后的、甚至是造成恶果的。

我相信，这样的研究对我们国家有用，是具有现实意义的。从战略高度看，总结西方文明的经验教训，并且总结中国国家发展的要素，提升我国发展的原动力，将有助于加速我们国家和谐高速发展，为实现和强化中华文明无坚不摧的综合国力提供理论、实践和历史的依据。

今天，我们之所以期待，是因为我们尚未把我们国家的全部潜能充分发挥出来；之所以有望，是因为我们已经把一个日趋完美并已高度发展的现代中华文明奉献给了世界。作为中国公民，我们所能创造的，是一个具有鲜明中国特色的发展体系：它历经考验，方兴未艾，接受挑战。当然，今天我们所面临的，并不是中国是否已经拥有了高质量、高速发展模式的问题，而仅仅是如何使之臻于完满。

（讲座时间　2016 年）

姚大力

内陆亚洲与中国历史

姚大力

姚大力，1949年生，江苏苏州人。毕业于昆明师范学院史地系、南京大学历史学系，获中国社会科学院历史学博士学位。1987—1991年任南京大学历史学系系主任。1993—1995年在哈佛燕京学社、美国哈佛大学作访问学者。2005—2006年在日本庆应大学作访问学者。现任复旦大学历史地理研究中心教授、清华大学国学研究院特聘兼职教授。

主要研究方向为元朝史、中国边疆史地。曾发表论文及学术评论百余篇，部分结集为《北方民族史十论》《蒙元制度与政治文化》《读史的智慧》《追寻"我们"的根源：中国历史上的民族与国家意识》等书出版。

一、何谓"内陆亚洲"

首先，我们来谈一谈内陆亚洲的地理环境。一般地理书对亚洲内部各区域的界定，是在国界线的基础上来划分的。《辞海》将亚洲48个国家分为东亚、东南亚、南亚、西亚和中亚五个片区。这里未言及面积辽阔的北亚，因为它属于被列入"欧洲国家"的俄罗斯。另一种常见分法是将亚洲分为东亚、东南亚、南亚、西亚、中亚和北亚六个片区。此划分系统纳入了俄罗斯的亚洲部分（即北亚），但土耳其又被划出西亚范围，因为它被列为"欧洲国家"。

另外还可以有一种不以国界线为依据的划分方法。"内陆亚洲"（简称"内亚"）大概就是这样一个跨越现代国家边界线的区域。大体说起来，它包括了中国的新疆、青藏和内蒙古，以及中亚五国、蒙古国和俄属亚洲的南部地区。这个跨国界区域的基本特征，是由那里的地理环境、生活于其中的各人群及其社会经济与文化的特定组合关系所决定的。历史地看，国家的疆界经常处于变动之中。然而，无论怎么变，它都很难与不同族群，或不同文化、语言、经济形态及宗教分布等各种边界线相互重合。这是我们不能不接受的一个事实。

内陆亚洲（Inner Asia）经常被当作中亚（Central Asia）的同义词来使用。在某种意义上，中亚和内亚确实可以用来指代同一个地区。但若一定要问二者有什么区别，那么我认为内亚的西半部，主要是突厥语和突厥语人群的文化辐射地区；而中亚则包含得更广一些，包括比如今天的伊朗、阿富汗，甚至包括印度、巴基斯坦的西北地区等。亘古以来，中亚就有两种互相对立的人群，即依兰人与图兰人（īrān wa Tūrān）；īrān 是指伊朗语系的绿洲农业人群，Tūrān 则从最初被 īrān 人用指同属伊朗语系的游牧人群，到后来转指游牧的，以及在被他们征服的绿洲社会内本土化的突厥人。所以，尽管内亚和中亚这两个概念在学术文献中有时可以混用，但相比于内亚史，中亚史包括了更多的伊朗语人群和突厥语人群之间的一种张力。

我们知道，地理学以乌拉尔山为界，把亚洲和欧洲区分开来。从理论上说，内亚的西界应止于乌拉尔山。但是，这条山脉完全不构成阻隔东西的自然屏障。于是，与内亚相似的地理空间实际上还越过乌拉尔山向西伸展。内亚的概念也就向西展开，构成"内陆欧亚"（Inner Eurasia）；而中亚也按同样的道理向西伸展，变作"中央欧亚"（Central Eurasia）。这两对名称（内亚／内陆欧亚、中亚／中央欧亚），往往也被当作可以互相置换的等义语词使用。

除去雅鲁藏布江流域和西藏山南地区尚能透过喜马拉雅山的诸多峡谷获得季风带来的印度洋水汽外，极度干燥少雨的大陆性气候是内亚或内陆欧亚地区自然环境的最显著特点。那里除流向北冰洋的几条大河，几乎没有通往外海的河流（处于整个区域南部和东部边缘的雅鲁藏布江和黑龙江是例外）。人类在内亚有两种最主要的生存方式，即游牧和绿洲农业。从蒙古草原向西经由阿尔泰山南坡和天山北坡的草地，到哈萨克斯坦草原，再西接南俄草原，接连不断地绵延近一万公里的欧亚草原带，是游牧人群驰骋纵横的广阔舞台。

在草原带之南，从事农耕的绿洲主要点缀在一望无际的黄色沙碛之上。但绿洲的背景也可以转换为暗褐色的高原山地，诸如阿富汗的高原山地"绿洲"，乃至雅鲁藏布江的河谷"绿洲"，以及山南的峡谷"绿洲"。因此，著名的中亚史专家福拉埃写道："从近东的伊朗直到中国甘肃省的历史，基本上是一部大大小小的绿洲的历史。甚至像费尔干纳和伊犁河谷这样的盆地，也可以被描述为特别巨大的绿洲，尽管二者的边界都由山脉、而不是荒漠所构成……无论如何，生活在一个绿洲里的感觉对所有的人都是一样的。可耕地的开辟基本是灌溉的结果。从发源于冰川的河水引流的沟渠，使中亚的大量人口能依赖一直逼近到周围高山和沙漠之边的农耕而生存下来，并且取得繁荣。"甚至在草原上也有一些条件适宜的可从事农业和商业的定居点，构成所谓草原绿洲。

从历史上看，内亚的西半部分（就族群、语言、文化和宗教信仰的角度而言，其中也包括中国新疆）所经历的族群与文化变迁，其程度之剧烈要远远超出内亚东部的情形。

对于中国人认识自己的国家，将"内亚"，尤其是东部内亚，从整体上看作是积极参与中国历史进程的一个有重要作为的单元，具有非常深刻的意义。因为它将我们在感知和理解"中国性"时经常被忽略的一个问题突显出来了：所谓"中国性"，不止意味着汉文明的各主要特性，而且包含了由藏文明、维吾尔文明、蒙古文明等等组成的"内亚"特性。这正是我今日讲演最想强调的。

二、人群与文化变迁

内陆欧亚西半部在历史上曾经历过一次巨大的人口与文化变迁。除盘踞在帕米尔群山各"袋形"地区的塔吉克人以外，分布在它西半部的主体人口在这个过程中由印欧语人群几乎全部转变为突厥语人群。

印欧语祖先人群的起源地，一般认为位于南俄草原东至哈萨克草原、西西伯利亚和俄罗斯所属阿尔泰一带。虽然对这一问题，意见还不能完全统一，但目前认可此看法的人最多。公元前800年至前300年，在欧亚草原带西部出现了迄今所知最早的游牧人群及其帝国，即斯基泰帝国。他们的墓葬及其他考古遗址，极为集中地分布于黑海北部的南俄草原上。

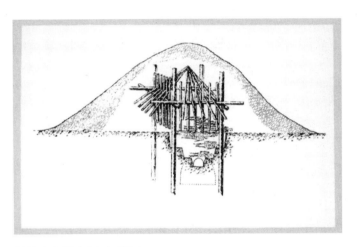

斯基泰大墓（"库尔干"）

这种墓葬在考古学界被称为"库尔干"。库尔干是一个突厥语词，最初是指从地面耸起的堡垒，后来也可以转指堆起来的山包。

游牧人群的移动性，决定了斯基泰人的财富积累只能以贵金属和很精致小型的艺术品为主要对象。他们所追求的这种昂贵的贵金属器皿有着希腊文化的痕迹。而在这些物品上所刻画的图像，也十分明确地显示出斯基泰人高鼻深目的面貌。他们中的基干部分，无疑属于印欧语人群，其语言应属印欧语系中印度－伊朗语族的东伊朗语支。

原始印欧语从它的起源地向外扩张的历史，大概可以分两个阶段。第一阶段，即公元前约4000年至前3000年，它先后向西和向东扩散，其结果最终在小亚、中国的塔里木盆地东部以及西欧分别演化成"安纳托利亚语"、著名的"吐火罗语"，以及后来归属于"凯尔特语""希腊语""拉丁语""日耳曼语"等等的"西支"印欧语系诸语族。第二个阶段，即公元前约2500年以往，南俄草原上的印欧语"母体"人群逐渐南移，并在此稍后分别迁入伊朗—阿富汗地区、印巴次大陆，以及东部欧洲。他们的语言在上述各地区分别演化成印度—伊朗语族的"伊朗语"支族和"印度语"支族，以及斯拉夫—波罗的海诸语。在今日印欧语里，与梵文最接近的语言竟是立陶宛语。这个事实与吐火罗语和西欧诸语、而不是和印度—伊朗诸语言拥有更多相类似的特征，同样使人有些难以想象。但若考虑到梵文和立陶宛语、吐火罗语和西欧诸语先后渊源于同一个说原始共同语的人群，上述两组语言之间的相似性，也就没有什么值得奇怪的了。留在南迁和西迁各人群的"后方"（即南俄—哈萨克草原及阿尔泰山区）、没有迁出原居地的人群所说的语言，后来被归为印度—伊朗语的"东伊朗语"支族。东伊朗语人群在中国一直分布到河西走廊一带。大月氏人、和田塞人等说的，都是东伊朗语。汉文中的"敦煌""朔方"等地名，很有可能都是用汉字记录其语音的东伊朗语词。

尽管狭义的斯基泰人是指黑海北岸最早建立游牧帝国的那个人群，用斯基泰这个名称所指称的，其实远不止这一地区的人们。希腊人用它来称呼位于他们之西、直到临近中国新疆之地的欧亚草原上的全部游牧人。在其南方，古代伊朗人称其北面的游牧邻居为萨迦（Saka）人。而位于东方的中国人则把自己的西邻叫作"塞"人。"塞"的古音读为 Sek。无论是 Saka 或者 Sek，其实都是"斯基泰"（Scythay）一名在不同语言里的音译。不仅如此，隋唐时代名震天下的胡商"粟特"人（Sogdians），斯基泰人与他们的毗邻诸民族其族称也是"斯基泰"之名的变体而已。

讨论出现在不同民族语史料中的这些名称之间的相互关系，需要一种称为"审音勘同"的中国传统学问。比如司马相如在他的赋里提到，从西面传来一种叫"角端"的动物。根据中国古人对它的具体形状的描写，可知角端即犀牛。那为什么汉语文献要把它的名称记录为角端呢？其实，"角端"是用汉字来记录的波斯语词کرگدان（Keregdān，犀牛）的发音。上古汉语中存在"复声母"现象，"角"的发音大体接近 Kljok，"端"的发音与 Duan 相近。东汉时期的犀牛铜像进一步表明，来自当时印欧语人群所在地的犀牛，是连同它的印欧语名称一起传入中国的。

斯基泰人与他们的毗邻诸人群大都是说印欧语的。那么内亚西部的民族与语言分布，又是如何被改造成如同我们今日在该地区所看到的那种基本格局的呢？

从公元 5 世纪开始，先后发生的三大潮流，逐渐改变了印欧语人群在这个地区的支配优势。它们是 5 至 10 世纪自东向西的突厥化运动、7 至 15 世纪自西向东的伊斯兰化运动，以及 16 世纪之后自西向东的俄罗斯化运动。

1. 自东向西的突厥化运动

下面这张图反映的是在更大的地理背景之中自东向西的突厥化运动。突厥人群是从蒙古草原向西扩张的。大体跟隋唐属于同一个时代，古代突厥人在蒙古草原上建立起强大的游牧汗国，就像在它之前的匈奴帝国一样，一旦发达起来就要往西面扩张。由此，古代突厥帝国很快分裂为东突厥和西突厥。东突厥建立过第一和第二两个汗国。西突厥的势力不仅覆盖了几乎整个西部内陆亚洲的草原，而且还进入绿洲地区。接着，晚于突厥汗国 100 至 200 年左右的伽兹尼突厥王朝移到了阿富汗南部、印度，甚至伊朗的一部分地区。再往后，就是非常著名的塞尔柱帝国。它已经到达阿拉伯半岛，将整个土耳其纳入版图。可以说，土耳其人的突厥化跟塞尔柱帝国有着莫大的关系。还有就是奥斯曼土耳其帝国，版图扩张到了希腊半岛、西班牙，一直西进到非洲西北部的所谓马格里布地区。

随着这几个突厥国家的诞生和发展，我们可以看到突厥化的过程是怎样一步一步地向西面扩张的。内亚突厥化运动的历史后果，就是它的西半部（以及此外的土耳其）由一个东伊朗语人群的世界，转变为突厥语人群的世界。从 10 世纪起，阿拉伯语文献就开始用"突厥斯坦"（即突厥人或突厥文化流行的地方）来冠名从中国新疆西至里海东南岸沙碛地区的这一地块，表明它的突厥化过程已大体完成。

2. 自西向东的伊斯兰化运动

众所周知，它是随着阿拉伯帝国的版图膨胀而展开的。扩张后的阿拉伯边界，一直到达费尔干纳盆地东端，已非常接近中国的新疆。此一运动与自东向西的突厥化运动结合在一起，最终导致内亚西部地区变成为突厥人的穆斯林世界。随着伊斯兰信仰的向东传播，当地人先后从五花八门的宗教信仰改宗伊斯兰教，构成阿拉伯东侵之外自西向东的伊斯兰化运动的又一重要内容。中国南疆的维吾尔族（即 9 世纪中叶从蒙古高原迁往塔里木盆地和河西走廊各绿洲的唐代"回鹘"人）差不多是其中改宗最晚的人群。维吾尔人全部皈依伊斯兰教，大约晚至 16 或 17 世纪。

3. 自西向东的俄罗斯化运动

最后是从 16 世纪开始的内陆欧亚的俄罗斯化运动。俄罗斯向东扩张的历史，大约可以分为三个阶段。

第一个阶段即 16 世纪中叶并灭蒙古金帐汗国三个继承王国之中的两个，即喀山及阿斯塔拉罕两个汗国时期。这样它的领土便东抵乌拉尔河中游。

第二个阶段始于 1579 年俄国东进西西伯利亚。在此后 70 年内，俄国势力实际是以征取貂皮为其原初驱动力，打通西伯利亚针叶林带，直至鄂霍茨克海。这个扩张很难讲是出于俄罗斯政府的主动策划。它主要是那些冒险家为了寻找貂皮等森林产品而开辟的"貂皮之路"。而后它又自北面全线南压，与清朝的北部疆土相接，先后于 1689 年和 1727 年与清政府签署《尼布楚界约》和《恰克图界约》。至此，位于俄属西伯利亚以南的"东部边疆"和"远东"版图由此奠定。在西线，约半个世纪之后的 1783 年，俄国又并吞克里米亚汗国，"俄罗斯核心地区"最后形成。

第三个阶段是 19 世纪 70 年代及其之后，俄国并吞浩汗国，并将希瓦、布哈拉汗国纳为保护国，最终形成后来苏联的"中亚五加盟共和国"版图。

从当代俄罗斯的版图结构中，我们依然很容易分辨出遗留在其中的俄国向东扩张三个阶段的轨迹。

近现代俄罗斯领土的扩张过程，给内陆亚洲留下了两笔很重要的遗产。一是俄语和俄国文化在内亚的主导性影响力。现在哈萨克斯坦、吉尔吉斯斯坦等"五斯坦"的国民都是双语人群，他们既有本民族自己的语言，同时俄文也都非常好。俄文成为在这一地区跨民族交往时的 Lingua Franca（族际交流共同语）。这就是俄国人留下的一个遗产。同样，蒙古国也是一样。蒙古国的官方书面蒙古语是用俄文的西里尔字母来书写的。冷战结束后，蒙古国曾一度想要用原来的蒙古字母来替代西里尔字母，但却失败了，因为民众已经习惯了俄文式的书写方式。这就是俄国人的影响。二是俄罗斯主导下的"欧亚经济联盟"组织，反映了内亚俄罗斯化运动一直影响到今日的重大历史后果。

三、"中国的亚洲内陆边疆"

　　1935 年，中国地理学家胡焕庸提出一条以"胡焕庸线"（或"黑河—腾冲线"，也叫"瑷珲—腾越线"）著称的"中国人口密度对比线"。这条线将当代中国地理空间切成大致相等的东、西两部分，而生活在这两个地区的人口比例则为 90%：10%。实际上，这条线背后的意义要远多于两部分国土之间人口密度的对比。它的走向，与 300毫米至 400毫米年等降水量带，与中国的雨养农业及无法从事雨养农业的地域之间的区划线，以及汉族与中国诸少数民族的分布地域之间的划分线，都十分接近。

　　比胡焕庸稍晚，拉铁摩尔也提出了一种将中国疆域分为两大部分的类似见解。他把东半部称为汉地，西半部称为中国的长城边疆地区。"拉铁摩尔线"与"胡焕庸线"的差别，仅在于东北农业区究竟应归属于哪一方的问题上。"胡焕庸线"把东北划在中国东部，而按照"拉铁摩尔线"，东北不在东部。从历史上的实际情况看，拉铁摩尔的划分似乎更有道理。因为东北的农业是在清代晚期大批华北汉人闯关东之后才逐步形成的。在此之前，东北是一个各种非汉族以渔猎、粗放农业及流动畜牧为生计的区域。那里有河

谷平原，但大多很小，不足以支撑并形成一个有基础的、长久的汉文化社会。所以，拉铁摩尔的划分更有道理。他界定的"长城边疆"，实际上就是构成中国内亚的各地区。

内亚东部的人文地理状况与它的西部不太一样。它最东面的"白山黑水"，如上所述，属于通古斯语—满语人群的活动天地。之西是蒙古高原，那里的人群分布，最初大体是由突厥语人群与蒙古语人群平分其西、东两半（蒙古高原北部则是原西伯利亚诸语人群的分布区）。以后随突厥语人群的西扩，蒙古高原最终被全面蒙古化。蒙古人并从那里西逾阿尔泰山，进入北疆和"七河流

清朝康熙、雍正、乾隆三朝为统一西北地区、将准噶尔地区纳入版图，与准噶尔部进行了多次战争。图为清代郎世宁绘《平定准部回部得胜图·格登鄂拉斫营之战》，描绘乾隆二十年（1755）清军袭击格登山、攻破准噶尔部达瓦齐大营的场景　　　　　　　　　　　海峰 / 供图

域"（今属哈萨克斯坦国），又向南跨越祁连山，进入青海草原，因而获得对南疆与青藏的军事及政治支配权。从中国内亚边疆诸地域发育而成的社会，都具有某种共同的"绿洲"背景：从新疆北部和青海的草原绿洲，到南疆的沙漠绿洲，再到西藏高原被山岭、而不是沙漠包围的绿洲。长城边疆各地域社会的这一生存环境的连续性或共同性，使它们更易于接受来自草原，而不是来自汉地的影响。

　　这样我们就看到，东部内亚的北方和南方，分别分布着蒙古人群和藏人群，两者中间夹入一个突厥化的南疆，就像是从西部内亚伸进来的一根楔子。蒙古在东部内亚的支配地位反映在下述事实中：清朝将漠北蒙古、青海、西藏、准噶尔盆地、塔里木盆地等处纳入国家版图的努力，持续康熙、雍正和乾隆三朝方始大功告成，而它在八九十年间的一个始终不渝的敌人就是西蒙古部。

　　我们应当如何理解中国国土这种一分为二的情况？中国主流见解从中看到的，更多的是"中华文明的影响是如何从中原地带，一点点拓展到西部与北部的踪迹"。但是拉铁摩尔对"长城边疆"的定位，却非常不一样。在他看来，中国的长城边疆各地区，是中国国家建构过程的积极参与者和重要贡献者，存在于它们之间的某种共同性，使它们趋向于形成一个与汉地社会积极互动的整体。他写道："东自满洲混合型地理环境，西至中国突厥斯坦的绿洲和沙漠，乃至西藏的寒冷高原，起源于上述诸地域之内的各种社会的历史角色，最宜于被看作是基于蒙古草原历史的一系列变型。"他以为，也正是在这一意义上，蒙古草原的历史，成为"所有边疆历史中最典型的篇章"。

　　那么，中国历史上的这两大地域"板块"，究竟是怎样被超越，从而才能够形成一个版图辽阔的统一国家的呢？

四、板块限阈是如何被超越的

　　有关中国历史的标准叙事，基本上是把自战国以来 2000 多年中这个国家形成与发育的历史，描述为只是由秦汉确立的外儒内法的专制君主官僚制这样一种国家建构模式在被不断复制与向外延伸的过程中逐渐调整、充实和进一步发展的过程。而中国的各边疆地区，则似乎永远处于被动地等待被中心地区"收复""统一"或"重新统一"的地位。据此，即使是像元、清这样起源于传统帝国边疆之内的内亚边疆帝国，它们的成功，也主要是因为它们的统治者能主动学习或仿效"先进"的汉文化，包括袭用外儒内法的专制君主官僚制去统驭它们的全部国土。而它们的失败，又恰恰在于它们还不够汉化。

那么，实际情况又是如何？其实中国历史的发展是有一个空间节奏的，可用 12 字概括：由南向北、自北向南、从东到西。

1. 由南向北阶段

公元前 4 万年至公元前 2000 年，99% 的现代中国人的祖先从南部进入中国，然后慢慢分布到中国各地，这个就是所谓由南向北。

2. 自北向南阶段

中国的史前文化可谓满天星斗。但从公元前约 2000 年开始，华北最先从史前文化跨入文明的门槛，根本地改变了它之前史前文化多头起源、多元发展的格局或景象。华北自满天星斗中凸起的过程，就体现在所谓夏、商、西周"三代"的历史中。在跨入文明门槛的过程中，华北的不同人群、不同文化也在经历着反反复复的互动、冲突与融合，终于在公元前大约 1000 年左右形成同一人群、同一文化，亦即华夏和华夏文化。而所谓华夏人群，也就是汉族的前身。

华夏既然形成了若干早期国家，它动员资源的能力、动员人口的能力以及它的经济能力都慢慢强大起来。于是它开始向外扩大自己的生存空间，具体说来就是往南部扩张。淮河、秦岭以南，本来的土著都是非汉语人群。在大约两千多年时间内，整个南部中国差不多都被汉化，直至广东。而这个自北向南的汉化过程，主要是被四大历史事件所推动。

一是孙吴立国江南。此前华夏的政治统治基盘都位于中国北部。孙吴是把统治基础建立在南部中国的第一个汉族政权。它的国都先在武昌，后来移到了南京。二是永嘉南渡。西晋永嘉之乱引发了空前规模的"五胡乱华"浪潮，北方汉族人民为逃避战乱和民族冲突，纷纷举族南迁，大量人口从中原迁往长江中下游。三是从安史之乱直到黄巢起义的唐后期，社会大乱，北方被搅得不像样子，再次推动了汉族人口大规模地往南迁徙。最后是北宋与南宋之间的"靖康之难"，导致中国历史上最后一波汉族人口大规模南迁的浪潮。

在上述四个事件中，后三个纯粹是人口事件。自北向南的汉族移民运动，几乎把东部中国填满了。但这股移民浪潮为什么没有进一步波及更加西面的广大地区呢？因为那里存在一个天然的局限——不能从事雨养农业的地方，汉人进不去。

3. 从东到西阶段

直到这一阶段，西部中国才很牢固地变成中国版图的一部分。那是什么时候的事呢？让我们以 1000 年为一个时间单元，去追寻一下自公元前 2000 年华北凸起以来的近 4000 年里，中国的国家建构究竟经历了怎样的一个历史进程。

公元前 2000 年至公元前 1000 年：华北各地的史前文化，在经历数千年的交互作用与整合过程后，终于跨过文明的门槛，发育成以"三代"（夏、商、西周）著称的华夏文明。

公元前 1000 年至公元纪元：华夏逐渐扩大势力范围，将未能被同化在自身文化圈内的其他人群排斥到边缘。华北由此开始呈现"内夏外夷"的空间分布特征，并确立了自己作为中国经济文化核心地区的地位。在那里形成的中央集权的专制君主官僚制王朝，开始把远超出华夏文明地域范围的疆土置于自己的政治统治之下。

公元纪元至公元 1000 年：汉文明与汉语人群一波紧接一波地从华北向南方社会全面渗透，以越来越快的节奏推动东部中国经济文化均质化（也就是汉化）的进程。中央王朝将西北部中国纳入自己版图的努力则时断时续、事过于倍而功未及半。

公元 1000 年至公元 2000 年，在这最后的 1000 年，伴随着北宋王朝向南部中国的迁移而发生的又一次北方人口大规模南迁，中国经济文化重心南移完成。西部及西北各地区先后被稳固地整合到中央王朝的疆域结构之中。但是，西部中国经济、文化与社会发展水平，尚待进一步提高。

因此，若以 1000 年为一个时间单元，看一看这 4000 年来中国国家发生、发展所呈现的这样一个时空变迁进程，我想我们应该能够体会到，开发中国西部的重任是 4000 年中国历史交付在我们这辈人肩上的庄严而光荣的任务。

那么在最近的 1000 年中，究竟是谁，将西部变成为中国版图牢不可分的一部分呢？在近千年来，建立起统一的多民族大帝国的政权，分别是蒙古人建立的元朝和满族建立的清朝。我们的历史教科书上的标准叙事，倾向于把元朝和清朝对中国的统一，仅仅看作是汉唐模式的专制君主官僚制国家体制在新历史条件下的进一步扩展。但这个看法大大弱化了元、清两朝对中国作为一个多民族统一国家形成过程的伟大贡献。

按汉唐国家建构模式治理国土的核心制度体系是郡县制。但是郡县制的历史实践表明，它基本上只是实施于汉文明地区，以及可以从事雨养农业、因而具有被汉文明覆盖的潜在可能的那些地区（这里指的主要是淮河与秦岭以南的东南部中国）。到唐代已臻于成熟的控御上述地域范围之外各人群、各政治体的"羁縻"体系，主要由以下两方面的制度性安排构成：驻军屯田，"以伸慰绥、诛伐之志"；册封朝贡，以明君臣上下之礼。这就是所谓恩威并举、剿抚兼行。

但是被纳入此种羁縻体系的各人群或国家，可能朝着两个完全不同的方向发生演变。羁縻统治可以经由设立土官、土司建制，到土流并置（即在土司地区兼设流官，负责治理进入那里的汉人群体），然后实现改土归流的路径，把汉文明的边界向那里推进，最终将从前的"化外"之地纳入编户征税的郡县制体系。但是，能够做到这一步的前提条件是，在那里必须培育出一定数量的由汉族移民和被汉化的当地原住民混合组成的编户齐民，从而为将该地区整合到府县管治体系之内造就必不可少的经济、政治、文化及社会响应的基础。问题恰恰在于，华夏文明或后来的汉文明尽管拥有极大的扩展自己生存空间的活力，可是这种活力既然以雨养农业传统作为自己的生存基盘，也就要反过来受到可以从事雨养农业的地域边界的天然限制。所以，在雨养农业地域之外的各地方，既然无法通过对当地人口施行汉化的途径来落实郡县制，从而将它们纳入巩固的国家版图，那么长期停留在羁縻体系下的不同人群和地区，就会朝着变成具有与中国对等地位的国家的方向演进。

显而易见，传统中国如果只依靠上述那种国家建构的模式行事，西北中国的大部分地区根本无法被有效地纳入中国疆域之中。事实上，在最近 1000 多年里，能够把汉文明之外的大片西北疆域括入中国版图的，并不是采纳汉唐国家建构模式的宋、明等"儒家"王朝。而元、清两朝所建立的多民族统一国家，都是兼用汉唐式专制君主官僚制和内亚边疆帝国这样两种国家建构模式才得以成就的。雍正帝因此断言，"中国（汉文明意义上的中国）之一统始于秦。塞外之一统始于元，而极盛于我朝"。版图囊括了"塞外之一统"的"大中国"，没有出于蒙古人、满人创制的上述后一种国家建构模式的参与，是根本不可能产生的。

内亚边疆帝国的国家建构模式，其积极意义集中地体现在两个方面。

第一，清代继承元代"宣政院"制度，设"理藩院"管理西北中国各地区的旗界、封爵、设官、户口、耕牧、赋税、兵刑、交通、会盟、朝贡、贸易、宗教等事务。理藩院所行使的，当然是在内政范围里体现国家主权的各种权力。在汉唐式的国家建构模式中，我们根本找不到执行类似权力的权力机构。后者留下来的与羁縻人群、国家或地区相关的档案，无论在实际上或名义上都是由礼部或鸿胪寺掌管的外交档案。

第二，汉唐国家建构模式的理想治理目标，生动反映在《中庸》里的"车同轨，书同文，行同伦"这九个字之中。我们一般看到的都是它对实现国家统一的正面意义。但这不就是要将汉文明覆盖到全部国家版图上去吗？这样的主张真的应当获得我们赞同吗？相反，元、清采取的却都是带有维持文化多样性倾向的政策。它们自然不会有"民族平等"的现代意识，但它们没有想用蒙语、满语或蒙古文化、满文化来统一全国的语言和文化。它们试图用维系并相互隔离国内各大型人群各自活动空间的方式，来避免不同文化间的冲突或互相干扰，同时也防止各人群形成联合的反政府力量。这样的政策安排，客观上有利于诸多民族在相对安定的环境里发展各自的社会与文化。

五、几点结语

首先，应当承认并重视构成"中国性"的内亚因素。

与绝大多数其他现代国家都从帝国分裂当中产生出来不一样，中国是在基本保留了它在帝国时代版图的基础上产生的现代国家。中国民族问题的全部独特性就来源于此。因此，我们必须非常正面地承认、评价和爱护"中国性"中所包含的内亚特性，而不应把它看成至多也只是中国各民族及其文化在走向进一步"统合"或"同质化"进程中的过渡性元素，或是只允许其权宜存在的保留元素。

中国的诸多历史地形成的民族对于各自世居历史家园的深厚情感，以及民族的区域自治政策所赋予他们的对世居历史家园的各项权利，应当受到更多的尊重和落实。

其次，深化对一个国家内包含了多民族历史家园这一事实的认识。民族主义从最初的"主权在民"（即向内争取主权）运动演变成"一个民族，一个国家"（即外争独立）的诉求之后，民族主义理念与它的实践后果之间已经出现了越来越多的背离。

由于冷战和阶级政治的抑制，也由于西方发达国家已经形成的制度基础使它们有能力比较稳妥地解决国内族群问题，上述背离在 1990 年之前没有引起全球人们足够的关注。但是 1990 年以来，各国国内民族问题在全球范围的爆发，迫使我们重新思考如何认识民族主义所留下的政治遗产的问题。

我们需要回到民族主义的原初立场，即主权在民的立场上去。同时，我们也需要突破原教旨民族主义的严重思想局限，以前所未有的热情去拥抱多民族统一国家的观念。

在这样的时候，回头检视西方发达国家解决国内民族关系问题的路径，我们吃惊地发现，体现在各国所采取的不同方针政策中的相似思路，十分接近于中国的民族区域自治政策。因此，简单地用即使是美国人自己也在反思的"熔炉"政策来概括他国解决国内民族关系问题的共同经验，完全是一种误解。

中国的过去是由多民族共同缔造其共同国家的历史。中国的未来只能是属于多民族所共享共有的未来。这是中国的宿命。任何试图改变中国此种宿命的想法和行为，都只会给中国的前途、利益和名誉带来损害。

再次，对边疆史地研究的间接现实功能的认识。

边疆史地研究不能够直接去回答或处理现代边疆和民族关系的实际问题，但却有着某种间接的现实功能。一是从政治学、法学及民族社会学等各种学科的学理角度，加深我们对国内民族关系问题的理解。二是历史视角。中国民族关系的由来是有一个历史过程的。所以，如果对中国民族关系的历史没有一个清楚的认识，我们实际上很难真正妥帖地解决当今的民族关系问题。三是比较视角。民族问题、宗教问题，都不只是当前中国碰到的问题，而是全世界绝大部分的国家都面临的严重问题。中国问题的解决，自然只能靠我们自己。与此同时，今日世界正在变得越来越小，因此我们也必须在东张西望、左顾右盼之中，使中国问题的解决不自外于当代性的价值意义和全球性经验。

最后，人类学对中国很重要。

对当代中国的边疆研究来说，民族学和人类学所怀有的一种根本性关怀绝不仅仅只具有工具理性的价值。人类学强烈主张参与性的考察，把自己变成被考察部落里的成员，参与到他们的祭祀、劳动等各种活动中，了解并亲身体会他们的各种礼仪。在这个过程中，用被研究人群的世界观和眼光去理解并解释该人群自身及其生存环境。如何在中国的民族和边疆研究中更多更有效地纳入少数民族自己的历史表述、纳入他们的各种现代意愿？这个问题现在应该引起我们的足够注意了。无论怎样强调这一点，我以为都是不过分的。

（讲座时间　2016年）

金寿福

埃及文明的再发现

金寿福

金寿福，1964年生，吉林长春人。埃及学博士。复旦大学历史学系教授、博士生导师，中国世界古代中世纪史研究会古代史专业委员会副会长。曾任首都师范大学历史学院教授、复旦大学埃及研究中心主任。2013年被评为北京市特聘教授，同年入选国家"百千万人才工程"，被授予"有突出贡献中青年专家"荣誉称号。2016被评为国家"万人计划"领军人才。

主要从事古代埃及历史、古代文明比较、文化记忆等领域的研究。撰有多部论著，并有布克哈特《世界历史沉思录》、阿斯曼《文化记忆》等译作。在《中国社会科学》等刊物发表论文 20 多篇，在美国、德国等国的埃及学专业杂志上发表论文多篇。同时，还承担国家社科基金项目"古代埃及官吏制度"和北京市人才项目"古代埃及亡灵书研究"，已完成国家社科基金后期资助项目《古埃及〈亡灵书〉》。

一、从拿破仑远征埃及说起

埃及虽然是四大文明古国之一，但在 18 世纪末拿破仑远征埃及之前，西方人对其知之甚少。总结起来，信息的来源只有三个方面：

一是来自冒险者的讲述。当时的埃及是奥斯曼帝国的一部分。由于奥斯曼帝国和西方仍处于敌对状态，因此只有少量的、颇具冒险精神的西方人才敢于探访埃及。回至国内，他们将在埃及的所见所闻外加一些想象向人们讲述，他们对埃及地上建筑，诸如神庙、王陵、方尖碑等的描述使英国等刚刚完成或者正在进行工业革命的国家的民众对埃及产生了一种向往，形成了许多臆想和猜测。

二是来自《圣经》。在《旧约》中有这样一个故事：以色列人约瑟被卖到埃及，后来官至宰相。在一次给埃及法老解梦的时候，约瑟说埃及将要遭遇连续七年的灾害，但在七年灾害之前会有七年的丰收期。他向埃及法老提出建议：把丰收年多余的粮食收集起来，以应付之后连续七年的灾害。可是这些粮食要存放到哪里？不少西方人就认为，金字塔就是当时约瑟为了储存粮食建造的仓库。

《旧约》还描写了以色列人曾经在埃及当牛做马 400 年。那么，他们居住在哪里，到底遭受了怎样的压迫和剥削？这是西方人对埃及感兴趣的另外一个原因。因此，西方人在埃及最早的考古地点就是《旧约》里描写的以色列人曾经居住的地方，即尼罗河三角洲东北部一个叫歌珊的地方。他们希望在那个地方发现以色列人居住的物证。

三是来自一些古典著作。希罗多德、斯特拉波等古典作家曾经到埃及游历。他们的作品也成为西方人认识埃及的重要来源，但是他们记述的内容并非全是亲眼所见，也有一些是道听途说，甚至有些故事还比较荒诞，比如希罗多德曾经记录胡夫金字塔是这位暴虐的国王迫使 10 万民工花费 20 年建造而成；后来国库枯竭，于是国王便迫使自己的女儿出卖肉体以创造收入来完成自己的陵墓等等。

不过这样的状况随着拿破仑 1798 年远征埃及发生了变化。拿破仑当时已经通过武力征服了大半个欧洲，但是英国与法国隔着英吉利海峡，因此拿破仑没有办法彻底战胜英国。此时，埃及的战略地位开始引起拿破仑的注意。埃及当时是奥斯曼帝国的一部分，印度则是英国的殖民地。彼时的苏伊士运河还没有开通，很多来往于英国本土和印度的运输都要通过陆路，再到红海，因此，拿破仑计划占领埃及，切断这条重要的通路，以期在英帝国的脊梁上插上一刀。

拿破仑以古代的亚历山大为榜样，武力征服只是一方面，另一方面，他要汲取埃及文明有益的东西，同时向埃及输出西方文明。在他的 10 万大军里，约有 160 位来自各个学科的学者，这些学者到埃及后的任务不是作战，而是搜集有关古代埃及、现代埃及所有有用的信息，为法国利用埃及的资源服务。据说拿破仑当时随身带了两本书，一本是《伊利亚特》，另外一本是《远征记》，这两本书也是传闻中亚历山大与波斯人打仗时随身携带的。拿破仑的另一个偶像是奥古斯都，他的两位偶像都曾征服过埃及，所以拿破仑以他们为榜样，不仅要武力征服，也要搞文化输出。

拿破仑把亚历山大——现在埃及最大的海港城市——作为登陆点。他带去的学者中有很多是数学家、制图家，还有东方学家。这些人到达埃及后就开始记录、整理有关埃及古代和现代的人文、风情、地理等各个方面的信息，同时也搜集古代的文物。

拿破仑率队于 1798 年 6 月到达亚历山大，8 月就在开罗建立了埃及研究所，亲自担任研究所副主席，同时也参加到数学组的工作中。至 1801 年，在不到三年的时间里，研究所一共召开了 47 次会议。从当时留下的记录中可以看出，只要不是有特殊情况，拿破仑都会参加，而且发言活跃。但好景不长，1801 年英国和奥斯曼联军攻打亚历山大，法国军队的船只被英国人烧掉，拿破仑只得率领少数要员逃回法国。1801 年的这场战争以法国的失败而告终。在停战协议中，英国提出法国要把在埃及收集到的重要文物全部交给英国，其中的罗塞塔石碑成为日后破译象形文字的钥匙。

拿破仑远征埃及虽然以战败告终，但是产生了两个深远的影响。一是使埃及的马穆鲁克统治集团倒台，穆罕默德·阿里掌握政权。后者推行了一个完全模仿西方的现代化和工业化进程。因此，埃及需要从西方学习技术，进口先进的机器，还需要贷款。于是埃及就成了一个牢牢被控制在英法手里的殖民地。在这一时期，很多古埃及文物被运到欧洲。二是回国的法国学者把他们收集到的材料整理出版了《埃及志》，全书共 24 卷，其中 10 卷是图册，共有 3000 多幅图，几乎把埃及地上所有可见的古迹和古物囊括在其中，而且把它们与希腊罗马古典作家对埃及的记述进行比较，对埃及进行了初步研究。

《埃及志》第一卷扉页的顶端有一个法国人模样的英雄，他像阿波罗或者亚历山大一样驾驭着一辆马车，手里握着长矛，成群的马穆鲁克士兵应声倒地。而在这位英雄后面跟随着 12 位希腊神话中主司文化和艺术的女神缪斯。这幅画的含义十分明确，拿破仑用武力征服埃及，打败马穆鲁克，西方文明得以传到东方。另外，在扉页上还可以看到金字塔、方尖碑等与古埃及文明有关的各种元素，但没有任何一个与伊斯兰文明相关。这体现了西方建构的埃及与现代埃及是完全割裂的。《埃及志》编纂者眼里没有伊斯兰埃及，只有古埃及文明。埃及后来沦为英法殖民地，法国于1859年开挖苏伊士运河，当时法国一位桂冠诗人写下了如下的诗句："干活去啊，法兰西的兄弟们。为全世界开辟这条新的道路，这里留下过你们先辈英雄们的足迹，像他们一样，在金字塔下勇敢无畏的斗争，4000年的历史在凝视着你们。是的，为全世界、为亚洲和欧洲，为那些被黑夜笼罩的遥远国土，为狡诈的中国人和半裸的印度人，为那些快乐、自由、仁爱和勇敢的民族；为那些邪恶的民族；为那些受奴役的民族，为所有那些被上帝遗忘了的民族。"在这首诗中，欧洲人天生的优越感溢于言表。

以上两点都表明西方人对于埃及的优越态度，这种优越感显然充满了殖民主义和所谓东方主义的烙印，但是我们也要承认当时法国学者做的各种记录对后世产生的不可估量的影响。在穆罕默德·阿里统治时期，埃及进行工业革命，需要很多石灰。由于古埃及很多神庙采用石灰岩作为材料，这些石灰岩就成为当时埃及发展经济的廉价取材地。古代的石头被用来烧制成石灰。另外，还有许多古埃及墓室内的壁画等不可移动的文物，也受到了自然和人为的双重破坏。很多壁画等文物已经不复存在，学者们在作研究的时候，只能参考法国学者当时留下来的第一手材料。

二、商博良与象形文字的破译

拿破仑为埃及学的诞生奠定了基础，对埃及研究者来说，下一步就是象形文字的破译。实际上，世界古代文明中的几个都已经断裂，埃及文明也是一样。公元前332年，亚历山大征服埃及，后来埃及又成为罗马帝国的一部分，罗马分裂之后埃及成为拜占庭帝国的一部分；再后来伊斯兰教传到埃及，埃及又成为奥斯曼帝国的一部分。在这种混乱的时局下，古埃及象形文字逐渐失传，成了死文字。后来又被西方人赋予了非常神秘的色彩。很多西方人曾认为象形文字应该是图画文字，每一个单独的图都有它独特的含义。后来的结果证明，他们的出发点是错误的。

古埃及象形文字都具有图画的功能，甚至比图还要复杂。在这里举两个例子，托盘这个器物与宗教有关，由两个象形符号构成，器物的右半部分是两只伸出的人的胳膊，胳膊与两只手依稀可见。中间的圆圈与左半部分类似"丁"字的符号组成一个象形符号，表示"生命"的意思。

古埃及托盘

古埃及人认为人生来就像双胞胎——显形的自我和隐形的自我，后者只在显形的自我死后才开始发挥作用。器物中两只伸出的胳膊就是指隐形的自我。整个器物其实是生者给死者献祭用的托盘，主要是把呈液体的祭品放到器物中。这个器物暗含的意思就是把能够赐予人生命的液体，牛奶或者是酒，放到托盘以后献给死者隐形的自我。用图画的方式表现如此复杂的含义，是象形文字常用的一种表达方式，所以象形文字究竟是图画还是文字很难下结论。

下面这张图是图坦卡蒙的名字。古埃及国王有多个名字，其中两个要圈在椭圆形当中，我们现在一般称之为"王名圈"，椭圆底下有一个横，就像一扇门一样把椭圆关闭。椭圆在象形文字中表达永恒的意思。那整体的意思是什么呢？学者们作两种解释：一是椭圆象征永恒，表示国王的生命是永恒的；还有一种解释，古埃及人相信太阳的运行轨道是椭圆形的，而国王的领地是太阳所环绕的地方，认为那是国王的力量，万物都在埃及法老的统治之下。

在埃及发掘出来的许多石棺，其形状也是椭圆形。它与圈国王名字的永恒符号具有一样的含

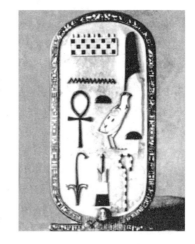

图坦卡蒙的名字

义，希望国王在象征永恒的石棺里面恢复生命，享受第二次生命。在位于卢克索的国王谷，放置棺材的墓道尽头也呈现为表示永恒的椭圆形。古埃及人在生活、墓葬等许多领域把图画和文字完全融合在了一起。这些符号在很长一段时间使西方人迷惑不解。罗塞塔石碑的出现，为破译象形文字提供了一把钥匙。

在罗塞塔建筑军事要塞时，法国士兵发现了一块石碑。石碑上面用三种文字书写了同样的内容，三种文字分别是象形文字的圣书体与大众体以及欧洲人熟悉的希腊文。当时的驻军首领马上意识到这块石碑很重要，并立刻送到开罗的法国随军学者那里。学者们立即把碑文做成拓片，送到欧洲其他国家。那些对破译象形文字感兴趣的人们都先后得到这块石碑的拓片。作为战败国，法国只好把罗塞塔石碑交给英国，这块石碑现在收藏于大英博物馆。

罗塞塔石碑上引人注意的地方是，在圣书体文字当中，有一些象形符号被圈在王名圈中。很多欧洲学者发现了这个有点奇怪的现象，比如法国人德萨西、瑞典人阿克布拉德、英国人托马斯·扬等人都注意到这个问题。他们将这些符号与希腊文进行了对照，发现椭圆中的符号是对当时统治埃及的托勒密王朝国王名字的音译。

在商博良之前，许多人都注意到了这一点，但是他们有一个误解，以托马斯·扬为代表的一些学者就误以为埃及人只有在翻译外国人名字的时候用表音的符号，其他的词还是使用表意的符号。但商博良不这么认为。他发现石碑上的希腊文只有 486 个单词，象形符号却多达 1419 个，而且原来刻写象形文字的石碑左上角已经破损，所以象形符号的实际数量应该更多。假如象形文字中一个符号表示一个独立意思，两种文字表达的内容显然不可能对应。

另外，石碑上一共有 1419 个象形符号，但是按照它的种类分只有 166 个，就是说大部分符号是重复的。如果 166 种符号都是字母，显然太多；如果一个符号表示单独的意思，又太少，它们无法表示所有的事物和概念。商博良认识到象形文字的奥秘，认为象形文字中不同的符号所担当的功能是不一样的。这些符号可以归纳为三类：第一类符号表音，相当于字母；第二类符号表意，一个符号表示一个意思，比如一个圆圈里面有一个点表示太阳；第三类符号起到限定作用，它们位于所限定的单词的后面。比如象形文字中有两个词，其中一个词表示由南向北顺尼罗河而下，这个动词后面的限定符号是一艘没有张帆的船。因为尼罗河是由南向北流的，所以北行的人可以借助尼罗河的水流，不需要船帆。埃及的风基本上都是从地中海刮来的北风，所以在象形文字中，表示逆流而上的动词以扬帆的船作为限定符号。限定符号实际上类似于汉语里面的偏旁。不同的符号所承担的任务是不一样的，这是商博良的重大发现，现在看起来很容易理解，但是当时取得这一突破却十分困难。

在我们看来，古埃及人完全可以把一些多余的符号简化掉，从而走向字母文字，但是他们一直没有迈出这一步。相反，古王国时期的胡夫完全采用表音符号书写自己的名字，新王国时期的图坦卡蒙与胡夫相隔 1000 多年，名字反倒变得复杂。究其原因，有的学者认为古埃及人的智力还没有达到必要的程度，有的学者则相信他们尚未意识到精简文字和提高效率的必要性。

三、西方列强对埃及文物的掠夺与收藏

由于商博良破译成功，西方人开始能够读懂象形文字的内容，这激发了他们对埃及文物的兴趣，想要搜集更多的文字进行比较，从而发现象形文字中更多规律性的东西。同时，19 世纪初工业革命以后，国民的物质生活条件提高，去国外成了当时欧洲人证明自己的经济条件或者身份的途径，加上之前英国人、法国人从埃及回国后写了很多畅销书，形成了一股埃及热。这一阶段，许多埃及文物被以各种合法或不合法的手段带到了欧洲。现在许多西方国家的博物馆中存有大量古埃及文物。在这里，我想以欧美几个重要的博物馆为例，介绍这些博物馆中的若干文物，使大家了解它们在古埃及墓葬中的具体含义。

大英博物馆于 1759 年向公众开放。1801 年，英军从法国人那里搜剿埃及文物，先是把它们交给英国国王，后来英国国王把这些文物又捐给大英博物馆。1802 年，大英博物馆成为最早收藏埃及文物的博物馆，其中就有罗塞塔石碑。除了黄金首饰之类的文物以外，博物馆最在意的是巨大的国王雕像。在博物馆

的决策者看来，把这些雕像摆在博物馆里，不仅显示了英国的国力，也象征着西方战胜了东方。

左面这张图是一个墓碑。浮雕表现了墓主人端坐在供桌前面的场景，能够清楚地辨识出供桌上有一条牛腿。古埃及人认为，牛腿是供桌上必不可少的祭品。在官吏的坟墓或者国王的陵墓里，有很多宰杀牲口的壁画。我们可以注意到，画中被宰杀的牛只被绑了三条腿，另

墓碑

外一条则没有被捆绑。首先古埃及人要把这条没有被束缚的、充满活力的腿砍下来，敬献给神、死去的国王或者其他死者。

大英博物馆收藏了许多木乃伊。原因有二：一是英国人最早完成工业革命，有经济实力到埃及搜集、掠夺或购买木乃伊；二是泰坦尼克号沉没后，伦敦流传一个谣言，称泰坦尼克号之所以沉没，是因为从大英博物馆走失的一具木乃伊跑到了船上。这让很多人感到害怕，因为当时英国很多富人家里都存放着木乃伊。趁此时机，大英博物馆馆长提出低价收购木乃伊，甚至有很多人免费将木乃伊送给了大英博物馆。

由于法国最早征服埃及，卢浮宫也是最早收藏埃及文物的博物馆之一。破译象形文字以后，商博良与意大利学者罗塞利尼联手到埃及考察，记录古埃及文字和收集文物。卢浮宫有一座墓主人与其妻子的合雕像。古埃及坟墓里都放置墓主人的雕像，多数情况下是夫妻合像。因为古埃及人认为来世是今生的一种延续，人会在来世继续保持现世的家庭关系。雕像的姿势基本上都是妻子一只手抚摸丈夫的手，另一只手放在丈夫的后腰；女子的双脚是合并的，男子的左脚稍稍迈出半步，这是古埃及男主外女主内习俗的体现。雕像中男女的肤色不太一样，男子肤色要黑一些，女子肤色要浅一些，同样反映了内外差别。

德国在民族国家的形成进程和工业化进程等方面落后一步，在殖民扩张上

不甘落后。威廉三世统治时期，柏林博物馆派莱普修斯率领庞大的考察队到埃及搜集文物，他们在埃及一共收集了 1 万多件古物。埃及总督穆罕默德·阿里还免费为德国考察队提供民工、帮助运输，将这些东西运到柏林博物馆。

柏林博物馆最为著名的文物是阿肯那顿王后娜芙提提头像，它是德国人于 20 世纪 20 年代在中埃及的阿玛纳考古时发现的。关于这件文物的归属权，现在仍然有争议，埃及人认为，德国人通过欺骗手段获得了这尊头像，称他们在头像外面涂了石膏，从而隐瞒了埃及人；德国人则认为，当时埃及的文物官员准许德国人把它运回柏林。埃及最高文物委员会的官员曾经警告说，假如西方国家不归还包括娜芙提提头像在内的"来路不明"的古埃及文物，这些国家所属的考古队在埃及的发掘许可证就会被取消。对此，相关国家的博物馆态度不一，有的博物馆试图以国际文物法的颁布年代为依据，有的博物馆则声称所有文物"属于全人类"，潜台词就是拒绝归还。

美国纽约大都会艺术博物馆从 1906 年开始收藏埃及文物。下面这张图是大都会艺术博物馆收藏的"假门"。为什么叫假门呢？古埃及坟墓分上下两层，下面一层放置棺材，我们称其为地下部分。葬礼结束后，由于很多墓葬品放置其中，地下部分立即封闭，且入口隐蔽。地上部分是生者与死者的互动区域，其中最重要的是供桌。它的作用就是生者给死者提供食物，而"假门"就是设置在想象当中位于地下的棺材与地上供桌的连接线上。门在这里象征墓主人通过它从下面走上来并享用亲人奉献的祭品。有时候假门前还放置墓主人的雕像，表现他左脚迈出半步，仿佛正好穿过假门。古埃及有一句俗语：死亡是敌人，而且是强大的、可怕的敌人，只有生者与死者结成联盟，才有可能战胜它。

以上就是比较重要的收藏埃及文物的西方博物馆。当然，埃及也非常重视对文物的保护。

19 世纪中叶，在法国人马里耶特的建议下，埃

美国纽约大都会艺术博物馆收藏的"假门"

及建立了文物部，即今天埃及最高文物委员会的前身。在法国等国学者们的呼吁和参与的过程中，埃及政府制定了文物法，规范境外文物商和考古队的行为，禁止他们在埃及非法收集、收买或者发掘文物，并将其带出埃及国境。1902 年，位于开罗的埃及国家博物馆建成。在博物馆入口的墙壁上，刻写了与埃及学相关的西方学者的名字，其中有 6 个法国人、5 个英国人、4 个德国人、3 个意大利人、1 个荷兰人、1 个丹麦人、1 个瑞典人，却没有埃及人的名字。这其中当然有埃及人自己的问题，但也可以看出埃及长期沦为殖民地的后果，显示了西方与东方之间力量的不平衡。

四、埃及学取得的成就与存在的不足

商博良于 1822 年破译象形文字成功，标志着埃及学的诞生。在之后的 100多年中，世界许多国家众多的学者投身重构古埃及文明的事业中，埃及学作为一个学科成长壮大。如今，学者们已经把绝大多数象形文字文献整理和出版了，不仅对古埃及历史脉络进行了复原，而且整理出微观的个人谱系。经过对卢克索尼罗河西岸的工匠村半个多世纪的发掘，学者们对村庄的结构、房子的排布、每一幢房子的居住者，其子嗣担任的官职、结婚和生子情况等都有了比较详细的了解。能够十分详尽地了解距今 3000 多年前一个村庄居民的生老病死情况，实在是一件了不起的事情。之所以有这样的奇迹出现，首先是因为古埃及人留下了丰富的文献，其次是因为当地干燥的气候环境使文献保存下来，最后与西方很多学者的献身精神离不开。

埃及学诞生以后，它在文物保护方面发挥了很大作用。比如，因为埃及建造阿斯旺大坝和纳赛尔水库，大片上游地区将被淹没，位于尼罗河岸的阿布辛贝勒神庙受到了威胁。在埃及政府和埃及学家们的呼吁下，联合国教科文组织倡议世界各国出钱出力进行拯救。来自许多国家的技术和工程人员把神庙切割成几吨重的石块，运输到几十米外的高处像拼图一样按原貌重建。这个巨大的工程可以被视为东西方在文物保护工作合作模式上的一个典型。

埃及学的建立虽然为现代人了解古埃及文明提供了一个窗口，但与此同时，完全由西方建构的埃及学也有着不可回避的片面性。

第一，埃及学完全是以西方人对希腊罗马古典学的研究和建设作为模板建设起来的，无论是在象形文字的解读上，还是在理解古埃及人宗教的过程中，埃及学受到的西方传统影响非常严重。在象形文字被解读之前，很多西方人出于各种目的煞有介事地将埃及象形文字神秘化，把它作为宗教信仰或团体的符号，他们甚至认为埃及是一个祭司掌权的国家，象形文字完全是人转生时需要的宗教铭文。象形文字被解读之前，人们对象形文字的神秘力量期望值很高。商博良解读象形文字后，他们能够读懂里面的内容了，对很多平常的记述非常失望。一直以来，他们都以为象形文字里隐藏着人类曾经拥有的智慧，解读这些内容将能找回失去的智慧与秘密。直到现在也有一些类似共济会这样的组织或者业余爱好者把古埃及、象形文字神秘化。他们固执地以原来的方式解读象形文字，从中摘取对自己有用的东西。结果，在西方形成了两种完全对立抗衡的象形文字解读法，一是学院派，一是神说或戏说。这种严重分化的状况只能说明埃及学的普及工作做得并不完善，学者们将自身的研究看得过于清高，而不愿向大众做宣传，严重阻碍、混淆了公众对古埃及的了解。

第二，西方人一直认为西方强于东方，古埃及优于现代埃及。在前文提到，埃及博物馆入口处刻写的与埃及学有关的学者姓名当中，根本找不到埃及人的名字。由此看出，埃及人在埃及学方面没有话语权。有一些西方人研究埃及，并不是为了真正地理解这个文明，或是研究这个文明对现代人有什么启示，而是拿这个文明作为一种工具。举一例说明，从建筑等方面来看，埃及具有悠久辉煌的文明。如果没有很完善的几何学知识，在当时各方面条件都非常简陋的情况下，金字塔、方尖碑等宏伟建筑是不可能建造起来的。事实证明，古埃及人已经掌握了这些知识和技术，并完成了人们难以想象的宏大工程。

有一种说法是西方人很难接受的，即埃及文明就是"黑非洲"文明。不少西方人无法相信古埃及文明是由非洲原住民创造的，他们有一种根深蒂固的种族优越感。19世纪，不少西方学者热衷于古埃及文明外来说，认为是同根同宗的两河流域文明的火种传到了埃及。随着时代的变迁，到了后殖民时代，这种外来说已无法对古埃及文明进行解释，但此时又走向另外一个极端。在争取平等权利的过程中，非洲中心主义者和美国黑人大肆鼓吹埃及是"黑非洲"文明、埃及人就是黑人。英国学者贝尔纳还写了题为《黑色雅典娜》的专著，认为雅典娜就属于来自埃及的黑色人种。在对埃及文明的认识上，有些西方人已经完全超出了学术讨论的范畴，讨论变成了情绪化的、政治色彩浓郁的争吵。

第三，埃及人实际面临着身份认同的危机。埃及在被亚历山大征服后，经历了一个所谓"希腊化"时期。在希腊化之前，埃及人已经意识到象形文字无法与时俱进，因此采用希腊字母转写象形符号。由于希腊字母不能完全表达象形文字的所有发音，古埃及人新造了 6 个字母，象形文字变为字母文字，这个文字叫作科普特文，说这种语言的人叫科普特人。现在埃及大概有 600 万科普特人，他们信仰基督教，多数人基本忘记了自己的语言。

这不能不说是发人深省的现象。西方的文字是在腓尼基字母基础上发展而来的。多数学者认为，腓尼基字母是采用楔形文字和象形文字的造字技术创造的，后来被传到希腊，成为西方所有语言的原型。我们在这里看到了一个漫长的轮回，古埃及象形文字成就了腓尼基文字的诞生，希腊人借用腓尼基文字创制了希腊文字，古埃及人又借用希腊字母，简化自己烦琐的象形文字。公元 640 年，阿拉伯人入侵埃及，多数埃及人放弃基督教皈依了伊斯兰教，形成现在的二元状态。在埃及 8000 万人口当中，约 90% 的人信仰伊斯兰教，剩余大概有 600 万科普特人信仰基督教。对于埃及的穆斯林来说，他们的文明无论从语言还是宗教等方面完全与古埃及人没有传承关系。再加上希腊人、罗马人、拜占庭人、阿拉伯人和土耳其人进入埃及，今天的埃及人与古埃及人之间的传承关系极为虚弱。现代埃及人如何确定自己的身份，他们与法老文明又有怎样的关系，成了一个很棘手的问题。目前，埃及最大的经济支柱是旅游业。在这样的情况下，如何使当前的文化与传统文化对接和融合，已经成为摆在埃及人面前的似乎无法解决却必须解决的问题。

（讲座时间　2016 年）

晏绍祥

罗马: 从城邦到帝国

晏绍祥

晏绍祥，1962年生，安徽金寨人。首都师范大学历史学院教授、博士生导师，教育部"长江学者"特聘教授。兼任中国世界古代中世纪史研究会副会长、秘书长，中国世界古代中世纪史研究会古代史专业委员会会长，《史学理论研究》编委等职。

主要研究领域为西方古典文明、古希腊罗马史、古典传统与西方政治思想等。出版有

《古典历史研究发展史》《古典民主与共和传统》等专著，独立撰写大学教材《世界上古史》等，译著有《罗马共和国政制》《罗马的遗产》等多种，在《历史研究》《世界历史》等刊物发表论文百余篇。主持的研究课题包括国家社科基金项目"古希腊史研究""西方历史中的古典民主传统"，教育部人文社会科学规划项目"古典世界的民主与共和政治""荷马社会研究"等。专著《古典历史研究发展史》《古典民主与共和传统》等获得教育部高等学校人文社会科学研究优秀成果奖。

罗马是世界历史上非常重要的国家，我们在谈古代历史时绕不开罗马这个基本环节，直到现在，无论是在中国还是西方，罗马都还保持着相当大的影响。

美国在 21 世纪的初年曾经号称"新罗马"，到今天他们也没有放弃这一说法。无非是因为罗马这个台伯河畔的小小城邦，不但在后来征服了意大利，完成了对整个地中海地区的征服，而且将这一成果保持了 500 年之久。这确实是世界历史上比较少见的现象，也因此引起了古往今来的学者们的注意和关照。

一、罗马共和国的建立

传说罗马是由罗慕路斯在卡皮托林山上建立的一个移民城市。但是现在学者们非常怀疑这样一个传说，因为罗马和罗慕路斯谁先出现，这是一个模糊不清的问题。罗马人自认罗慕路斯所建立的城市后来被称为罗马，而现代人更多地倾向于认为是先有罗马城，才有罗慕路斯，它的故事是为了解释罗马的来历而创造出来的传说。

罗马人本是拉丁人的一支，并不是意大利最早的居民。他们大概是在公元前两千纪的末年才越过阿尔卑斯山，在台伯河的下游定居下来。

罗马最初只是意大利众多势力中很小的一个。如果我们翻翻罗马的史籍，李维所写的《罗马史》中前十卷的很多篇幅都是罗马人在跟周围的部落作战。在它的北方有高卢人，在意大利中部有伊达拉里亚人、萨莫奈人等等。实际上伊达拉里亚人的文明发展远远比罗马人要早，他们早在公元前 7 世纪，甚至更早的时候，就已经进入到了文明时代，而且有自己的文字。往南就是希腊人自公元前 8 世纪到达意大利后建立的一系列所谓的殖民地，实际上是希腊人的一个个独立国家。所以罗马从最初的处境来说，绝不是最被看好的一个。

有记载显示，罗马最初是一个有国王的王政国家。到了公元前 510 年，罗马的王政被推翻。被推翻的原因，现在只留下了一堆不足信的故事，我们只能够根据常识推测出一些。当时所谓的国王与中国古代的皇帝相比，他所控制的资源十分有限：他没有自己的职业军队，也没有治安力量，没有相对完善的官僚机构，加上他征收赋税的权力也受到多样的限制。因此当国王的儿子因为贪恋美色而去强奸别人的时候，整个罗马群情激愤，直接联合起来把国王给赶走了。

赶走国王的罗马人并没有另立新王，而是废止了王政，取而代之的是两个执政官。这两个执政官被认为是继承了国王的权力，但是他们和国王相比，有几个很重要的区别。第一，他们是由罗马人选举产生的。第二，有任期，一年一任，而且一般不能连任。第三，两个执政官权力平等，并且还有一个很重要的原则是否决权为大，也就是两个执政官必须意见一致，如有一人反对则命令无效。所以这就形成了一个很好的权力制衡机制，但是这也就会造成罗马政治运行中的一些问题。这些问题后来在第二次布匿战争的时候，表现得非常明显。

　　当罗马两个执政官都在城里时，他们的意见如果经常相左，那么国家就没办法运作。所以罗马人采取的办法是两个人每个月权力轮流休眠，这是一种解决问题的方式。但是到了战场上造成另外一个问题。两个执政官权力相等，而且都是军队统帅。罗马人还是采取了两个人轮流行使权力，一人一天指挥军队的方式。这样就造成指挥不畅，朝令夕改，直接酿成了公元前216年坎尼之战时罗马面对汉尼拔的惨败。所以之后罗马人对这一制度进行了改进，使两个执政官尽量不要出现在同一个战场。或者一个执政官在罗马负责内政，另外一个出去打仗。这样就防止了权力相互冲突。这是共和国时期权力制衡的一个基本办法。

　　共和国初年设立的另一个基本机构是由300人组成的元老院。所谓的元老

展现罗马人与汉尼拔的大象部队交战场景的绘画　　　　　　　　文化传播 / 供图

院就是由当时罗马显贵家族家长们组成的机关。当时罗马人口并不多，所以这
300 人基本包括了罗马最有势力的人。只有担任过罗马的高级官职的人才能够
进入元老院，这是元老院和执政官职位的一个很重要的区别。最初，这个人选
必须担任过执政官。但是实际上因为担任过执政官的人数过少，所以后来元老
院中包含了很多有势力家族的家长。元老与执政官不同，实行终身制。所以他
们不会退休，除非因为某种特殊的原因被开除，否则不会卸任。一年一任的执
政官尽管在行政权力上是最大的，而且是元老院的主持人，但是因为元老们是
罗马最有势力的家族家长，执政官也不能不听从他们的建议。这让元老院成为
罗马共和国一个非常重要的机关。

　　罗马共和国的第三个重要机构就是森都里亚大会，这主要是由罗马战士们
组成的一个士兵会议。所谓森都里亚就是一个百人队。这个会议最重要的权力
是负责选举执政官、宣战、媾和、审判这样一些重大的事情。会议有一个民主
的框架，因为它是由全体罗马的战士，甚至罗马的公民组成的。但实际上这一

意大利罗马参议院壁画表现了罗马元老院召开会议的情形　　　　　　　　文化传播 / 供图

机构是严重偏向富人的。因为罗马把它的公民按照财产的多少分成了6个不同的等级。第一等级掌握最多的财产，以此类推，第六等级是无产者。罗马当时采用的是集体投票制，也就是每一个森都里亚只有一票。罗马当时全部的森都里亚一共有193个，而第一等级就占了98个。第一等级的98票又无形间通过计票制度放大了影响力。他们在第一个森都里亚投票之后，会马上公布投票结果，接着是第二个投票，第三个投票，所以一旦第一个森都里亚投票之后，第二个森都里亚往往也就跟在后面，后面也是如此。最后的结果是等到第一等级98个森都里亚投完票之后，实际已经超过半数。而一旦候选人得票超过半数，投票马上自动终止。这也就意味着第二等级、第三等级、第四等级，后面所有那些等级，很多时候只要第一等级意见一致，就很难取得投票的机会。所以这是一个严重偏向富人的体制。

二、罗马贵族与平民阶级的冲突与缓和

由于罗马共和国建立初期的种种偏向贵族的政策，平民和贵族之间的矛盾就日益突出，形成了一个较大的问题。

第一，在公元前6世纪的罗马共和国，分成所谓贵族和平民两个不同阶层。贵族主要是氏族中的那些显贵之家。平民的来源则相对比较复杂，他们有原来部落内的自由民，有外来的移民，还有被罗马人解放的奴隶等。平民一个基本问题就是缺少一些基本的权利，比如担任官职，只有贵族才能够任职。

第二，罗马当时盛行高利贷，这一现象在古代社会非常流行。罗马最初的高利贷年利率可以达到30%。所以一旦一个人陷入债务之中，要想从中摆脱非常困难。

第三，罗马当时已经在跟周围的部落作战，不断地抢夺别人

的领土，而作战出力最多的平民则完全分不到一杯羹，因此平民有资格表示他们的不满。今天，我们经过研究认为，当时能够参加森都里亚大会的罗马人最多就是 3000 多人。但是当时罗马的公民大概有十几万人。所以能够出席这个会议的人，实际人数并不多。这也造成了后来罗马人在制度上的一些问题。

但平民和贵族双方也存在着妥协的空间，虽然贵族掌握了大多数的权利，但是贵族也有他们的弱点。他们的人数比较少，经济上也不够强大，相比平民而言，只是一个相对富裕的农民，比如曾经作为罗马独裁官的辛辛纳图斯，就是从田地里放下农具出征，打仗回来之后继续耕地。所以贵族的势力实际并不够强大。平民相对数量众多而团结，而且他们还有自己的领袖。最重要的是贵族虽然善战，但毕竟人数过少，所以他们必须依赖平民的力量来保卫罗马。

有很多著作强调平民和贵族之间的矛盾，但忽视了两者之间利益一致的地方。两者之间实际上有同一个根本利益——保证罗马国家的存在和强大。因为只有这样，平民才有发展的空间，贵族也才能赢得更多的机会。所以双方斗争归斗争，实际上有一个妥协的空间，使双方都不会把事情做绝。最后贵族在关键的时候，会作出必要的让步，而平民也能够见好就收。这使罗马平民和贵族之间的冲突最后能达成妥协，形成一个相对比较统一的罗马公民队伍。

另外还有一个因素，当时罗马相对意大利的其他部族太过弱小。当时罗马的国土面积只有 1550 平方千米，而它的成年男丁大概不超过 10 万人。可整个意大利半岛，领土面积 25 万平方千米，成年男丁大概在 100 万人左右。所以罗马要想吃掉其他的意大利部族，必须要有一定的内部团结。

有关平民和贵族冲突的进程我们简单地梳理一下。

在公元前 494 年，罗马第一次设置了平民保民官，这个平民保民官的权力主要是否决高级罗马官员不合理的议案。第二，公元前 471 年，罗马的平民创建了自己的会议，也就是平民有了自己的组织，它可以通过对平民有效的决议。第三个比较重要的事件就是公元前 451 年，公布所谓的"十二铜表法"，这是罗马历史上一个非常重大的事情。虽然这项制度只是把罗马的一些传统习惯用成文的形式公布出来，但仍然很有积极意义，因为条文一旦公布，就成了一个具有强制力的行为规范。

到了公元前 445 年，平民取得了和贵族通婚的权利。这也是一个很重要的进展，意味着贵族要接受平民进入自己的阶层。

最大的一个变化是公元前 376 到前 367 年的《李锡尼—塞克斯图法案》，这一法案规定了几个主要的内容：第一，罗马的两个执政官职位，其中一个要向平民开放。第二，原来所负的所有债务与利息一律折作本金，剩下没有还完的分三年还完。这样等于是取消了相当一部分的债务。第三，贵族最多只能占有公有地中的 500 个单位，超过 500 单位的必须退出。这三条刀刀扎向了罗马贵族的要害。罗马贵族为了反对这一法案拼命抵抗了十年。但罗马的平民在这十年中表现得非常团结，他们每一年都选举李锡尼和塞克斯图为保民官，而他们每年上任以后都提出相同的法案。在这个过程中甚至他们对罗马高级官员颁布的所有命令都行使否决权。所以有几年的时间，罗马共和国甚至选不出官员，成为一个"无政府状态"。

最后贵族被迫作出了让步，在公元前 367 年接受了这一法案。在这之后，债务利息被限制为二十四分之一。公元前 342 年高利贷被废止。公元前 326 年废止了债务奴役制度，这对罗马人来说是非常重要的事情。因为罗马公民从此不用再担心被卖作奴隶，这一年通常被视为罗马人民所谓的"自由之年"。

公元前 300 年，罗马的公民取得了上诉权。即罗马高级官员作出的判决，如果罗马公民认为不公正，可以向罗马的全体人民上诉，由全体人民在公民大会上作出裁决。罗

古罗马斗兽场　　　　　　　　曾志 / 供图

马后来还采取了一个特别保护公民的措施，除了森都里亚大会外，还设置了一个部落大会，审判上诉一般发生在部落大会上。部落大会上 35 个部落一个部落一票。一旦超过 18 个部落投票有罪，这个人就会被定罪。但是他在投票完成前可以选择自愿流放，如果这样做那么后面的投票就自动终止。所以这实际上是给了这些罗马公民一个逃脱的机会。

公元前 287 年通过《霍腾西阿法案》，罗马平民会议的决议开始对罗马全体公民有效。这意味着承认了罗马平民成为国家最高统治者的一部分，罗马平民和贵族的冲突到这里基本结束。

从公元前 494 年到前 287 年，经过 200 多年的冲突，最后平民在政治上和贵族取得了大体平等的权利，可以担任高级官职、占有公有地、参与分得土地等；在经济上免除了沦为债务奴隶和受高利贷盘剥的危险；从社会地位上来讲，他们取得了和贵族通婚的权利。这样在法律上罗马由原来的贵族国家，变成了贵族与平民共同分享的国家。

这一矛盾的解决对罗马的发展非常有利。如上文所说平民是罗马军队的主力，他们再也不用担心自己的人身自由被剥夺，而且他们可以获得战利品，尤其是土地，所以平民有了为国扩张的动力。而罗马贵族也能够通过对外扩张获得更多的好处，这成了罗马能够征服意大利、建立囊括地中海的大帝国的重要基础。在这个过程中罗马的国家机构也逐渐完善，形成了三个公民大会，除森都利亚大会外，还增加了部落大会和平民大会，代表的范围和阶层大量增加。罗马的官职也从最初的两个执政官，变为有副执政、市政官、财务官、监察官，特殊情况下还会有独裁官。这也成为罗马扩张的重要条件。

三、罗马征服意大利的进程与统治策略

公元前 496 年，罗马人击败了拉丁人，把拉丁人变成了他们的同盟者。公元前 431 年，罗马人打败了周边的埃奎人和沃尔思奇人。但在公元前 390 年，一说是公元前 387 年，罗马的扩张遭遇了严重的挫折。罗马由于介入了高卢人

和罗马北部其他部族的矛盾，导致高卢人向罗马开战。结果罗马惨败，罗马城被高卢人攻陷。这一次对罗马的打击特别惨重，但是罗马人表现出他们顽强的一面。到了公元前 4 世纪中期，他们又慢慢地从挫折中回过头来，控制了伊达拉里亚和拉丁同盟。在公元前 343 年到前 290 年，又击败了萨莫奈人，控制了中部意大利。从公元前 280 年到前 275 年，击败了希腊西北部的一个叫伊皮鲁斯的国家，它的国王叫作皮洛士。当时罗马人在战场上表现得非常顽强。最初接触的两战，罗马人都战败了。战败很重要的原因是皮洛士的战象对罗马人来说十分有威胁性。但到第二次作战的时候，罗马人在一个长杆前面绑上火把，等大象冲过来时，就把火把向大象伸过去。这样虽然十分危险，却可以让大象惊恐不听指挥。最终罗马人虽然失败，但皮洛士付出的代价也非常惨重。所以后来"皮洛士胜利"成为西方的一句谚语，用来代称得不偿失的胜利。

后来罗马人终于把皮洛士击败，征服了南部意大利。到公元前 3 世纪前期，罗马已经统治了北至波河，南至意大利最南端的广大地域。

但罗马本来只有 10 万人，虽然现在势力有所扩张，但也就 20 万人。那么怎么控制有着超过 100 万成年男丁的意大利，这是一个非常大的问题。罗马人采取了几个基本办法。第一就是建立所谓的殖民地，实际就是军事要塞。罗马人在打败一个部落之后，他们并不

欧洲版画：公元前 390 年，高卢人占领了罗马城，当罗马人为赎回罗马城支付金条时，高卢人不肯公正地称量

文化传播 / 供图

把部落的人全部杀掉，而是与其签订同盟条约，从部落土地中抽取一块最肥沃的土地作为罗马的公有地。在这块公有地上建立一个城市，把它自己的公民或者是最忠诚的同盟者派到城市之中。城市居民一般都是罗马人中的穷人，在殖民地他们可以获得一块土地，这些人也就有了当兵打仗的资格。他们也必须依靠罗马人的支持才能够保住这块土地，因此殖民地绝对是罗马最忠诚的盟友。这样如果被征服地区想反抗，殖民地就成了一个个钉子，牢牢地钉在那里，拖延时间；罗马就有时间征集兵力过来，扑灭叛乱。这是当时的一个主要手段。另外因为罗马将内部那些相对贫穷的人都派往了殖民地，所以罗马自己内部的矛盾也就缓解了。同时这些送到殖民地的公民因为得到了土地，所以变成了中产阶级，他们也能够自备武装参加军队，于是罗马的军队数量越打越多。因此殖民地的建立，对罗马来说是一举多得，既监督了被征服地区，又缓解了内部矛盾，还补充了自己的人力、物力。

第二个做法就是分而治之。古代希腊的城市国家有1000多个，一直到最后他们被罗马征服时，也没有形成统一阵线。原因在于希腊人在打败敌人之后，他们会将敌方成年男丁全部杀掉，妇女儿童卖作奴隶。因此，这种仇恨深入骨髓，他们很难形成一股合力。而罗马会和战败者签订同盟条约，然后区别不同情况分别对待。对表现最忠顺的部族，给予完整的罗马公民权。对长期表现比较好的，给予拉丁权。拉丁权就是半公民权，也就是拥有在罗马结婚、占有土地、买房子等私权，但是不能享有参加罗马公民大会、担任罗马官职等这些公权。除此之外，还有同盟者作为罗马的盟友。他们只要听从罗马，就可以继续自治。最差的战败者要被剥夺一部分土地，还要接受罗马官员的统治。这样被打败的人就被分成了好几等，地位各不相同，而所有人都有向上的晋升渠道。所以罗马征服了意大利，意大利人从来没有能全部联合起来挑战罗马的权威。这一制度起了至关重要的作用。

第三个做法，就是利用道路。所谓"条条大路通罗马"的说法就是从这个时候开始的。罗马控制这些被征服地区的一个很重要的办法就是修路。这样便于调动军队、传递信息。所以罗马最早修建的道路，是从罗马到意大利中部，后来征服了意大利北部以后，又修建了北部意大利的道路，将意大利南部征服之后，道路继续延伸，一直延伸到意大利"靴尖"的位置。

另外还有一些其他的方式，比如庇护制。这是指罗马的同盟者，往往会选择罗马比较有势力的家族作为他们的保护人，到罗马去处理相关事务时会先去找这一家。而罗马有很多势力非常大的家族，一直保持着其影响。同盟者们就会去找他们，由他们把自己介绍到罗马元老院，与罗马统治阶层打交道。这样就通过庇护制，罗马人把自己和地方上层精英联系起来。

以上的种种做法在古代是十分先进的。罗马通过这些手段比较成功地控制了意大利，并以此为基础开始了对地中海地区的扩张动作。

四、征服地中海

罗马人热衷于在地中海地区扩张，首先与罗马的社会结构政治制度有关系。罗马的政治制度规定有两个执政官，一年一任。但并不是一个罗马公民从一出生就能竞选执政官，他们需要从基层干起，一步步地升到执政官。而上升的重要途径就是打败敌人、赢得大批战利品回来并且举行凯旋式——让所有的罗马人都记住他的战功。所以罗马贵族是绝对有动力向外扩张的。

而罗马的平民除了通过打胜仗，可以在附属国面前耀武扬威之外，还有一个很重要的因素是通过战争胜利，可以抢劫敌人的财富。在古代对平民来说，最有效的获取财富途径就是抢劫别人。除了分得战利品之外，他们还可以得到新的土地，征收新的赋税。

罗马人之所以不断地打仗，也因为除了罗马人自身之外还有同盟者给他们提供兵力。而同盟者的兵力大概在公元前 3 世纪末的时候，至少已经达到了1:1，甚至 2:1。同盟者也像罗马平民一样可以分得一部分战利品，也可以抢劫财富。最重要的是他们也可以和罗马人一样分得土地。所以同盟者也愿意与罗马人一同打仗。如果同盟者在战场上表现优异而忠诚，他们还有可能被罗马人授予公民权。

　　所以罗马的各个阶层，上下一心都愿意去发动战争，那么从公元前 3 世纪以后罗马人不断地向外扩张也就不奇怪了。

　　当罗马人击败皮洛士后，他们看到了对面富有而肥沃的西西里，垂涎三尺。但是西西里被当时另外一个西地中海的强国迦太基控制了。迦太基当时统治着北非沿海的广大地区以及西班牙的东南部。在公元前 3 世纪，它控制了西西里。所以当罗马人打败了皮洛士，迦太基控制了西西里后，双方只隔了一个很小的墨西拿海峡，两大强国面临着选择，罗马人首先出兵发动了战争。因为迦太基原先为腓尼基人的殖民地，罗马人称腓尼基人为"布匿"，所以他们将这场战争称为"布匿战争"。

　　公元前 264 年到前 241 年，罗马和迦太基进行了第一次战争，双方连续作战 23 年。最后双方筋疲力尽，罗马勉强胜利，与迦太基签订一个合约，使迦太基放弃了西西里。战后罗马又趁机抢占了撒丁岛和科西嘉岛，并且在西西里和撒丁尼亚建立了行省。这是罗马历史上第一次建立行省，这表明罗马人要用与对待意大利人不同的方式来对待这里的居民。意大利人被罗马视为同盟者，但是西西里人和撒丁尼亚被罗马人视为被统治者。因此行省的居民要接受罗马的驻军，还要被征税。这与罗马公民有着非常重要的区别，显示了罗马政策上的重大转变。公元前 218 年到前 201 年，罗马人又和迦太基进行了第二次战争。当时罗马的战略是派一支军队到西班牙，另一支前往北非，希望御敌于国门之外。所以罗马的两个执政官，一个在意大利，准备进兵西班牙，另一个在西西里，准备进兵迦太基。但是罗马人遇到了迦太基的军事奇才汉尼拔。汉尼拔于公元前 218 年从西班牙出发，创造性地翻越了从未有大批军队跨越的阿尔卑斯山，进入了意大利。汉尼拔也为此付出了很大的代价，到了意大利北部的时候他只剩下了没有马的 6000 骑兵、部分步兵和一头战象。但是，当时意大利北部有很多刚刚被罗马人打败的高卢人，所以当汉尼拔到了意大利北部的时候，高卢人觉得这是神兵天降，把汉尼拔视为大神纷纷投奔，立刻让汉尼拔的军队膨胀起来。经过两次战斗，汉尼拔大败罗马军队，使罗马人损失了将近 3 万人。罗马人觉得问题严重，所以指定了费边作为独裁官。费边采用了被后世称为"费边战略"的拖延战略，即不打仗，只跟随。因为汉尼拔是外线作战，他需要经常派出军队筹集给养，这时罗马人就会对这些部队进行消灭。这对汉尼拔来说是很大的一个考验。但另一方面，费边战略有一个非常严重的问题。因为当时罗马的公民还有意大利的同盟者都是农民，对于农民来说，最重要的东西就是庄稼，而迦太基大概有4万军队，在意大利南北纵横，他们每到一个地方第一任务就是破坏庄稼。这对意大利农民的打击特别沉重。于是罗马人就慢慢地对费边战略产生了抵触感，不希望继续拖延下去，而希望决战。所以在第二年，公元前216年当费边半年任期满后，罗马人选举了两个新执政官，这其中有一个就是主战派。罗马人于是在坎奈和汉尼拔进行了一次决战，这一次罗马人再次惨败，损失了将近当时罗马公民三分之一的8万人左右的军队，损失特别惨重。

在那之后，罗马人便不再寻求与汉尼拔决战，而是把主要的精力用来惩治变节的同盟者。与此同时，他们用一支小军队，继续采用费边战略拖住汉尼拔。

反映第二次布匿战争的绘画   文仕博档馆 / 供图

另外出兵迦太基当时最主要的根据地——西班牙。最后西班牙逐渐被罗马攻占，从西班牙来的援军也被罗马人消灭。到了公元前 216 年后，罗马人再没有吃过什么大败仗，而汉尼拔再没有打出像样的胜仗。最后在公元前 210 年之后，汉尼拔基本被困在了意大利南部，没有任何作为。当罗马人制服同盟者，夺取西班牙后，直接从西西里出兵迦太基，这时迦太基只能把汉尼拔召回。公元前 202 年，汉尼拔在一次战斗中失败。迦太基的命运也基本上被注定了，战败后与罗马人签订一个非常苛刻的条约，放弃了大量领土和权力。

打败了迦太基之后，罗马人下一步的扩张目标就是东部地中海，对马其顿、塞琉古和托勒密这三个"希腊化"国家用兵。这部分与罗马和迦太基作战的生死存亡感完全不是一个概念。从公元前 205 年到前 168 年，中间断续有三次马其顿战争，最后将马其顿灭亡。公元前 197 年到前 188 年，经过两次大战——库诺塞法拉战役和马格尼西亚战役之后，塞琉古基本被打垮。战争后塞琉古仍然有一定的实力，罗马人就扶植一个统治者，坐上塞琉古的王位。等到他坐稳，罗马立刻再扶植一个与他争权，循环往复。所以自公元前 2 世纪中期后，塞琉古王国的内战就没有停过。罗马人利用这个办法轻松地使其解体。到了公元前 2 世纪的后期，他们认为迦太基在旁始终是一个威胁，便挑起了第三次布匿战争，直接灭亡了迦太基。与此同时，罗马将希腊征服。到公元前 2 世纪末的时候，罗马基本上控制了地中海地区，成为一个控制地中海地区的大帝国，势力辐射到埃及和小亚细亚。

五、罗马帝国的形成和治理手段

在控制整个地中海地区后，罗马的势力和统治人口大为扩展。但罗马还是沿用着城邦时期的制度，也就是享有统治权力的只是罗马公民，而且只是其中的一小部分上层阶级享有统治权力。而占人口大多数的被统治地区，尤其是行省人，是被罗马人作为臣民对待，没有任何发言权的。当时罗马直接统治的人口可能有几千万人，但享有公民权的只有 30 万人左右。而且在这 30 万人中间，大概只有几十家有权势的大家族能够真正行使统治权。行省总督的权力极大。这样的权力分配造成了十分严重的腐败问题。罗马的著名政治人物恺撒，为了在罗马竞选官职，债台高筑。当他要到西班牙当总督的时候，被债主追着索要债务。是另外一个大奴隶主替他担保了债务，他才得以去了西班牙。但是当他一两年后从西班牙回到罗马时，所有的债务全部还清，变成了大富豪。可见他这一年的"收获"有多少，何况恺撒在当时还不算非常腐败的官员。

恺撒塑像　　　　　　俄国庆 / 供图

另外罗马的奴隶制在公元前 3 世纪之后迅速发展，贩卖人口交易十分频繁。平民长期在外打仗，好处有限，回来之后家里土地已经被豪强邻居占为己有。因此小农破产，大地产兴起。越到共和国后期，当官的油水越大，也就意味着选举竞争越来越激烈，滋生了贿赂公行的现象。因此罗马共和国后期的政治十分黑暗，产生了严重的矛盾，最终导致了从公元前 2 世纪末到公元前 1 世纪末发生的一个多世纪的内战。在这期间共和国的制度一步步地被突破。公元前 27 年 1 月 13 日，屋大维在元老院的演说标志着罗马共和国被钉上了最后一颗棺材钉。罗马从疆域到制度上都变成一个帝国。屋大维实质上成了罗马的皇帝。他首先是军队的统帅，控制了中央军权；担任续任执政官，掌控了行省的军队；担任终生保民官，控制了立法权。通过这种方式，这几个重要权力都集中到了屋大维一人手上。虽然屋大维声称自己恢复了共和国，但实际上是披着共和国外衣的帝制。

西至不列颠、东到叙利亚的这样一个庞大帝国，在古代受交通和通信条件所限，罗马要想实现统治是非常难的问题。罗马人采用了什么办法，能够长时期地维持这样一个帝国？

第一是相对开放的公民权。罗马最初是一个移民国家，是拉丁人的盟友，所以一开始它的公民权就是开放的。外来的人都可以得到罗马的公民权。即便是罗马的奴隶，在解放之后也可以得到公民权。前文所讲的外国人中表现特别忠顺的同盟者也可以得到罗马公民权。公元前4世纪到前3世纪，罗马人为了扩大自己的势力经常给予整个的城市以罗马公民权。在地方上得到了拉丁权的人一旦移居到罗马，也可以成为公民。所有的意大利人在公元前90年到前88年同盟战争之后，全部得到了公民权。罗马的公民权实际上是随着疆域的拓展不断开放的一个过程。

行省的居民原来是被罗马人作为臣民对待的，但是到恺撒统治时，行省的居民开始自上到下地被授予公民权。在帝国时代，各个行省缓慢但稳定地得到了公民权。公元40年，皇帝克劳迪允许高卢人进入罗马的元老院。公元1世纪中期之后，更是不断地出现行省人当皇帝的现象。因此当公元212年，皇帝卡拉卡拉颁布敕令，给予帝国境内所有自由民公民权时，罗马公民权扩散将近1000年的历程终于完成。

所以在帝国形成的过程中，罗马的公民队伍不是越来越少，而是越来越多。从公元前6世纪时的10万公民，到了公元3世纪大概有2000万公民。罗马人不断地把其他人拉到自己的公民队伍里面来。这一过程使战败方的上层阶级认同了罗马的统治，也意味着罗马人把自己的文化输出去。罗马人通过开放的公民制度同化了被征服者，扩大了统治基础。

第二是改进行省制度。共和国时期糟糕的行省制度到了帝国时代确实有所改善。皇帝会亲自出行监察行省的情况。罗马的皇帝在帝国各地巡游，监督地方事务，改变了行省总督大权独揽的局面。另外提高总督薪水，高薪养廉，把总督变成一个拿薪水的职业官员。对于那些违纪的官员，皇帝予以严厉制裁，同时授予行省居民公民权。得到罗马公民权的居民，不会再受到债务奴役。曾经在共和国时期十分泛滥的放高利贷行为也受到限制。居民在审判的时候也会受到一定优待。

另外在行省治理上，帝国时期最重要的举措是简政放权。罗马帝国实际没有多少职业官僚，一直到公元1世纪时，整个意大利大概只有30个官员。这些人怎么能够治理那么多庞大的行省？罗马人的方法很简单。他们在地方建立城市，让城市仿照罗马组建元老院，由城市自己管理自身事务。只要城市按时上税，调兵时能够组织兵源，罗马总督乃至皇帝不会干涉城市事务。所以通过地方自治，罗马把行政成本都转移给了地方。而帝国的主要任务就是保卫安全，征召军队。

第三个做法就是输出罗马的文化。主要是通过自治市或者是罗马的殖民地。对于原住民建立城市的做法，罗马人也是鼓励的，因为一旦建立城市之后，他们就会模仿罗马制度，接受罗马人的生活方式——这是输出罗马文化和价值观一个最直接的途径。罗马的制度和法律，通过自治市输出到帝国各地。拉丁语成为官方语言。还有建筑形式、货币以及宗教崇拜等，都成了罗马输出文化的手段。

现在很多的研究者强调地方对罗马文化的抵制。但是一个基本的事实是罗马人很成功地把自己的文化输出到地方，得到了地方认同，从而获得了统治稳定。

因此罗马人能够成功维持这个帝国如此长的时间，大概就是通过强大的军事力量，完成了对地中海的征服后，通过开放罗马公民权，推进罗马化，输出罗马人的意识形态，逐渐地让地中海广大地区实现了罗马化或者是半罗马化，把地方精英成功拉入到统治阶级中。这是罗马帝国一个非常大的成功。罗马主流文化占据着绝对统治地位，加上与被征服地区文化的融合，实现了帝国的长治久安。虽然罗马帝国也经历过很多次的内战，但是并没有瓦解，甚至在被内战撕裂之后，仍然能够重新统一。罗马的文化输出起到了非常重要的作用。

六、罗马的政治遗产

罗马作为关系到西方文明本源的重要国家，为后来者留下了很多的遗产，尤其是政治遗产，在这里简单总结几点。

第一个遗产是帝国传统。罗马帝国一直是西方统治者们追求的最大目标。即使罗马帝国灭亡了，那种传统也没有被抛弃。在中世纪时，欧洲的国王们登基时，下面欢呼的人都说："愿你像奥古斯都一样幸运，愿你像图拉真一样的伟大。"这两位一个是罗马的开国皇帝，一个被认为是武功最杰出的皇帝。俄罗斯的统治者被称为"沙皇"，沙皇这个名称就是从拉丁文的恺撒变过来的。恺撒后来成为皇帝的统称。德国的皇帝威廉二世称号也叫恺撒。第二次世界大战时的墨索里尼的最伟大的梦想就是要恢复昔日的罗马帝国。一直到 21 世纪的时候，美国人又在宣传他们是所谓的"新罗马"。因此这样一个梦想在西方实际一直就没有消失，曾经有一位教授写道："帝国从来没有离我们远去。帝国一直跟随着我们。"

第二个遗产是罗马的扩张绝大多数是在共和时代完成的。进入帝国时代后，主要是守成，很少再进行扩张。这让西方人留下了共和国容易使国家强大的印象。公元前 2 世纪希腊人波里比阿认为罗马的混合政体特别有利于扩张，并且有利于政治稳定。文艺复兴时代的马基雅维里，还有英国革命时期的哈灵顿、洛克，再到后来 18 世纪很多的思想家，都认同并发展着波里比阿的观点。当美国人在 18 世纪末构建他们的宪法时，罗马的资源是一个非常重要的启迪。所以美国的参议院是罗马元老院的名称，叫"Senatus"；美国的众议院和罗马的公民大会是同一个称呼。所以在美国的制度构建中，罗马的遗产发挥了非常显著的影响。

第三个遗产就是所谓罗马法。欧洲几乎所有的法律，多多少少都受到罗马法一定的影响。欧洲从查士丁尼到中世纪后期罗马法复兴，再通过《拿破仑法典》传到世界很多地区，都包含着罗马法的某些原则。

以上就是罗马经历的从城邦到帝国，维持帝国统治的进程。

（讲座时间　2016 年）

张宇燕

全球治理的中国视角

张宇燕

张宇燕，1960年生。1983年毕业于北京大学经济系世界经济专业，获得经济学学士学位。1986年和1991年分别在中国社会科学院研究生院世界经济与政治系学习，获得经济学硕士和经济学博士学位。现任中国社会科学院世界经济与政治研究所所长、研究员，中国社会科学院研究生院教授、博士生导师。曾任中国社会科学院院长学术秘书，中国社会科

学院美国研究所副所长，中国社会科学院亚洲太平洋研究所所长、党委书记，中国外交部政策咨询委员会委员，中国商务部经贸政策咨询委员会专家，中国世界经济学会会长等职务。

长期从事制度经济学和国际政治经济学的研究。著有《美国行为的根源》《经济发展与制度选择——对制度的经济分析》《国际经济政治学》《键盘上的经济学》等。

近年来，世界经济尤其是发达国家经济持续低迷不振，而中国经济依然保持中高速稳定增长。因此，各方日益把期待的目光投向中国，希望我们为推动世界经济复苏增长、促进全球治理体系变革发挥更大的作用。

面对这样的期待，以习近平同志为核心的党中央着眼国内和国际两个大局，高度重视，主动谋划。从2015年10月到2016年9月，在不到一年的时间里，中共中央政治局两次就全球治理问题集体学习，提出要抓住机遇、顺势而为，推动国际秩序朝着更加公正合理的方向发展。这充分体现出以习近平同志为核心的党中央对全球治理体系和体制变革问题的高度重视。

在 2016 年 G20 杭州峰会上，习近平主席更是系统地阐述了以平等为基础、开放为导向、合作为动力、共享为目标的全球经济治理观，倡导构建金融、贸易投资、能源、发展四大治理格局，为推进全球经济治理体系改革描绘了"中国路线图"。但是，如何把握全球治理体系改革的走向，如何看待全球性挑战及热点问题，如何在全球治理体系中发出中国的声音，仍是今后一段时期需要我们关注的重点问题。

一、全球治理的历史沿革

（一）全球治理的历史沿革

总体上看，人类目前所处的时代是全球化的时代。全球化由来已久，但于今尤甚。150 多年前，马克思和恩格斯就曾在《共产党宣言》中指出："在全球的各个角落，充斥着资产阶级对产品市场不断扩张的需求。它必然到处安家筑巢，到处建立联系。"经典作家们在当时不仅看到了今天人们称之为全球化的种种现象，还揭示了现象背后的本质，即全球化是资本主义生产方式带血腥味的或明火执仗式的对外扩张。随着这些问题的出现，相应的贸易规则、资本的流动规则等也随之应运而生，并就此构造了全球治理的早期雏形。

真正将全球治理提升到国家层面则是在第二次世界大战以后至冷战结束的这段时间，我们将其称之为全球治理的体系建立阶段。1944 年 7 月，西方主要国家的代表在美国新罕布什尔州布雷顿森林举行的联合国国际货币金融会议上，确立了以美元为中心的国际货币体系——布雷顿森林体系，由此确立了联合国机制。但随着冷战的爆发，整个世界出现了东方、西方两个不同维度的平行体系，导致刚刚建立起来的国际体系随之成为分裂的、破损的国际体系，所以我们说，这个过程所建立起来的体系架构大多还是零散的。

1989 年冷战结束，全球化具有了一些新的特征。其中最主要的变化是，尽管贸易和资本扩张的动机依然如故，但扩张的方式已大为改观，世界格局开始

参加1944年布雷顿森林会议的各代表团团长的合影   文化传播 / 供图

进入逐步一体化的进程。北美自由贸易区开始建立，跟着就是一系列的像欧盟欧元区，还有中国加入世界贸易组织（WTO）等一体化的进程。这个时期是市场一体化、经济全球化迅速发展的时期。

2008年金融危机的爆发，让以往新兴经济体总是经济危机薄弱环节及策源地的局面发生了改变，动摇了欧美治理观念及国际货币基金组织、世界银行等传统欧美主导的全球治理机制的合法性。以新古典经济理论为基础的治理方式已经越来越不能反映国际社会治理能力分布的变化，但新的治理方式又尚未成熟，这成为限制全球治理效率提升的主要障碍，从而引发了结构性低迷、全球问题凸显、大国间力量对比持续深刻变化等问题。

当今主要由发达国家主导的全球化，在保障所谓"普遍人权"和"自由民主"的价值观念和政治框架下，按照市场规则，即通过清晰界定和严格保障财产权使自由竞争、利润最大化等原则在世界各个角落都得以实施和贯彻，在全球范围内配置资源谋取利益。

但是我们也要看到，以信息技术为主导的科技进步和技术扩散，关乎全人类福利的全球问题的日益紧迫，跨国公司等非国家行动体在治理结构、目标函数和行为方式上的变化，至少使部分发展中国家与发达国家在发展上实现共赢的可能性增大，社会主义中国已经积极参与到全球化进程中来，等等，都在相当程度上影响着当今全球化的性质。此外，由全球化导致的各国相互依存度的加深还引发了另外一个后果，即军事影响力对多数国际问题的解决往往只有有限的功效。

（二）中国参与全球治理的历史与成就

1. 中国参与全球治理的肇始：1971 年重返联合国

从新中国成立到 20 世纪 70 年代初，中国外交总体向"左"，受制于"不是东风压倒西风，就是西风压倒东风"的全球冷战格局，中国对美国主导的国际体系与全球治理持怀疑甚至排斥的态度。直至 1971 年恢复在联合国合法席位，中国才开始正式进入战后全球治理体系。

2. 中国参与全球治理的转变：1978 年改革开放

20 世纪 70 年代初到 80 年代末，随着在联合国恢复合法席位以及国际形势的整体缓和，我国开始有限地参与国际机制。由于刚刚重返国际社会，对各类机制和规制的了解尚处于懵懂状态，因此这个时期以学习和适应为主要特点。虽然也参加各类国际机制的会议、谈判、讨论，但是尚未真正融入国际机制中，对于会议所讨论的议题、治理机制的规制等问题既没有话语权，也没有主观的积极参与意识。20 世纪 90 年代后，随着改革开放的深化以及经济的持续发展、全球治理的兴起，中国对国际形势的认识更加深入，参与国际机制的态度也变得逐渐积极，参与的广度和深度均大幅度提升。

3. 新时期中国参与全球治理的亮点

进入 21 世纪以来，国际社会面临的非传统安全威胁越来越多，全球性问题日益突出，全球治理变得不可或缺。从中国自身角度来看，经济发展水平和整体实力稳步提高。基于此，中国参与全球治理机制的态度变得更加积极主动。2001 年，我国成功加入 WTO，成为中国经济融入世界经济的重要里程碑。

2013 年，中国通过"一带一路"倡议建立了更为广泛的国际合作框架。从宏观上看，"一带一路"是检验中国全球治理理念实效的试验田；从微观上看，倡议将引导中国资金走向海外，推动全球投资贸易的蓬勃发展，提升沿线国家特别是发展中国家的基础设施建设，促进世界经济的协调发展。

作为全球治理的核心，治理机制发挥着不可取代的作用。以 2014 年创立亚洲基础设施投资银行（简称亚投行）为例，它不仅是首个由中国倡议设立的多边金融机构，也是由发展中国家倡议成立并吸收发达国家加入的高标准的国际金融机构。更为重要的是，在亚投行的决策机制中，作为发起者和注资最多的国家，中国没有借机谋求一票否决权。相较于美国在众多国际组织中享有重大问题的一票否决权，中国在亚投行中体现了自身的格局，为全球治理提供了更为透明公正的中国方案。

2016 年，中国成功主办 G20 杭州峰会。会议主题"构建创新、活力、联动、包容的世界经济"所传递的正是中国应对全球经济困境的发展理念。"孤举者难起，众行者易趋"，中国一直兼顾发展中国家和崛起中的大国这一双重身份，强调对话与共同发展。中国也希望在新理念指引下，全球治理能够给予发展中国家和新兴经济体更多话语权和规则制定权。

2016 年 G20 杭州峰会主会场   引炜 / 摄

二、全球治理的意义与内涵

（一）全球治理的意义与定义

为什么要研究世界秩序或全球治理？因为在一个相互依存度达到前所未有的高度的时代，人类面临着日益紧迫的全球问题。战争与和平、国际贸易与金融体系的稳定、气候变化、网络安全，诸如此类，都属于全球问题。这些问题的一个重要特点是它们的影响是全球性的，同时解决这些问题必须通过世界各国的合作。

我们说当今世界是有问题的，是因为这些本该得到解决的全球问题远远没有得到解决，尽管解决这些问题原则上符合每个国家的利益。这里我们遇到了一个"悖论"，那就是对所有人都有好处的事情常常办不成。换句话说，人类共同利益的存在并不必然导致各国齐心协力解决全球问题。

当前的全球问题日渐突出，而且错综复杂，人类所面临的问题已不同以往。伊恩·莫里斯（Ian Morris）在他的著作《西方将主宰多久》中就曾提到，"过去人类犯错误的结果是导致社会衰退或崩溃，而核武器出现后，这些错误将直接导致我们的灭亡"；"大规模的灭亡正在发生，每20分钟就有一种植物或陆地动物消失。可能出现的最好结果是2050年前，世界1000万种动植物中只有9%灭绝，而大多数生物学家认为将有1/3到1/2会灭绝"。

诸如此类的全球问题迟迟得不到解决，一个很重要原因就在于人类所处的世界是一个没有世界政府的世界。对具体国家而言，有效的政府可以通过强制性征税来提供解决国内问题的手段，让各个政府部门或公检法机构承担提供国内公共产品的义务。但在世界舞台上，每个国家都是主权国家，而国家主权在原则上是不得侵犯的。作为逻辑延伸，每个国家的目标便是使国家利益最大化。国家追求自身利益最大化本无可厚非，但在资源稀缺和存在大量溢出效应或外部性的世界里，在追求自身利益最大化的国家之间，出现利益冲突在所难免。

说到共同利益和冲突利益，美国经济学家托马斯·谢林半个多世纪前讨论过一个简单却又深刻的实验。在实验中，两个接受实验的人分100美元，程序是每人先在纸上写出自己想得到的数额，然后把他们两人写下的数额相加，如果总额小于等于100，则每人得到他所写下的美元数。如果大于100，则两人分文不得。这个实验的结果是多数人采取合作态度，写下不大于50美元的数额。这个结果很重要。不过我更关心的是实验显示出的关于人类行为的另一特征，即共同利益和冲突利益并存。在此实验中，两人必须合作才可能有所收益；同时两人之间的博弈又是零和的，因为我多得的就是你少得的。即使你是一个自身利益的最大化者，兼顾博弈对手的利益往往是一种明智的选择，这也恰是人类面临的常态。

而解决这些全球问题的办法便是通过全球治理，但关于全球治理的概念却五花八门，总结一下可能有上百种。联合国在20世纪90年代中期，曾经组织过一个委员会，叫全球治理委员会，他们发布了一个报告叫《天涯若比邻》，在这个报告里专门给全球治理下了一个定义，即"治理是各种各样的个人、团体——公共的或个人的——处理其共同事务的总和。这是一个持续的过程，通过这一过程，各种互相冲突和不同的利益可望得到调和，并采取合作行动。这个过程包括授予公认的团体或权力机关强制执行的权力，以及达成得到人民或团体同意或者认为符合他们的利益的协议"。

鉴于此描述较为晦涩难懂，我将此中的逻辑关系进行了重新梳理，并将"全球治理"定义为，在没有世界政府的情况下，国家（也包括非国家行为体）通过谈判协商，权衡各自利益，为解决各种全球性问题而建立的自我实施性质的国际规则或机制的总和。

1965年，美国著名经济学家奥尔森在《集体行动的逻辑》中指出"搭便车行为将使对所有人有利的结果无法实现"，由此得出一个惊人却颇有影响的结论：在集体选择过程中，在许多情况下，多数人未必能战胜少数人。奥尔森所揭示的"集体行动的逻辑"，实际上正是在说明"集体行动的困境"。1968年，英国学者哈丁在《科学》杂志上发表了一篇题为《公地的悲剧》的文章。他指出，作为理性人，每个牧羊者都希望自己的收益最大化。在公共草地上，每增加一只羊会有两种结果：一是获得增加一只羊的收入；二是加重草地的负担，并有可能使草地被过度放牧。经过思考，牧羊者决定不顾草地的承受能力而增加羊群数量，于是他便会因羊只的增加而收益增多。看到有利可图，许多牧羊者也纷纷加入这一行列。由于羊群的进入不受限制，所以牧场被过度使用，草地状况迅速恶化，悲剧就这样发生了。

　　"集体行动难题"与"公地悲剧"说明阻碍全球得到有效治理的原因不仅仅是冲突利益的存在，而且是和全球治理的一个性质紧密联系在一起的。全球治理指的是充分且有效地提供解决全球问题的公共产品，比如各种国际规则或全球制度。这里的关键问题是，提供全球公共产品是有成本的。一旦要各个国家作贡献，或者说一旦涉及成本分担和利益分配问题，我们马上就遇到一个非常关键的集体行动问题。考虑到公共产品的享用是不排他的，因而所有人都想让别人对公共产品的提供作贡献而自己坐享其成。这样一来，全球公共产品自然供给不足，从而导致在没有世界政府条件下的"公共产品"提供出现全球治理赤字与全球治理"盈余"的问题。

（二）全球治理研究的核心概念

1. 利益攸关度

　　利益攸关度（Stake-Holding Intensity）是指全球问题对博弈者的利害关系，与问题属性和博弈者特性紧密相关。全球问题包括气候变化、和平与战争、环境资源、稳定贸易投资和金融体制等。不同博弈者基于其博弈者特性对某一具体问题持有区别于他人的敏感度。换句话说，各行为体对参与治理相关议题的偏好强度不一样。因为对利益攸关度的感知不同，行为体对提供某些全球公共产品更热心，对另外一些却态度冷淡。就同一领域持相同利益攸关度的行为体容易彼此达成合作、结成议题同盟。在研究中，需要关注各行为体在应对特定全球问题时具有比较优势还是相对敏感和脆弱。在不同议题领域内，不同类型行为体的偏好强度也不同：在有的议题领域中，国家的参与度更高，例如安全治理、全球金融稳定、开放的贸易环境等；而在有的议题领域内，非国家行为体的参与度更高，例如环境保护、反捕鲸、保护臭氧层。各行为体对不同议题领域的利益感知不同。游说利益攸关度低的成员参与融资的难度较高。行为体越是感觉治理某一问题并非利益攸关，提供公共产品的意愿就会越低，达成合作的交易成本也随之上升。

2. 制度非中性

制度非中性（Institutional Neutrality）泛指各类包含选择性激励措施的制度。诺斯认为，制度被用来在无序的世界中维系交往的稳定性，提供博弈规则和激励框架，实现市场的有效性。所谓非中性指的是"同一制度对不同人意味着不同的事情。在同一制度下不同的人或人群所获得的往往是各异的东西，而那些已经从既定制度中，或可能从未来某种制度安排中获益的个人或集团，无疑会竭力去维护或争取之"。适度的制度非中性是维系制度活力的保证，但极端的制度非中性会损害弱势群体的利益，侵蚀制度继续存在的合法性根基。公共产品与生俱来的集体行动难题带来较高的交易成本，甚至降低了国家参与全球治理的积极性，增加了有效治理的难度。在这种情况下，全球治理的制度设计显得尤其重要。具体来说，需要通过在对等博弈之外，对特定对象投放选择性激励，促进各国主动承担公共物品的部分融资份额。一旦交易成本低于收益，各行为体更乐于沟通并参与治理制度的设计与谋划；只有成员有动力继续维持治理制度运行，制度才会获得生命力。具有持续生命力的制度往往不是纯粹中性的，"任何制度的规则都将反映其现有成员和潜在成员的相对实力地位，这种地位限制了它们可能有的讨价还价的余地，并对交易成本产生影响"。在某种意义上看，通过适度的制度非中性和选择性激励，促使部分成员主动提供公共产品、分担治理成本，也是制度延续生命力的必要条件。但非中性的尺度很难把握，很容易成为既得利益者的"保护伞"，例如在国际金融等领域内，发达国家在非中性制度的框架下把持投票份额，维护既得利益，为新兴国家崛起制造障碍。

（三）全球治理与国家利益

国家间关系错综复杂，其主要原因在于各博弈者都以国家利益或企业利益最大化为目标，他们之间的竞争关系会使其目标相互抵触；即使存在双赢或多赢的共同利益，各行为体由于受益程度不同通常也难以形成有效的集体行动。竞争或零和博弈主导了思维，对于国家利益最大化驱动下的全球治理问题就会显现。少数有意识、有能力和利益攸关度高的博弈者会形成小规模集体行动，积极参与提供那些能够最大化自身净收益的"全球公共产品"，即非中性的或偏袒性的全球治理。

当今世界的全球治理总体上看是由发达国家组成的既得利益国家集团所主导的，这直接决定了当今世界格局具有如下四个基本特征：第一，由少数西方发达国家组成的既得利益集团，凭借其强大的综合实力，主导并利用现行各种国际规则，保护和扩大其既得利益。第二，美国是这个既得利益国家集团中影响力最大、也最咄咄逼人的力量，同时，欧洲作为一个整体的实力也在急剧提升。对美国霸权的理解必须要以发达国家作为一个利益集团为背景。换言之，美国只是整个西方世界的一个组成部分，其影响力的源泉也在于此。正是在这个意义上，欧洲的选择才特别值得关注。第三，在确立和实施国际规则的方式上，明显带有地域性和多样性的特点，并开始呈现出北美、欧洲并立和亚洲加速组合之势。地区一体化无论就深度还是广度而言都在加剧的背后隐藏着各主要力量力求巩固和扩大势力范围、将于己有利的规则灌入其中以抵御区外竞争的动机。第四，尽管广大发展中国家拥有建立更合理的国际政治经济新秩序的强烈愿望，并且在个别领域占有优势地位，比如俄罗斯的军事力量、中东国家的石油资源、中国的人口规模。但从总体上来看，它们大都是现行不公平国际规则和由发达国家设定的生产方式和生活方式的接受者，而且它们之间受益或受损情况又有很大的差别。因而在形成集体行动以谋求共同利益方面，还存在重重障碍，尚需要下大力气加深合作。

三、全球治理面临的挑战和中国参与全球治理的机遇

（一）当前全球治理面临的挑战

过去数十年中，在国际社会的共同努力下，全球治理体系不断发展完善。

随着日趋严重或全新的全球性问题不断涌现，全球治理面临的压力与挑战日益加大。这表现在以下三个方面。

1. 人类全球治理的需求加大与全球治理或全球公共产品供给不足的矛盾日益突出

全球治理的公共产品性质构成了其供给不足的内在逻辑，以至全球治理仍远未实现对全球性问题领域的全覆盖。全球公共产品具有非排他性的特点。维护世界和平、维持全球贸易金融体系稳定、促进人类可持续发展等，都需要付出高额成本，而这些产品的享用却是不分国家的。换言之，即使一个国家不为这些产品的提供作贡献，它也可以享受这些产品带来的好处。这使各国无形中受到一种激励，那就是尽量让别国承担提供公共产品的成本，同时让自己成为"搭便车者"，其结果就是掣肘了全球公共产品的供应。因此，从一定意义上讲，全球治理要解决的核心问题之一，就是在公共产品供应不足的情况下，如何协调各行为体之间不同的利益互动关系，从而尽可能多地提供全球公共产品。

2. 现行全球治理机制的弊端日益凸显

现行的全球治理机制主要是第二次世界大战后由发达国家主导建立起来的。这些机制建立后，在应对全球性问题上发挥了积极作用，在一定程度上维持了世界的和平、稳定与发展。同时也应该看到，一些地区的冲突甚至是战争此起彼伏，各种形式的贸易、投资和金融保护主义依然盛行，气候、环境、网络信息和极地、外太空等新兴领域的挑战日趋加大，尤其是 2008 年国际金融危机的爆发，深刻暴露了全球治理机制的诸多弊端。由于缺乏相应的调整和变革，一些传统全球治理机制日益难以适应全球性问题新形势的需要。特别应该指出的是，许多全球规则或机制的"非中性"色彩十分浓重，并成为维护和扩大少数既得利益国家或国家集团利益的工具。

3. 全球治理的改革已经启动但却步履蹒跚

在困难和危机面前，世界各国都意识到改革和完善全球治理的必要性和重要性。习近平主席曾明确指出，随着全球性挑战增多，加强全球治理、推进全球治理体制变革已是大势所趋。但是，由于以美欧为代表的既得利益国家或国家集团的阻挠，一些全球治理机制的治理结构长期没有变化，即便是已达成的改革共识也常常出于它们对自身利益的考虑难以得到及时、有效的执行。例如，对于国际货币基金组织（简称 IMF）2010 年份额和治理改革方案，美国国会直到 2015 年 12 月才表决通过，并且还附加了对 IMF 拥有更大监督权的条件。全球治理改革的难度由此可见一斑，完善全球治理体系任重道远。

（二）中国参与全球治理的战略机遇

1. 加强全球治理、推进全球治理体制变革已是大势所趋

纵观当今世界格局，各国对全球治理改革的需求前所未有地强烈。从抽象的意义上说，几乎所有的国家都有推进全球治理，实现一个安全、自由、公正、繁荣之世界的意愿或要求。但是，从具体的目标来看，不同国家的意愿又存在差异甚至冲突。在这些目标的排序乃至理解上，不同国家甚至同一个国家在不同时期都有所不同。例如，对于极不发达国家来说，获得外部援助、增加国家能力是其最迫切的要求；对广大的发展中国家来说，实现持续经济增长和国家繁荣是其优先选项；但就美国这样的所谓现状国家而言，保证自身相对领先的优势、维护美国治下的安全秩序与和平，是其更看重的目标。这意味着未来五到十年，不同治理模式的竞争将进入白热化阶段。这种竞争的主要实现方式就是要争取全球治理改革的话语权，集中表现为对创设国际规则以及对国际规则的掌控、运用和阐释。经济衰退或增长乏力让发达市场已经开始全面反思自身的竞争优势和经济安全及增长机制，并迅速提出了维系其对新兴经济体相对优势的制度或规则。以中国为代表的新兴经济体必须作出有效的回应。

随着近年来中国的快速崛起，"一超多强"这一后"冷战"时期的国际实力结构开始趋于弱化。中国从多强中脱颖而出，开始向另一个超级大国迈进。从外界对中国实力的感知来看，在一项针对 22 个国家民众的调查中，15 个国家的多数民众都认为中国将要或者已经取代美国的位置，成为"世界第一超级大国"。随着我国与世界各国利益汇合点的增多，中国与全球治理的利益攸关度大幅度提升，而现行的全球治理体系并没有充分反映其实力结构变化和利益诉求

变化，全球治理改革理应顺应世界格局的变迁与走向。

2. 中国参与全球治理需注意的问题

虽然我国对加强全球治理、推进全球治理体制变革发挥重要作用已是大势所趋，但从全球格局来看，两极化格局还处于刚刚萌芽状态，中国远不具备与美国抗衡的能力。即便经济上与美国实力正在接近，但居世界第二之后能否持续逼近并最终超越美国，尚在未知之列。中美的权力博弈将进入长期的僵持阶段，僵持得越久，这种权力与责任不对称的状况就会存在得越久。这种权责不对称将造成"老二"经济等物质资源因为承担责任而出现极大耗散，又无法通过行使权力来协调其他体系成员予以补偿或分摊责任成本，长期来看会延缓"老二"的赶超，甚至造成"老二"的衰落。这就是日本等国曾经经历过的国际权力博弈中的"二把手困境"。

此外，我们还应严防"新帝国主义"式的"体制化"。中美分别作为"新兴大国"和"守成大国"，评论者普遍认为将会面临和平共处的难题。随着以美国为首的西方国家对中国实行"五化"策略，即西化、分化、妖魔化、迟滞化和体制化中国，针对中国制定了一套基于他们自身利益最大化的全球治理的体系规则，并通过这个规则巩固和维护他们的既得利益，同时约束规范中国的行为。

伴随全球市场、价值链与国际资本的形成，全球秩序或新规则的逻辑和结构正在出现。从前的帝国通过先武力征服再派官员统治实现自己的霸权，而今天的帝国本质上已变成了一套并不依赖固定疆界的法律体系，这意味着世界市场和全球权力关系迈向集中化或单一化的进程。

帝国秩序的合法性不仅源于经济和军事力量，更多地依赖于国际法律体系，新式帝国统治通过融合—区别—操纵来最终实现自身利益的最大化。美国正是这一规则结构的最高政治主体，《美国国家利益报告》对其国家利益作了一个区分，根据权重排序依次为至关重要的利益、非常重要的利益、重要利益和次要利益四类。其中至关重要的利益主要为：防止、阻止和减弱核武器、生物武器和化学武器对美国本土以及驻外军队的袭击；确保美国盟友的生存以及在形成国际体系中与美国积极合作；防止出现敌对势力；确保全球体系（贸易、金融市场、能源和环境）的活力和稳定性；为了与美国国家利益保持一致，与那些可能会成为战略性对手的国家——中国和俄罗斯——建立生产性关系。

与此相对应的，2016 年 4 月由人民出版社出版的《总体国家安全观干部读本》首次对国家利益作了明确说明。它指出，国家利益是一个主权国家在国际社会中生存需求和发展需求的总和。任何国家都存在三种基本需求：确保国家生存，包括维护领土完整和保护本国公民的生命安全；促进人民的经济福利和幸福；保护社会制度和政府体系的自决与自主。这也是我们的国家利益三个最核心的内容，当然还有重要、次要以及不重要的因素。

四、中国特色的全球治理

近年来，随着经济实力的不断提升，中国成为参与全球治理不可或缺的重要力量，对全球规则的变迁发挥着日益重要的作用。但由于中国身兼"全球第二经济大国""最大的发展中国家""崛起中的大国"等多重身份，导致在全球治理中难以协调与其他参与国的利益。因而，当前中国参与全球治理改革，需要倡导既符合中国利益，又能为其他国家所认可和接受的指导原则。

（一）中国参与全球治理的战略目标与国际定位

1. 中国的战略目标：中华民族的伟大复兴

中国参与全球治理的战略目标除了要维护国家利益，便是实现中华民族的伟大复兴，主要体现在以下五个方面：实现中华民族伟大复兴的中国梦，即国富民强；确保领土及海权等的主权安全，保障国家统一；通过全球治理、区域合作、国际组织决策程序等深度分享全球规则制定权；推行中国元国际化，使中国元成为全球关键货币之一；通过提高软实力，革新发展模式，弘扬中国道路、中国文化，提升中国形象，增加价值感召力。

2. 中国的国际定位

在参与全球治理的过程中，我们还需考虑到自身的定位问题，即我们是一个怎样的国家。我认为，中国的国际定位应具有以下六个维度：与当今仍处在主导地位的资本主义发达国家不同，我们无论是从价值理念，还是政治制度和社会目标上都是真正的社会主义国家；当今的中国仍是一个处在变革过程之中的改革开放的国家；具有发展中国家的诸多特征；正处于迅速崛起期；面临着内部分裂势力威胁的尚未统一的国家；具有否决权的不可或缺之大国。

（二）中国的全球治理观

长期以来，特别是中国共产党第十八次全国代表大会以来，中国积极参与和践行全球治理，贡献了完善全球治理的中国方案，为人类社会应对 21 世纪的各种挑战作出了重要贡献。如今，中国领导人更加重视全球治理对中国以及世界发展产生的重要而又深远的影响。2015 年 10 月，习近平总书记主持以全球治理格局和全球治理体制为主题的第十八届中共中央政治局第二十七次集体学习，并系统阐述了中国推动全球治理体制更加公正、更加合理的思想体系，进一步深化了中国特色的全球治理观。

1. 坚持发展中大国身份是中国参与全球治理的基本前提

目前，中国的发展中国家地位仍未发生实质性改变，同时中国又是一个举足轻重的全球性大国。这是中国参与全球治理的两个基本身份定位。一方面，作为世界第二大经济体，中国应逐渐承担合理的国际责任。这既是中国主动参与全球经济治理的题中应有之意，也是中国负责任大国形象的具体展示。另一方面，中国仍是发展中国家的一员，应把维护自身利益同维护广大发展中国家共同利益结合起来，既要看到自身发展对世界的要求，同时也要看到国际社会特别是发展中国家对中国的期待。因此，中国应积极推动全球治理体系反映国际政治经济格局变化，不断提高新兴和发展中国家在全球治理中的发言权和代表性，并保护最不发达国家在全球治理中的利益免受损害。

2."共商共建共享"是中国参与全球治理的基本理念

共商共建共享是加强全球治理、推进全球治理体系与治理能力现代化不可或缺的系统链条，三者共同构成了中国全球治理理念的有机体系。共商，即全球治理的基本原则、重点领域、规则机制、发展规划等都由所有参与方共同商议并形成共识；共建，即发挥各方优势和潜能共同推进全球治理体系的改革与创新；共享，即各参与方公平分享全球治理的成果和收益。共商共建共享理念倡导集思广益、各施所长、各尽所能、成果共享，充分体现了中国参与全球治理的开放性和包容性，顺应了国际关系民主化的发展潮流。践行这一理念，就是要充分发挥所有行为体尤其是广大发展中国家的积极性和能动性，体现各方关切和诉求，更好地维护各方正当权益，让所有参与方对完善全球治理拥有更多获得感。

3. 共建"一带一路"是中国参与全球治理的顶层设计

2013 年 9 月和 10 月，习近平主席在出访中亚和东南亚国家期间，先后提出共建"丝绸之路经济带"和"21 世纪海上丝绸之路"的重大倡议，得到国际社会高度关注。"一带一路"倡议以政策沟通、设施联通、贸易畅通、资金融通、民心相通为主要内容，不仅致力于全方位推进务实合作，还致力于打造政治互信、经济融合、文化包容的利益共同体、命运共同体和责任共同体。所有这些均与国际规则或机制密切相关，都涉及全球治理的不同维度。从国际层面

"一带一路"重要港口——中国广州港南沙港区　　　　　　　　　　　广州港集团 / 摄

上看，"一带一路"倡议体现了中国对国际合作以及全球治理模式创新作出的积极贡献，符合国际社会的根本利益。从国内层面看，"一带一路"倡议是统筹国内国际两个大局的重要抓手，是中国参与全球治理的顶层设计。中国与世界其他国家一道共建"一带一路"倡议不仅为全球治理增添了新的正能量，更是彰显了中国的大国责任。

4. 权利与义务相平衡是中国参与全球治理的基本原则

权利与义务相平衡是一项公认的国际法原则。随着综合国力的不断增强，中国在力所能及的范围内承担了越来越多的国际责任和义务，为促进世界经济增长和完善全球治理作出了自己的贡献。例如，中国提出共建"一带一路"倡议、倡议建立亚洲基础设施投资银行和金砖国家新开发银行、设立丝路基金等，正在并将持续满足世界各国尤其是发展中国家经济社会发展与稳定的需要。在承担责任和义务的同时，中国也需要享受与之相匹配的权利。在现行的全球治理体系中，以美国为代表的发达国家是各种规则和机制的主导者，也是当前全球治理体系最主要的受益者，而广大的新兴市场和发展中国家却难以享受公平待遇，也难以发挥与自身实力相符的影响力。坚持正确义利观，逐步提高中国在全球治理中的发言权和决策权，既是中国承担更大责任的基本要求，也是推动全球治理向着更为公正合理方向发展的必由之路。

五、结语

为解决一个国家越是倾向于知识型经济生产，其全球化水平越高，其GDP越是低估真正的经济规模的困惑，联合国教科文组织正在推行一种针对经济实力的新型计量指标——包容财富（Inclusive Wealth）指标（简称IW）。其计算公式为：包容财富 = 制造资本 + 人力资本 + 自然资本。其中：制造资本包括公路、建筑物和机器设备；人力资本包括技能、教育与健康；自然资本包括底土资源、生态系统和大气环境。作为存量，在考虑地缘政治时它们比流量更易军事化。据此计算，2010年美国IW为144万亿美元，中国为32万亿美元，可见中美差距甚大；但从 1990—2010 年的增长数值来看，美国 GDP 增长 33%，印度增长 155%，中国增长 523%，IW 同期三国平均增长 13%、16%、47%，中国的增长速度却最为迅猛，可见目前的 IW 计算方式仍有一定的局限性。

事实证明，一个国家的综合实力决定了其参与全球治理的能力，这主要体现在经济实力、科技实力、军事实力、资源与人口、社会政治稳定和国家认同、财政金融、世界货币、国际规则制定能力、软实力这九大影响因素上。我国成功举办的 G20 杭州峰会正是对此的完美诠释。

2016 年 9 月，习近平主席在 G20 杭州峰会上首次全面阐述了以平等为基础、开放为导向、合作为动力、共享为目标的全球经济治理观，倡导构建金融、贸易投资、能源、发展四大治理格局，为推进全球经济治理体系改革描绘了"中国路线图"。G20 杭州峰会取得的重大成果主要体现在：创新增长蓝图；结构性改革；全球贸易增长战略；全球投资指导原则；推进经济金融改革（IMF 改革、RMB 入篮）；反腐败；可持续发展议程行动计划；支持非洲和最不发达国家倡议（集体和国别）；制订就业、能源行动计划；推动和落实气候变化巴黎协议。应当说，G20 杭州峰会是中国发展对接世界发展的伟大创举，在充分展现中国自信、大国风范的同时，使中国从边缘走向全球治理的舞台中心，并为引领世界前进步伐，为世界经济复苏和可持续发展创造了光明的前景。

总之，中国秉持中国特色的全球治理观，更加积极地参与全球治理，推动全球治理不断发展完善，顺应了人类发展的潮流，应和了国际社会对中国的期待。2000 多年前的孔子写道"己欲立而立人，己欲达而达人"，其中所阐述的思想与当今中国的全球治理理念可谓一脉相承。作为 2016 年 G20 杭州峰会的主席国，中国将积极引导全球治理议题的讨论，促进达成更多惠及各国人民的成果，与各国携手共同创造一个更加美好的世界。

（讲座时间　2016 年）

李孝聪

空间与形态
——历史时期中外城市比较

李孝聪

李孝聪，1947 年生。1978 年起和 1985 年起分别在北京大学历史系和地理系学习，获历史学士学位和地理学硕士学位。北京大学历史学系教授、博士生导师，北京大学历史地理与古地图研究中心主任。兼任水利部水利志书编纂委员会专家组成员、中国科学院自然科学史学会地学部副主任、《国际地图史》杂志编委、上海师范大学人文与传播学院特聘教授、武汉大学国家领土主权与海洋权益协同创新中心特聘研究员。

　　主要从事历史地理学、交通与城市历史地理、中国地图史、河渠水利史、中外城市史比较、历史文化名城的保护与规划、中国地方志与地理文献研究。曾主持国家"七五"重点科研项目、教育部社科基金项目、国家科技部科技基础性工作专项项目、国家社科基金重大招标项目等12项。著有《欧洲收藏部分中文古地图叙录（中、英文）》《美国国会图书馆藏中文古地图叙录（中、英文）》《中国城市的历史空间》等学术著作。在海内外学术刊物发表论文100余篇。

改革开放以来，中国的城市发展波澜壮阔。伴随着我国城镇化建设的高速发展，如何走出一条有中国特色的城镇化发展道路，是大家共同关注的问题。对于这一问题的思考和解决，既要坚持创新、协调、绿色、开放、共享的新发展理念，也要求我们纵观历史，放眼世界。

　　在漫长的历史进程中，中国发展出了独具特色的城市形态、城市结构和城市管理制度。而从比较文明的视野来看，则有助于发现人类城市发展的共性，理解中西方城市文明的差异，从而能从历史经验和现实需要出发，更好地建设中国的城市文化体系。

一、城市的含义和城市研究理论

（一）为什么研究城市

古代城市是文明起源的重要因素，是人类从血缘氏族社会进入地缘文明社会的一个重要标志。城市是因人的活动而产生的最为重要的地理现象之一，它用具体特殊的空间结构来贮存并传递人类文明的成果。城市是一个载体，它不仅能传递社会需求，还能传递历史时期的社会制度。以北京城为例，这个由二环路所框定的空间结构就可以被贮存和复制，从而传递文明成果，为其他城市的建设提供参考。

城市通过集聚有形的物质文化和无形的精神文化，并将其变成可以贮存和复制的形式，扩大了人类活动的范围，拓展了人与人之间、国与国之间的相互交往。比较中国唐代长安城的复原图和同时期日本平安京（今日本京都）地图，

唐代长安城街区全貌沙盘模型　　　　　　　　　　　　　　　　　古橙文化 / 供图

我们就会发现，在公元 7 世纪到 8 世纪，日本的平安京就是模仿中国的长安而建的。这在一定程度上说明，通过城市形态的贮存和复制，大唐气象被传递到了东瀛。

总而言之，通过城市中的纪念性建筑、城市内有序的布局以及地图和文字的记载，城市就扩展了人类活动的范围，使人类活动可以承上启下、继往开来。甚至可以说，人类的历史进程和文化载体主要是由城市文明来体现的。因此，把城市问题当作历史研究领域中的一个重要课题，或者把城市的发展演化作为展开历史的一条引线，成为历史学研究领域的前沿方法。

城市研究主要有三大理论分支：一是规划理论，主要研究如何制定复杂的城市发展决策。例如中央规划建立的雄安新区，就需要有规划理论来指导开发。二是功能理论，主要关注城市的具体功能和运转机制，由此我们可以更好地理解一个城市的形态。三是一般理论，主要处理人的价值观与居住形态之间的一般性关联。换句话说，就是如何认定城市的好坏，如何判断一个城市是否适宜居住。这三方面理论综合起来，支撑了对于城市的研究。

当然，城市形态无论多么复杂，归根结底都是由人类活动决定的。当然，人的行为并非毫无章法，而是由制度来约束的。因此，城市形态往往能够反映社会制度、自然环境和价值取向之间的关系。相应地，我们就可以通过具体的城市形态去推考人类活动与环境、社会结构之间的关联。例如，天津城在 1900 年前原是规整的方形，但随着城市的发展，海河地区逐步发展出港口和商业区，被迫开埠后，外国人又在此建立租界，这些因素都使天津城的形态发生了变化。

不同时期的人类活动导致城市形态的改变，使城市形态中蕴含了历史的内涵。例如，位于北京城市中轴线上的天安门广场，它在明清时期反映的是皇权的至高无上，如今已成了服务公众的人民广场。再比如由法国设计师皮埃尔·查尔斯·郎方主持设计的美国首都华盛顿，它的城市轴线从国会山一直延伸到独立纪念碑、林肯纪念堂。国会是美国立法权力所在，行政部门的国务院不在这条具有象征意义的轴线上，凸显了美国政体中的三权分立制度。

城市的发展始终是由连续的、有时间尺度的片断组成。对城市的解读会给人们带来历史的遐想。从具体的城市景观出发，我们就能探究城市形态形成的历史原因和社会背景，进而分析城市区域内的人类活动。换句话说，城市的形态、结构和景观都具有"可读性"。因此，通过对具体意象的解读，我们就能够"识别"相应的城市，从而了解城市社会是怎样组织和运转的。

城市的场景能使人类的感官产生反应，最终综合成为对一个城市的印象。同一个城市，长期定居的人和临时经过的人，对它的印象会不一样，不同阶层、不同性格的人，对它的感知也会有所不同。城市环境意象需要人来营造，它是观察者与所处环境双向互动的结果，由个性、结构、蕴意三部分组成。

（二）地图对城市研究的意义

地图是对绘制者选择的空间信息的结构性再现，这一点不同于照片。绘制者的价值取向往往体现在对空间信息的选择之中。依靠影像、舆图和文本来解读城市，会产生不同的体验。因此，我们在城市研究中不仅要阅读文本资料，也应充分利用地图和影像。

各种地图对地理要素所采用的不同表现方式、透视方向、载量取舍，既代表某个时代的科学技术水平，也反映那个时代的政治、思想和文化。地图中透露的丰富信息，能为我们研究某一时期、某一区域的历史、政治或军事地理，提供相对准确的时空断面。通过对各类专题地图的分析，我们可以了解时人对特定地理空间的理解，也能进一步分析其理解是如何通过图像表达的。

今天的地图主要是经纬网控制的实测地图，全世界各个国家的绘制技术水平都相对同一。但是古代与今天存在很大差异，我们应该把古代地图中深层的文化含义发掘出来，为历史研究提供参考。

（三）"城市"的含义

"城市"这个词，从古至今概念是不一样的。

"城"指城墙，主要强调有形的墙体和军事上的防御职能。《墨子·七患》说："城者，所以自守也。"《吴越春秋》说："筑城以卫君，造郭以守民。""城"

和"郭"是两个不同的概念，"城"若分为两重，那么诸侯王居住的内城就叫"城"，百姓居住的外城就叫"郭"。《孟子·公孙丑下》说："三里之城，七里之郭，环而攻之而不胜。"这说明，"城"的规模往往比"郭"要小。

除了"城"与"郭"之外，"都"和"邑"也与城市有关。"都"就是国都，《说文解字·邑部》说："都，有先君之旧宗庙曰都。"这说明都城一定建有祭祀祖先的宗庙，它代表了家族的传承。"邑"是小的分封诸侯国的国都，尤指古代无先君宗庙之城。《左传·庄公二十八年》提到："凡邑，有宗庙先君之主曰都，无曰邑。"孔颖达疏："小邑有宗庙，则虽小曰都，无乃为邑。为尊宗庙，故小邑与大都同名。"

"市"是交易买卖之所，《易·系辞下》说："列廛于国，日中为市，致天下之民，聚天下之货，交易而退，各得其所。"上午开市做买卖，到中午就结束了。由于没有建筑，市不太容易在城市里留下痕迹。

总之，虽然"城市"一词早在西周文献中就已出现，但是"城"偏重行政职能，"市"强调商业职能，这两方面意义结合在一起才叫城市。

（四）城市研究的理论与方法

城市研究有多种方法，这里重点介绍历史地理学的城市研究。它主要考虑五个方面的内容：第一，城市兴起的原因和城市选址的地理条件；第二，城市职能的形成和城市内部的空间结构；第三，城市外貌的塑造和变化；第四，城市位置的迁移及其兴衰的规律；第五，区域城市的形成和演化。

从历史地理角度研究城市，能为城市政策的制定提供参考。例如，北京的学区房价格之所以居高不下，就与北京的城市历史有关。清代的王府集中在过去的西城区和东城区，朝阳区、海淀区以及原崇文区（今属东城区）、宣武区（今属西城区）没有一个王府，后来很多王府都被改建成学校，就造成了好学校的集中，也影响了北京的学区房市场。

城市作为地理现象有两大特征。第一是位置和分布的特征。这指的是区域内的城市分布和城市之间的相互关系。第二是城市内部地域差异的特征，即一个城市的规模、形态和职能布局的呈现，城市内的不同区域承担着怎样的功能，这些配置如何满足人们的经济和文化需求。把握了城市作为地理现象的特征，有助于防止我们在城市建设中走弯路。

影响中国古代城市形制的因素主要有三个：第一，城市的选址条件。主要指由地形、水系组成的地貌生态环境。一般来说，地势高低会影响给水和排水，如果城市建在洼地就容易被淹，建在高处则会难以供水。第二，国家制度。在任何一个历史时期，城市的建设都必须符合当时的社会制度，都城有都城的规划，地方城市也有相应的等级，这样它们才能被纳入国家行政体系。第三，城市功能。这主要包括城市的行政管辖、军事控守、生产交换、交通运输、文化交流等方面，可以说，一个城市的功能决定了它的地位。

二、中外城市比较

中外城市的比较需要满足两方面的前提：第一，必须在限定的历史时期进行比较。因为我们比较的目的，不仅仅是要找出对象各自的特色，更重要的是要找出它们的共性，这样才能在全球视野下比较城市历史空间，从历史关照现实。如果比较的双方处于社会发展的不同阶段，都具有特殊的城市形态，那么越比，异质就越大。例如，汉代的长安与现代的纽约自然是无法比较的。第二，必须在限定的地理空间进行比较。如果随意举出建址地形条件差异巨大的城市来比较，意义是不大的。例如，开罗城的地理特征是尼罗河形成的冲积三角洲，如果我们拿它和山区城市西宁相比，这种比较就无法进行。

演绎法和归纳法是城市比较研究的两种方法。西方学者往往采用演绎法，也就是先有理论，再去寻找个案来支持理论。例如西方城市社会学鼻祖马克斯·韦伯，用西方的城市发展模式来观察中国，认为中国没有城市。而我们更倾向于采用历史归纳法，也就是将被比较对象的特质分别予以介绍。鉴于其中有些元素能比较，有些不能比较，于是结论或从比较中得出，或暂时得不出结论，留待后人进一步研究。归纳法的特点是用事实说话，逐步溯源，推出结论。

以下就从各个历史时期出发，来进行中外城市形态的比较分析。

（一）早期城市起源的选址和形态

我们选择中国河南的二里头城址、四川的三星堆城址，与古埃及的底比斯古城、古希腊的雅典城、古亚述的科萨巴德城来进行城市起源阶段的比较。通过对比分析，我们能发现早期城市的两大特点：第一，文明社会的城市与氏族社会的聚落在布局上有根本区别，两者之间并无直接继承关系。例如，二里头遗址是距今三四千年的文明遗址，但是，它下面不一定有距今 5000 年到 7000年的新石器时期氏族社会的遗址作为其产生的基础。第二，文明社会城市的核心建筑是大型夯筑的基址，这与氏族社会聚落的穴居或半穴居建筑有区别。长期以来，学界一直认为找到城墙就能找到早期城址，不过后来的考古研究发现，大型基址比城墙更具有标志性。

总之，早期城市以建造大规模的神殿、宫庙为中心，埃及的底比斯、中国

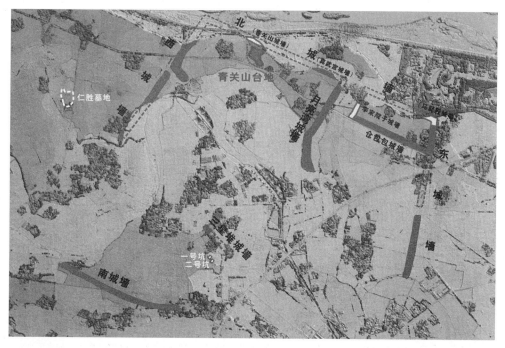

三星堆遗址各段城墙平面位置图　　　　　　　　　　　　　　　　　　钟欣 / 摄

埃及卢克索神庙   张奋泉／供图

的二里头、希腊的雅典，都建有宏大的神庙，这是早期城址起源的标志。这反映出当时人类还不能够驾驭自然力，所以需要崇拜神祇，并由此产生了祖先崇拜、生殖崇拜、守护神崇拜等现象。无论是中国还是域外，早期城市中用于王侯起居生活的宫殿建筑与专门用于祭享崇拜的神殿建筑总是结合在一起，这被称为"宫庙合一"，是早期城址起源最突出的一个特征。

那么，中国的城市起源于什么时候呢？目前的考古研究认为，中国城市起源于商周时期，以贵族住所、王室宗庙和礼仪中心这三类大型建筑构成其主体。早期城址一般选在黄土台地、岗丘或河流阶地等水陆交通便利的地带，例如偃师商城、郑州商城等。到了春秋战国时期，诸侯国都城一般采用王城和外郭的两重形制，其中王城占据地形高的位置。因此可以说起源时代的中西方城市是有共性的。

（二）公元前 3 世纪到公元 3 世纪：东方汉帝国与西方罗马帝国的比较

到了公元前 3 世纪到公元 3 世纪，欧亚大陆两端先后出现了两个强盛的帝国，一个是东方的汉帝国，一个是西方的罗马帝国。这两个帝国有很多相似之处，它们都是强盛的中央集权国家，疆域辽阔，对外武力征伐、集中财富，对内广建城池、完善交通道路体系。

比较西汉和罗马的军城，我们能发现其共性和特性。从内蒙古沿着河套地区一直到今天的河西走廊，都有汉代的军城遗迹。欧洲的罗马也建了大量军城。

目前发现的西汉与罗马的军事城址都采用了方形的城墙轮廓，有相似的排列整齐的街道形态。罗马在哈德良长城边修筑的军城内都是营房，中间是长官的居所，河边设有浴室。而中国内蒙古自治区宁城县的西汉黑城为方正结构，城墙设置了瓮城和马面，城里也同样以兵营为主，中间设有官员居住的点将台。由此可见，东西方在这一时期都创造出了军城，这不是互相模仿的结果，而是人类文明共性的体现。

当然，东西方军城也有各自的特性。例如，虽然东西方都有长城，但是东亚地处季风气候区，南方降水较多，北方是草原地带，因此形成了南北不同的生产方式。所以中原农耕政权为了抵御北方游牧民族的侵犯，历朝历代都会修筑长城。而欧洲为海洋性气候，因此在公元 476 年西罗马帝国灭亡后，欧洲就不再有草原和农耕区的明显分界，也就不再需要修筑长城。

西汉和罗马的都城也可以进行比较。罗马都城先是有了宫殿和神殿，之后才补修城墙。而西汉长安建城之初也没有考虑营建城墙，一直到汉惠帝时才修筑城墙围护宫殿区。因此，罗马都城和西汉长安城的城墙形态都不规则。具体到城市内部格局，宫殿、神庙、花园、竞技场、浴室、喷泉等设施构成了罗马的功能建筑群。这些公共空间在罗马人的生活中扮演了重要角色，也与罗马共和制的社会形态相适应。共和时期的城市广场是城市社会、政治和经济活动的中心，而在中国同时期的城市中则没有发现公共浴室和公共广场。

相比起前代的"宫庙合一"，西汉王朝将宗庙移到了城外的渭北高原，即"陵旁立庙"，这影响了之后 2000 年中国城市和中国历史的发展。

（三）公元 5 世纪到 10 世纪："中世纪欧洲"和"封建制度走向发展的中国"（南北朝隋唐时期）的城市比较

公元 5 世纪到 10 世纪，中西方都经历了草原部族进入农耕地区的混乱时期，从分裂再度走向统一。西方的蛮族入侵毁灭了罗马文明，曾经辉煌百年的城市遭到废弃，这段历史被西方史学家称为"黑暗时代"。中国在经过"五胡乱华"之后，最终由隋朝完成统一，建立了一个律令制国家[①]。尽管中华文明也曾遭到摧残，但是其文化传承并未中断，而是在迂回、容受中缓慢地发展。这种相似的历史过程是中外城市形态得以进行对比的前提之一。

北魏孝文帝于公元 495 年迁都洛阳。为了表明推行汉化政策的决心，他有意识地遵照儒家崇奉的"营国制度"来重建洛阳城。营建之前，魏主曾派遣李道固、蒋少游出使南朝齐的都城建康，观察其宫殿营造法式。因此，人们认为北魏洛阳的宫室制度受到了南朝建康城的影响。而北魏洛阳城最重要的改变是废除了东汉以来的南北两宫制度，建立了单一的宫城。

这一时期的城市发展，出现了一个很重要的现象。鲜卑人的都城规划了里坊区，通过构筑坊墙对城市生活进行封闭式管理，开启了中国城市发展的一个阶段性形态特征。这种坊市制城市，内部被规划为一个个方形的坊，不允许开墙破洞，不允许临街开门，商业交易被集中在固定的市场。《南齐书》说鲜卑的城市"畦分棋布"，也就是像棋盘和田地一样被分成一个个方块。"闾巷皆中绳墨"，街巷规划得非常整齐。"坊有墉，墉有门"，坊里面修墙，墙上有门。"逋亡奸伪，无所容足"，那些逃亡的人，在城里找不到地方藏身，因为到处都是墙。"而朝廷官寺、民居市区不复相参"，官署、贵族、官员与普通民宅和市场不在一起。城市居住地划分里坊，本是中原旧制，以应对城市编户管理的需要。草原游牧民族迁入农耕地区后也开始采用这一制度，并且更为严格。这适应了当时社会结构转型的统治需要，但同时也违背了城市发展的自然规律。

唐长安城主要有以下几方面的特点：第一，它是三重城制：宫城、皇城、外郭。一般的城市都是两重城制，只有都城才有三重城。第二，中央官署集中在宫城前面，以方便大朝会时文武官员依次进入。第三，外郭城由 109 个坊组成，城中只有东市和西市两个市场，商业被约束在市坊内，买卖交易被集中控制。第四，城市中轴线很突出。根据考古研究发现，从长安的宫城里，通过承天门、朱雀门一直到最南边的明德门，呈现出一条城市中轴线，以它为界，东边归万年县，西边归长安县（今西安市长安区）。第五，外郭城内，官衙、民居、寺庙错落分布，王府、公主府、官员府邸占据了地势较高的区域。

唐代城市规划设计采用等级森严的封闭式坊市制度，这种城市建筑的指导思想和形态样式也影响到了周边地区的政权和国家。朝鲜和日本当时派了很多遣隋使、遣唐使、学问僧来到中国，他们学习的主要内容就是用于城市设计和管理的律令制度。唐朝境内东北地区的渤海国政权，它的都城上京龙泉府就是按照长安城的样式修建的。日本著名的历史文化名城奈良，也是中间有轴线，整体为棋盘格式的形态，与长安非常相近。

但是，这种封闭的管理方式违背了城市发展的自然规律。城市要发展，必须有商业、做买卖，而且买卖不能定时定点地做，还要有一定的自由度。所以在城市社会经济尚未繁荣到一定程度时，封闭的坊市制度是能行得通的办法。但是随着城市经济的进一步发展，坊墙的限制一定会被突破，而这也是对立统一的辩证法的体现。

（四）公元 11 世纪到 13 世纪：工业社会前的城市设计，东西方社会演化不同步时期的比较

公元 11 世纪到 13 世纪的东西方城市演化是可以比较的。这一时期，中国的宋代经历了城市变革，坊市制城市被相对自由的城市形态和开放的街巷所取代。开放式街巷形态一直保存到元、明、清王朝，将近 1000 年之久。而此时的西欧，交替出现的迁移民族经过频繁征战，也在入居地原已存在的罗马文化的影响下，迅速完成了自身社会形态的过渡。在遭受蹂躏的土地上，城市再次经历了起源与缓慢成长的过程。直至公元 11 世纪中叶以后，城市才在欧洲重新出现。这一时期东、西方社会演化的不同步，造成了东、西方城市在发展历程上的时间差与形态上的异质。

宋代发生了城市形态和城市结构的变化，坊市制被打破，宋太祖赵匡胤在乾德三年（965 年）四月十三日颁布诏令，宣布京城夜市自三更以来不得禁止。宵禁取消了，临街就可以做买卖，这样，封闭的市坊就变成了开放的市街，也就出现了《清明上河图》所描绘的夜市和桥市的繁荣景象。所以，到了元、明、清，中国的城市格局都成为开放的街巷式了，城市形制也从被坊约束的方形向不规则形制转化。

北宋张择端绘《清明上河图》（局部）

　　中世纪欧洲在经历了长达几百年的经济、文化相对低落期后，在公元 11 世纪时城市又重新兴起。虽然中世纪开始之际，欧洲大陆的城市很少，而且相距较远；但是当城市再次兴起时，几乎所有演化为城市的聚落都选择了原址，而不是异地另建。这些城市的形态根据其起源类型大致可分为以下三种模式：一是依托罗马帝国的军事要塞而发展出来的城市。罗马人的军城因其选址的优越和建造的强固，在被废弃以后，仍然保留着部分防御工程，能够吸引某些老居民回到原地，稍加修复便可重新使用。同时，也利于新移民在进入这些地区后，可以很快地将它们改建成新的防御基地。典型的例子是德国的雷根斯堡、英国的约克城、法国的巴黎。二是公元 9 世纪前后，出于军事防御需要而建造的城堡，逐渐取得商业功能而演变为城市。例如，荷兰莱顿城起源的核心位于新、老莱茵河交汇处的岗丘上。这一地区原本有一座城堡和一座教堂，后来此地慢慢发展出了定期的市场，于是人们就修筑城墙将这一区域围了起来，形成了城市。三是位于交通主干道边的村子通过提供商业服务，进而慢慢发展出商业功能，逐渐演化为城镇。这类由村落有机成长而来的城镇，其形态多为一条穿镇而过的大道构成主街，街两旁是密集的店铺房屋，没有多少建筑纵深，或者以短巷相隔。外围也不一定建有城墙。

（五）公元 14 世纪到 18 世纪：工业社会前后的城市设计

这一时期，欧洲经历了资本主义生产关系的产生，洲际远航使欧洲人来到了非洲和亚洲，为了维护新兴资产阶级的权益，文艺复兴思想产生并获得发展。这从两个方面影响了欧洲城市的建设与规划：一是城市不再以城堡、宫殿、教堂为中心，转而以大型世俗的公共建筑如市政厅、市场、行会、广场为主体。二是在城市外围修筑多边形的棱堡式城墙。欧洲棱堡防御城墙的出现，被认为是文艺复兴以后建造或扩建城市的标志，我们可以凭借棱堡来指认城市发展的时序。随着欧洲人向海外扩张，棱堡也被传到了东方。因此在印尼的雅加达、中国台湾的安平镇、日本的长崎等地，也都出现了欧洲人的棱堡。

与欧洲文艺复兴时期相对应的是中国的明朝。公元 15 世纪，中国明王朝的城市也经历了普遍性的重建，在城市规划与功能结构的设计上有意识地向古典礼制观念复归，讲究城市建设的方正格局和统一形制，这与欧洲文艺复兴运动在城市规划建设上的举措十分相像。为了强化皇权，明王朝的城市设计力求统一性，对城门数目、城市内部配置、住宅样式、城墙高度以及天际线等细节都有相应的要求。

总之，中西方城市形态在封建社会末期，同时出现了类似的现象，非常有趣，值得对比。

（六）近现代中外城市比较

公元 20 世纪，人类的交通运输工具得到了革新，火车、轮船、飞机的出现，使城市的新中心和传统的旧城镇逐渐脱离。地球上的城市开始走上同一的全球化发展模式。近代以来，工业化的城市设计模式日益普遍，铁路枢纽和开埠港口纷纷发展出新的城市形态和地域格局，这体现了中西现代城市发展过程中的共同性。

公元 19 世纪中叶以后，随着一系列不平等条约的签订，外国资本和西式建筑不断地侵入中国城市，开埠通商的城市呈现出经过规划的近代西洋式街区和传统中国城市老街区在形态和文化上的强烈反差。中国城市终于迈进了近代化门槛。由于近代工业对土地要求多、对城市公共设施要求高，所以地产商要委托测量师规划格子状的街区，通过缩小街区占地和增长道路，来获取临街出租门面的最大利润——这种西方工业化城市设计模式也影响了中国。

铁路枢纽城市和沿海开埠港口城市，也逐渐出现了地域分化。在一些铁路枢纽城市，如沈阳和郑州，传统旧城和火车站之间形成了新的商埠区。就港口城市而言，随着沿海口岸的开放，也出现了原河港行政中心城市和新港口的脱离，例如天津城和塘沽港。而港区和老城之间的关系，在今后的城市发展中也是值得重视的。

三、中外城市比较的现实启示

研究历史是为了关照现实，中西方城市文明的比较研究，为我们揭示了中西方城市文明演进的历史轨迹，展现了中西方城市发展的特点与内在规律，这对当代中国的城市建设有重要的启示意义。这里我主要想谈以下几个方面：

（一）城市研究应关注城市地域结构

第一，随着现代社会的经济发展和对区域开发的需要，城市研究已经不能局限于对一个城市的单纯描述，而需要以一个或几个中心城市为核心、连带一组周边城市做区域城市的综合性研究。要思考和阐明这一区域城市历史格局的形成原因和演化过程。例如长三角、珠三角、环渤海、大西安等城市群，我们需要对它们进行综合性研究。在研究中要注意分析一个区域的中心城市，重点探究这一城市如何选址，它的形成和发展受到了哪些自然条件与社会因素的影响。

第二，城市研究需要注意两个层面：一是社会经济层面。城市是区域内聚合人口、生产、交换职能的经济中心。城市发展带动整个区域内的经济发展，是现代化建设的引擎。二是国家政治层面。历史上各个王朝的城市行政体系，无论是从中原到边疆，还是从内陆到沿海，都标志着国家行政体制的运作。所以，地方城市是国家对陆地边疆、海疆管辖权和意志力的执行者，我们要强化这一认识。从这个角度出发，我们就能认识到南海三沙建市的重要意义，这意味着它被纳入了国家行政体系，也标志着国家对这一区域的有效控制和管辖。

（二）城市形态研究的意义

城市结构形态是长期变化的结果，它把历史的层理传递给了城市景观。我们要研究如何用跨学科的方法，比较中国城市和外国城市的普遍性和特殊性。通过中外城市之间的比较，找出同一时期人类城市文明的共通性和共同性，并从中得出历史的经验与教训。只有这样，我们才能够把握人类城市发展到特定时代所共同具有的文明特征。

在中国历史上，每当游牧民族迁入城市、转为定居的时候，都会经历平均分配"宅基地"、纳入户籍管理的过程。鲜卑人用封闭的坊市制框定了中国城市规整的形制，并由此订立了严格的管理制度，这对于当今城市秩序的整治有一定借鉴意义。北京的胡同就是蒙古人平均分配元大都的"宅基地"的产物。1267 年，元世祖忽必烈下诏宣布，所有人都以八亩为一分做"宅基地"，不许冒据。即使是"赀高或有官职者"，也不能以权势扩展土地。由于只有相同规制的四合院才能适应平均分配"宅基地"的需求，便形成了北京城整齐的街巷胡同和四合院建筑风格——这些城市规划和管理的经验也值得当今的城市管理者参考和借鉴。

鲜卑人复原像　　　　　　刘朔/供图

当今的城市建设既要符合市场经济规律，

也要贯彻行之有效的管理方式，还要保护传统文化风貌，构建城市和谐社会，历史的经验值得我们深思。

（三）城市规划中应该协调好规划发展和保护的关系

欧洲进入工业社会之后，工业文明像"推平头"一样对城市进行推倒重建，这对传统历史文物的破坏是巨大的。1933 年，国际现代建筑协会通过了第一个获国际公认的城市规划纲领性文件《雅典宪章》，其中有一节专门论述"有历史价值的建筑和地区"，提出了保护的意义与基本原则，指出了保护好代表一个历史时期的历史遗存在教育后代方面的重要意义。这表明文物建筑的保护运动已成为一股很重要的国际力量。《雅典宪章》强调古建筑保护的原则主要包括三个方面：第一，保护能代表历史时期的、可以引起普遍兴趣并教育人民的建筑物；第二，保留历史建筑的前提是不致妨害居民健康；第三，在不影响交通、不妨碍城市发展的前提下，所有干道避免穿行古建筑区。同时，有计划地清除古建筑附近的贫民窟。

但是，《雅典宪章》所提出的只是初步的保护方案，随着第二次世界大战以后欧洲城市重建的浪潮兴起，城市保护与发展之间的矛盾越来越突出，这也对城市文化遗产的保护提出了更高的要求。在这种背景下，1964 年在威尼斯召开的第二届历史古建筑师和技师国际会议上，联合国教科文组织通过了《古迹保护与修复宪章》，也就是《威尼斯宪章》。这份文件将保护对象从个体的文物建筑扩大到了历史地段，对文物建筑所在历史地段的保护也向街区逐步拓展。《威尼斯宪章》强调要保护全部的历史信息，保存各个时代的叠加物。修复文物建筑时，添加的部分既要和原来的部分保持整体的和谐一致，又要能够明显地区别开，同时禁止任何重建行为。作为保护文物建筑的第一个国际宪章，《威尼斯宪章》的发布意味着针对古迹保护已经形成了世界性共识，这是国际历史文化遗产保护发展史上的重要里程碑。始于 18 世纪末的文物建筑的保护与修复工作，至 19 世纪中叶起开始了它的科学化历程，历经一百多年的发展与演变，其基本概念、理论与原则最终通过《威尼斯宪章》以国际性准则的形式确定下来，这份文件的指导意义一直延续至今。

现代化虽然能够带动城市产业的勃兴与城市居民生活条件的改善，但往往也进行着建设性的破坏。随着大批传统旧建筑被拆毁，中国城市的传统格局被打破，城市丧失了历史人文景观，这些教训值得我们反思。我在 2001 年写过一篇文章，里面提到北京城市发展建设主要有五个误区：第一，打通中轴线以改善北京城市的南北交通，北京的中轴线是一个传统文化的轴线，有重要的历史文化意义，不应该被打破；第二，破坏历史形成的北京城街道格局，强行开辟穿城快速交通线；第三，无限制地拓宽街道，修建仿古建筑；第四，过多开辟宽阔的封闭式街道；第五，城市快速通道与商业街并举。当然，政府现在已经意识到了这些问题，也出台了一系列相关举措。不过，点明这些误区，对于其他城市的发展建设可能仍有借鉴意义。

不同时代的城市设计代表了不同的社会制度与文化，在全球化和城市现代化的发展进程中，人类在满足物质需求的同时，应当有意识地保护好能够代表各地区、各民族文化的传统建筑，使年轻的一代永远不会遗忘自己的"根"与民族文化底蕴。我们在城市建设中应注意协调好保护和发展的关系，通过保护传统建筑来留住记忆、守望文明，而这无疑也是对我们民族历史的一种自信。

注释：

①律令制，又称律令体制，是东亚地区古代中央集权进行统治的法典制度。这一制度源于中国唐朝，后来传至日本、朝鲜半岛、越南、琉球等儒家文化圈地区。实行律令制的国家又称律令国家。

（讲座时间　2017 年）

于　沛

历史·世界史·全球史：
关于人类命运共同体的思考

于　沛

　　于沛，1944年生，山东烟台人。1982年毕业于中国社会科学院研究生院世界历史系俄国史专业，获历史学硕士学位。1992年起享受国务院政府特殊津贴。1996年被评为中国社会科学院中青年有突出贡献专家。现为中国社会科学院世界历史研究所研究员、中国历史研究院学术咨询委员会委员、上海师范大学光启国际学者中心特聘教授。曾任中国社会科学院世界历史研究所所长、中国史学会副会长、《史学理论研究》主编。

研究方向为俄国史、历史认识理论、外国史学思想史。著有《苏联史学理论》《现代史学分支学科概论》《马克思主义史学新探》《世界政治史1918—1945》等。

马克思是世界上最受关注的领袖人物之一。到目前为止，马克思、恩格斯的《共产党宣言》，已经有至少二百多种语言的一千多种文本著作，成为世界上发行量最大的著作之一。在他去世之时，他最亲密的战友，也是国际工人运动的著名活动家威廉·李卜克内西认为，马克思身后不需要什么纪念碑，《共产党宣言》和《资本论》即他亲自竖立起的非凡的纪念碑。再竖立任何其他的纪念碑，"对于这伟大的死者就是一种侮辱。在千百万因他的号召而已经'团结起来了'的工人们的心底里和脑海中，他不仅有一个比青铜更耐久

马克思雕像   时耘 / 供图

的纪念碑，而且有一片生气勃勃的土壤，在这土壤上，他所教导和希望的一切，都将生长成——而且有一部分已经生长成了——实际行动"①。如今，中国人对李卜克内西的这句话倍感亲切，因为经过长期的努力，中国特色社会主义以进入新时代的实际行动重铸了世界人民对马克思主义和科学社会主义的信心，代表着世界社会主义运动的主流方向。

恩格斯在马克思的葬礼上曾提到："正像达尔文发现有机界的发展规律一样，马克思发现了人类历史的发展规律。""不仅如此。马克思还发现了现代资本主义生产方式和它所产生的资产阶级社会的特殊的运动规律。"②这段话所指的就是马克思的两个重要发现，一个是唯物史观，一个是剩余价值规律，这两个理论的发现使社会主义从空想变成了科学。

过去这两个伟大的发现被认为是马克思吸取了 19 世纪人类文明的思想加以革命的改造而形成的。然而事实不尽如此，除吸收他人思想成果外，马克思所创造的两大理论都是建立在对人类历史的实证研究的基础之上所得出的科学结论。

一、马克思的"世界历史"理论

马克思一生致力于世界史的研习，他将世界历史和他所献身的争取人类解放的伟大事业联系在一起，而他关于科学社会主义的最重要的思想，就是在对世界历史进行实证研究之后得出的。

（一）马克思的世界史著作

马克思在世界历史研究中，一共做了 7 部编年史摘录，其中第一部和第二部是《克罗茨纳赫笔记》，记录了关于法国和德国的编年史；第三部是《巴黎笔记》，记录了关于古罗马的编年史；第四部是 1857 年 1 月关于俄国的编年史；第五部是 1860 年 6 月关于欧洲历史的编年史，第六部是 1879 年的《印度史编年稿》；第七部是 1881—1882 年的《历史学笔记》。这些笔记反映出马克思所研究的内容非常广泛。他在阅读当时世界上最重要、最优秀、最具代表性的历史学家作品的同时，还对这些作品进行了认真的摘录和仔细的研究，并将研究所取得的丰硕成果收录于自己的著作当中。在此我们仅举两例：一个是 1850 年他撰写的《1848 至 1850 年的法兰西阶级斗争》，另一个是 1852 年他撰写的《路易·波拿巴的雾月十八日》。在这两本著作中，马克思真正做到了在历史研究中将历史进程与历史逻辑的统一。直至今天，如果想找到理解法国历史的钥匙，都不能离开这两本著作。此二者不仅发展了马克思的学说，发展了科学社会主义，而且也是世界各国历史学家研究法国历史的一个范本。

此外，马克思在晚年留下了两部研究世界历史的笔记。

一本是《历史学笔记》，该书全面地反映了马克思的历史思想及其历史观。在笔记中，马克思对公元前 1 世纪到公元 17 世纪欧洲的历史作了批判性的评述，其主要关注点是：第一，封建制度是怎样瓦解的；第二，资本主义发展时期的现代民族国家是如何建立的；第三，资产阶级为了确立自己的政治统治进行了哪些斗争；第四，与这一时期有关联的亚洲和非洲的历史。这四个方面的选择是与马克思所从事的科学社会主义研究、《资本论》的研究以及争取人类解放的伟大事业联系在一起的，并对这些理论的完善深入起到了推进的作用。

另外一本历史学笔记是《马克思古代社会史笔记》，该书的主要内容包括：第一，关于摩尔根的《古代社会》一书的摘要；第二，关于亨利·萨姆纳·梅恩的《古代法制史讲演录》一书的摘要；第三，关于拉伯克的《文明的起源和人的原始状态》一书的摘要；第四，关于柯瓦列夫斯基的《公社土地占有制，其解体的原因、进程和结果》一书的摘要；第五，关于约翰·菲尔爵士的《印度和锡兰的雅利安人村社》一书的摘要。由此可见，马克思不仅研究公元前 1 世纪到公元 17 世纪的历史，而且对于公元前 1 世纪以前的欧洲及相关国家的历史也进行了研究。因此将马克思的这两本著作联系起来，我们就可以看到他对世界历史研究范围之广泛。他并没有因为研究资本主义而拘泥于近代社会，而是着眼于人类历史发展的广阔背景，这两本笔记至今仍是我们学习马克思主义的重要材料。

通过对上述两本书的研究，我们了解到：一是通过学习，马克思对其理论进行了不断的修正，使他的学说更加完整。举例来说，一开始马克思曾讲："人类的历史就是阶级斗争的历史。"而在他阅读完摩尔根的《古代社会》一书的摘要及《古代法制史讲演录》1875年伦敦版的摘要之后，他通过序言的方式将"人类的历史就是阶级斗争的历史"这一论断修正为：人类有了文字之后的历史，就是阶级斗争的历史，或者说人类在氏族公社瓦解后的历史就是阶级斗争的历史③。这说明，马克思在之前没有把私有制的产生作为一个重要的历史现象来考察，通过学习摩尔根的《古代社会》，他发现这一问题根据大量的考古发掘及大批文献可以清晰地展现，如此修正，他的理论就更加严密。二是通过学习研究世界历史理论，马克思坚定了一种信心：共产主义的目标不是某一阶级、某一国家或某一民族的解放，而是全人类的解放，无产阶级只有解放全人类，才能最后解放自己。共产主义不可能"作为某种地域性的东西而存在"④。实现共产主义的重要前提之一，就是地域性的历史转变成为世界性的历史。共产主义社会的基本要素，是世界历史性的人，在任何一个孤立的、单独的民族或国家内，不可能实现共产主义。

（二）"世界历史"理论的内容

按照马克思的思路，一个社会在原始社会时期，无论其采用何种制度，它的历史都表现为自我封闭状态下的历史。这是由原始社会时期的经济状况、生产力水平所决定的。大约在公元前4300年以前，在西亚有确凿的考古学证据表明，此时出现了私有制并开始向阶级社会过渡。尽管如此，受生产力水平所限，原始社会的封闭状态并没有得到改变。在我国的历史教科书或者历史学的著作中有这样一种认识：不能简单地得出西方民主、东方专制的结论，不能简单地把西方文化的源头——古代希腊罗马的文化，赋予它那个时代本身所不具有的某些内容。在希腊罗马时期，确实出现了之前所没有的东西，社会进入了一个新的形态——奴隶社会。而且西方学者满足于他们经常讲的公元前 8 世纪到公元前 6 世纪的所谓"希腊大移民"，或者称"海外大移民"，用以说明希腊社会的开放性，说明其为民主的文化端头。实际上，无论是希腊的"海外大移民"还是其他的社会运动，都没有改变古代希腊的封闭状态。透过考古学研究我们得知，希腊的移民仅仅影响了意大利、西西里岛以及地中海沿岸，除此之外，我们看不到这种移民的任何历史痕迹，而且移民的主要内容有二：一是私有制产生后，一些人破产，需要去新地方生存。二是一些人有财富了，需要去开辟新的商业聚点。就其内容而言，移民并没有体现其自觉性，也无法证明世界历史性的"人"的形成。

在封建社会，各个国家和民族的活动范围和交往联系，已经明显地扩大了。例如这一时期出现了"民族大迁徙""十字军东侵""百年战争"和"万国宗教会议"等。尽管发生了上述事实，但封建社会的历史，仍然是处于封闭状态的历史，而不是世界历史性的历史。对此，用马克思的观点即可证明。其一，整个封建社会经济是自给自足的自然经济。其二，在封建社会，地主对农民的奴役、盘剥、压榨是实实在在存在的。农奴和所谓的自由民，对地主的人身依附也是客观存在的。此二者决定了封建社会的封闭性。第一，自给自足的自然经济形态决定了其没有广泛的市场，没有更多对原料采集的需求和对劳动力的需求，没有出现先进的工业生产代替家庭手工业，没有出现作为工厂中心的城市，因此它不可能改变人类历史的封闭状态。第二，农民在封建社会的欧洲特别是在东欧、俄国，其生存状况相比于奴隶制社会中的奴隶并没有多少本质上的改变，仍处于一种封闭的状态。

在封建社会后期，随着社会生产力的发展，在封建社会内部逐渐产生了资本主义生产关系的萌芽，它作为一种新的生产关系，产生于 15 世纪的西欧。新兴的资产阶级通过文艺复兴、宗教改革运动，为冲破封建专制统治，建立资产阶级的政治、经济统治而斗争。17 世纪中叶爆发了英国资产阶级革命，标志着世界范围内资本主义时代的开始。正是在资本主义这一新的历史时代，各民族和国家相对隔绝的历史逐渐成为"世界历史"，即各民族、国家进入全面相互影响、相互制约的历史。

资本主义生产关系孕育于封建社会内部，是社会生产力发展促使封建生产关系发生质变的必然结果。马克思笔下的"世界历史"是相对于"民族历史"而言的。生产力的发展，使各个民族之间开始有了交往，后来变成了经常性的交往。资产阶级迈出了历史向世界历史转变的第一步。在马克思主义学说中，"世界历史"有将其作为一个相互联系的历史性整体来加以理解的具体含义。资本主义生产与交往的发展，"各个相互影响的活动范围在这个发展进程中越是扩大，各民族的原始封闭状态由于日益完善的生产方式、交往以及因交往而自然形成的不同民族之间的分工消灭得越是彻底，历史也就越是成为世界历史"⑤。

15世纪的西欧，封建社会建立了自己稳固的统治，进入鼎盛时期，同时也因资本主义萌芽的出现，使封建主义的经济基础开始动摇。15世纪最重大的历史事件是"新航路开辟"⑥。这时，西欧各国开始了资本原始积累的过程，葡萄牙、西班牙、法国、英国等国的大小贵族、商人和新兴资产阶级，迫切要求向海外寻找土地和黄金。这是推动航海家远航东方的根本动力。新航路开辟以后，资本主义原始积累的过程加快，通过海外掠夺获得原料，通过掠夺贩卖黑奴获得劳动力；世界市场也在这个时候开始一步一步地完成。所以新航路的开辟，揭开了历史向世界历史转变的序幕，极大地促进了世界各地的联系，结束了世界各个大陆和各个大洋彼此孤立的状态。各个民族彼此隔绝的历史开始成为世界的历史。它也加速了封建社会的崩溃，促进了日益腐朽的封建社会内部的革命因素的增长，资本主义的发展使资产阶级的经济、政治力量不断壮大。导致他们与封建的生产关系、意识形态的矛盾不断加剧。荷兰在16世纪末、英国在17世纪中叶、法国在18世纪末、德国及其他一些国家在19世纪中叶，先后爆发了资产阶级革命，封建的生产方式被资本主义的生产方式所取代，这为资本主义生产关系的发展开辟了道路。同时，在更广泛的范围内推动了历史向世界历史的转变。

描绘新航路开辟者哥伦布登陆美洲大陆遭遇印第安人情形的版画　　　　文化传播／供图

　　1867 年 9 月，《资本论》第 1 卷在德国汉堡出版，这是马克思主义的一部划时代的著作。在这部著作中，马克思以资本主义社会经济状态为研究对象，科学地分析了资本主义这一世界历史现象，得出资本主义只是人类历史发展的一个阶段，它的产生、发展和灭亡是一个必然的历史过程。资产阶级发展了强大的社会生产力，按照自己的利益和意志建立起世界市场；资产阶级还创造了巨大的城市，使乡村屈服于城市，农民从属于资产阶级，东方从属于西方；资产阶级摧毁了封建割据状态，建立了统一的资产阶级国家。在人类社会发展的历史进程中，资本主义把人们从封建制的束缚下解放出来，作出了历史性的贡献。但是，资产阶级不可逾越的局限性以及资产阶级无法解决的内在矛盾也是客观存在的。资本主义是一种剥削制度，从它问世的那一天起，就蕴含着不可克服的矛盾。"资产阶级用来推翻封建制度的武器，现在却对准资产阶级自己了"，"资产阶级不仅锻造了置自身于死地的武器；它还产生了将要运用这种武器的人——现代的工人，即无产者"，"随着大工业的发展，资产阶级赖以生产和占有产品的基础本身也就从它的脚下被挖掉了。它首先生产的是它自身的掘墓人。资产阶级的灭亡和无产阶级的胜利是同样不可避免的"⑦。基于马克思的世界历史理论以及对整个人类历史的世界历史性的了解，我们认为马克思所说的这个结论是毋庸置疑的，因为这是建立在确凿的、实证的基础之上的。

由此不难看出，马克思所说的世界史不是过去一直存在的。作为世界史的历史是结果。在世界历史形成的过程中，资本主义的生产关系迈开了历史转变为世界史的第一步。此后，世界历史并没有停滞而是仍然在发展，这个发展的结果就是资产阶级的灭亡和无产阶级的胜利。这与马克思所强调的，无产阶级只有在世界历史的意义上才能够存在，共产主义事业只有作为世界历史性的存在才有可能实现，是完全一致的。基于此来理解马克思的世界历史理论，我们可以得出结论，马克思的学说是建立在人类社会发展已经进入了世界历史时代的基础上，这里的历史向世界历史转变包括两个阶段：其一是资本主义开创的"世界历史阶段"；其二是从资本主义的世界历史阶段向共产主义的世界历史阶段的转变。世界历史分为资本主义世界历史时代和共产主义世界历史时代，从资本主义走向共产主义是人类历史发展不可逆转的趋势。我们现在正处于第二个阶段，基于对具体的世界历史的清楚了解，我们提出的为人类谋大同的构建人类命运共同体的思考，与马克思所说的人类的解放以及社会主义、共产主义的实现是完全一致的。

（三）"世界历史"理论的来源

马克思"世界历史"理论形成的重要理论来源之一，是黑格尔的历史哲学。马克思在批判地研究、改造黑格尔历史哲学思想的过程中，逐渐形成了世界历史理论。这标志着马克思从唯心主义转向唯物主义、从革命民主主义转向共产主义。"世界历史"这一概念始于黑格尔。恩格斯说："黑格尔第一次——这是他的巨大功绩——把整个自然的、历史的和精神的世界描写为一个过程，即把它描写为处在不断的运动、变化、转变和发展中，并企图揭示这种运动和发展的内在联系。"⑧但是，他把人类的历史理解成神意、神的理性的实现，结果人类生动、丰富的历史变成了神秘的历史，人类在客观物质世界的历史成了精神活动史。马克思"世界历史"理论的主题，是实现现实的人和人类的解放。马克思强调："世界史不是过去一直存在的，作为世界史的历史是结果。"⑨他还认为，"无产阶级只有在世界历史意义上才能存在，就像共产主义——它的事业——只有作为'世界历史性的'存在才有可能实现一样"⑩。现实的人是历史与世界历史的前提；人的解放的程度，与历史完全转变为世界历史的程度是一致的。马克思的这些科学论断从黑格尔的历史哲学出发，但又超越了它。

（四）世界历史性的人

资本主义的世界历史，始于大航海时代，形成在 18 世纪后十年。在这个阶段中，生产力的发展，使历史越来越成为世界性的历史，与此同时，地方性的、彼此隔绝的、封闭的人，也越来越成为世界性的人、世界历史性的人。很长时间内，我们只重视了前者，而对于世界历史性的人是如何形成的这一问题有所忽略，但这两者是紧密联系不可分割的，如果只偏重其一，可能会出现严重的问题。

所以在历史向世界历史转变之时，特别是在今天，资本主义的世界历史向着更高阶段的、更加美好的社会主义、共产主义的世界历史转变的过程中，我们不仅要发展社会生产力，还要培养世界历史性的人。

二、从历史到世界史：生产力革命和交往革命

在马克思看来，人类的历史首先是生产力发展的历史。他说："后来的每一代人都得到前一代人已经取得的生产力并当作原料来为自己新的生产服务，由于这一简单的事实，就形成人们的历史中的联系，就形成人们的历史，这个历史随着人们的生产力以及人们的社会关系的越益发展而越益成为人类的历史。"⑪在这里，"社会关系的越益发展"，首先离不开"交往"的发展。

世界历史形成的根源、前提和动因，首先是社会生产力的发展，以及它所

导致的分工和交往的发展。资本主义对资本增殖的无止境追求以及大工业生产的发展，导致其需要建立和扩大世界市场，从而推动了冒险、远征和殖民地的开拓，消灭了各个国家和民族彼此孤立隔绝的状态。前资本主义那种地方的、民族的、自给自足和闭关自守的状况，被各民族的、各方面的互相往来和各方面的互相依赖所代替，世界越来越成为一个有机联系的整体，地方性的联系逐渐为世界性的联系所取代。那些地域的和人为设置的种种障碍，都被资本的膨胀和扩张所冲破，资本主义为自身的发展不断获得更多更大的空间，各个民族的历史越来越成为"世界性"的历史。

历史向世界历史转变，大体始于 16 世纪，形成在 18 世纪后 30 年。这一转变的动力，主要是生产的普遍发展、交往的普遍发展和科学技术的迅速发展。马克思的世界历史理论，从全球性的视角论述了人类历史发展的必然趋势，是从民族性的、地方性的历史转向普遍性、世界性的历史，在这个过程中，人类自身也同时从地域性的封闭条件下的个人，转变为世界历史性的、全面而自由发展的个人，世界历史的未来是共产主义。

（一）生产力革命

生产力的发展，可通过四次生产力革命来说明[12]。

第一次生产力革命（1540—1640），使作为生产力的人从封建关系中解放出来，工场手工业开始从事资本主义性质的生产活动。

十四五世纪时，地中海沿岸的某些城市已经出现了资本主义的萌芽，在封建社会内部开始萌生出资本主义生产关系。封建社会末期，商品经济的发展，促进了封建社会自然经济的解体，大量农民和手工业者破产，小商品生产者开始两极分化。资本的原始积累加速了这种分化，构成了资本主义生产的基本条件。随着资本主义的发展，资产阶级不仅在经济上，而且在政治上也要建立自己的统治地位。资产阶级政治、经济力量不断壮大，与封建经济结构及封建统治的矛盾不断加剧。资产阶级革命为资本主义生产方式取代封建的生产方式开辟了道路。

　　第二次生产力革命（1760—1860），即人们常说的工业革命。这时，蒸汽机等新的工具和机器问世，整个资本主义社会的基础发生了革命性的变化。"分工、水力、特别是蒸汽力的利用，机器的应用，这就是从18世纪中叶起工业用来摇撼旧世界的三个伟大杠杆"⑬。

左图为18世纪英国工业革命场景，右图为瓦特蒸汽机开始进入厂矿的场景　　　海峰 / 供图

　　资本主义制度是经过工业革命以后才得以最终确立的。英国工业革命是"比其他任何国家经历的变革意义更重大的变革"，随着英国国内交通的改善，随着公路、桥梁、运河不断地修建和开凿，随着交通工具不断地得到改进，"这样一来，国内那些从前一直和整个世界隔绝的偏僻地区，现在全部往来通达了……不得不因此而去了解外部世界，并接受强加于它们的文明"⑭。科学技术在生产力中的作用日益重要。工商业逐渐取代农业成为人类文明发展的重要推动力量。人口迅速增长，城市逐渐成为文明的中心。资产阶级在它不到100年的阶级统治中所创造的生产力，比过去一切世代创造出的全部生产力还要多、还要大。资本主义大工业使每个文明国家中的人的需求都依赖于整个世界，它消灭了各国以往自然形成的闭关自守的状态。

　　第三次生产力革命即电工技术革命。恩格斯说："这实际上是一次巨大的革命。""电的利用将为我们开辟一条道路……生产力将因此得到极大的发展，以致于资产阶级对生产力的管理愈来愈不能胜任。"⑮这次生产力革命，把人类社会从蒸汽时代推进到电气时代。

19 世纪六七十年代，随着发电机、电动机的发明，人类实现了机械能和电能的相互转换，电力开始用于带动机器，逐渐成为人类生产生活中的一种重要能源。到了 20 世纪初，各种电气产品如雨后春笋般地涌现出来，引起了人类生产和生活的革命性变化，开启了电气时代的大门。电工技术革命不仅带动了一个由电力、电器、化学、石油、汽车工业所组成的新工业群的出现，也使经过新技术改造的钢铁、造船、采矿等旧工业部门焕发新的活力，并得到快速发展。重工业成为资本主义各国工业的主导。

20 世纪初，欧美主要资本主义国家的社会生活也发生了巨大变化。以工厂为中心形成的大批城市逐渐成为政治、经济、文化中心。资本主义生产关系也发生改变，资产阶级和无产阶级成为资本主义社会的两大阶级。随着大生产的展开，企业管理模式也发生了重大变革，垄断与垄断组织形成，主要资本主义国家进入帝国主义阶段。

在帝国主义时代，资本主义虽然出现停滞和腐朽的趋势，但仍然继续发展，只是这种发展表现出更严重的不平衡性，并导致西方主要资本主义国家之间的竞争更加激烈。帝国主义战争一触即发。各帝国主义国家既互相争斗，又共同奴役被压迫民族和被压迫国家，使国际政治经济关系呈现出错综复杂的局面。

第四次生产力革命，是指第二次世界大战后，世界范围内掀起了以原子能、空间技术和电子计算机、信息革命为主要内容的新科技革命浪潮。新科技革命不仅促进了生产方式的巨变和经济社会的飞速发展，而且渗透到国际政治、社会生活和精神文化等领域。

与以往相比，第四次生产力革命主要有以下四个方面的特点：

第一，科学技术新成果的高速增长。第二次世界大战后，科学发现和技术发明的数量大约每 10 年翻一番。近 30 年来人类的知识，大概等于过去 2000 年的总和，未来 10 年还将翻一番。预计到 2050 年，现今运用的科技知识可能只占那时所拥有的知识的 1%。第二，科学技术应用于生产的周期越来越短，高科技群体化、产业化。科技成果商品化周期在 18 世纪为 100 年，19 世纪为 50 年，第二次世界大战后为 7 年，现在甚至只需 2—3 年。第三，科学技术化，技术科学化，两者间的结合、转化加快，科技自身的发展速度加快。科技知识创新、传播的速度越来越快，科技知识应用的规模越来越大，科技知识量呈爆炸式增长，科技几乎在所有领域都出现了新的飞跃。第四，新科技革命所形成的新的技术能力，对人类社会产生空前巨大的影响。生产力革命的发展改变了世界的面貌，超越国界的市场体系、金融体系和生产体系的形成，使世界现代历史的发展进入全球化的新阶段。

关于现代世界的问题，美国学者沃勒斯坦所著的《现代世界体系》中有深入阐述，沃勒斯坦就现代世界体系的问题已有丰厚成果，受到世界学术界的广泛认可，人们将之作为一门学问——现代世界体系学来研究。在这些作品中，沃勒斯坦曾指出，生产力革命的迅速发展，使现代世界体系的变化越来越迅速、越来越深刻。他笔下的现代世界体系更多是指资本主义世界体系，所以他提到的变化，是指他认为 21 世纪中叶，整个资本主义将要发生重大变化。至于发生何种变化，他并没有给出明确答案。但他强调，在新的世界体系建立的过程中，中国人将作出不可替代的独特的贡献。由此我们可以看到外国学者对中国的一种有倾向性的评价：中国在做人类历史上其他国家从没有做过的事，同时中国人也取得了人类历史上从没有取得过的成就。

由于生产力的发展会带来生产关系的变化，所以每一次生产力革命的结果都是一次重大的生产关系变革：第一次生产力革命的结果，是产生了资本主义制度和资本主义生产关系；第二次生产力革命的结果，是巩固了资本主义的统治；第三次生产力革命的结果，是资本主义发展到了垄断阶段，帝国主义发展不平衡导致了两次世界大战的爆发。其后建立了世界上第一个社会主义制度的国家，第二次世界大战以后又出现了一批社会主义国家，今天中国的社会主义仍然屹立在世界的东方。第四次生产力革命的结果，就是沃勒斯坦所预言的现代世界体系在 21 世纪的中叶将会发生变化。

（二）交往革命

在生产力革命发生的同时，交往革命也在进行。马克思的交往理论是马克

思的社会发展理论的重要内容之一。马克思交往理论的产生，主要体现在《1844年经济学哲学手稿》《关于费尔巴哈的提纲》《德意志意识形态》《1857—1858年经济学手稿》《资本论》以及马克思关于东方社会的

马克思《1844年经济学哲学手稿》序言第1页

理论、《给查苏利奇的信》《历史学笔记》等文献中。

交往是人的社会存在形式，随着社会生产力的变化而变化。交往和生产力一样，可视为时代更迭的动力。马克思笔下的"交往"，并非仅仅是个人之间的、民族之间的或国家之间的交往，而是指具有世界意义的"世界历史性"的交往。尽管这些"交往"往往通过"个人之间""民族之间""国家之间"进行，但是社会生产力发展水平所决定的时代的特征，已经赋予了这些交往世界历史性的意义。用这个理论来理解"一带一路"倡议，我们会有更深刻的认识。正是因为如此，这种交往才是普遍的、广泛的交往，才能真正克服"狭隘地域"的局限，同时使生活在狭隘地域中的人扩大认识的视野，在彻底改变他们狭隘的生活方式的基础上，扩大世界历史性的视野。只有地域性的个人为世界历史性的个人所代替，他们才能成为全面发展的人。也只有在这种情况下，现实生活中的人的自由和发展才真正有可能。因为在封闭的历史环境中，任何人都不可能真正了解和汲取人类其他先进的文明成果。在今天，我们重温马克思所讲的生产力革命和交往革命，对我们更自觉地投入到中国特色社会主义建设，更自觉地贯彻执行习近平新时代中国特色社会主义思想，有着重要的理论指导意义。

社会生产首先是物质资料的生产。在马克思、恩格斯看来，"思想、观念、意识的生产最初是直接与人们的物质活动、与人们的物质交往、与现实生活的语言交织在一起的。观念、思维、人们的精神交往在这里还是人们物质行动的直接产物"⑯。显然，在诸多的交往中，"物质交往"具有决定性的意义。它的主要形式是工业生产、商品交换和武力战争。物质交往是精神交往的基础和前提，没有物质交往就没有所谓的精神交往。物质交往是人类社会生活中最基本的交往，不仅精神交往受物质交往的制约，而且人类社会的一切关系，都是由物质交往关系所决定的。明确这一点对于正确理解马克思的交往理论十分重要，马克思的交往理论是从这样的基本认识出发，也是从始终坚持彻底的唯物主义立场出发的。总之，马克思的交往理论，坚实地建立在唯物主义的立场上。

交往与生产关系，是既有联系又有区别的。生产关系是一种经济关系，而交往则有着更为丰富的内容，除去经济内容之外，还包括精神方面的内容，诸如文化交往、政治交往等等。当然，这些交往和物质交往不能等同并论，前者受到后者的制约。人们之间的交往绝非是精神的交往，人类的精神交往形式仅是物质交往形式的产物而已。那种把人们之间的所有关系或所有交往，都看成是意识的产物的认识，是与马克思主义经典作家的认识背道而驰的。因此，生产关系的实际内容，并不保存在抽象概念中，它只有和交往联系在一起，在交往的现实的实践过程中才能实现。

马克思交往理论的要点是：人类的交往，主要包括物质交往和精神交往两种形式。从人类历史发展的进程中，可以将人类历史分成"部落所有制""古代公社所有制和国家所有制""封建的或等级的所有制""资本主义所有制""共产主义"。在各种所有制的更迭过程中，交往具有决定性的作用。人类历史进程充分表明，只有随着生产力的普遍发展，人们之间的普遍交往才能建立起来。社会生产力的发展，客观上改变着人们的交往。这种"改变"的内容之一，就是作为"交往主体"的人的能力的改变。只有这样，交往实际内容的改变才有可能。这种改变不仅仅表现在如何适应不断进步的具体的劳动形式和劳动内容上，同时也表现在作为世界历史性的人的素质全面提高，从某种意义上说，这也是历史转变成世界历史的本质要求和重要特征之一。

交往革命，主要有两大阶段：第一阶段是工业革命带来了交通的变革，尤其是铁路的出现，使物质流动的速度大为增加。恩格斯说："中国的铁路建设可能开放；这样，最后一个闭关自守的、以农业和手工业相结合为基础的文明将被消灭。"[17]第二阶段是海底电缆的开通，产生了电报，这预示了信息社会的到来。"机车、铁路、电报……它们是人类的手创造出来的人类头脑的器官；是物化的知识力量"[18]。交往的媒介是科学和知识的力量，是人的智力和创造能力的发展。

在马克思看来，人类的历史首先是生产力发展的历史。"这个历史随着人们的生产力以及人们的社会关系的越益发展而越益成为人类的历史"[19]。在这里，"社会关系的越益发展"，首先是"交往"的发展。"美洲的发现，绕过非洲的航行，给新兴的资产阶级开辟了新天地。东印度和中国的市场、美洲的殖民化、对殖民地的贸易、交换手段和一般商品的增加，使商业、航海业和工业空前高涨"[20]。资本主义的发展，使物质生产和精神生产都成为世界性的。正是资本的膨胀和扩张，使各个民族的历史越来越成为"世界性"的历史。

在交往革命和生产力革命持续进行的今天，我们在建设中国特色社会主义这一伟大事业的过程中，世界各国对此提出的观点值得我们思考，在如今的时代背景下，我们再来理解党的十八大、十九大的文件，再来理解人类命运共同体，会有新的认识。因为我们现在所做的一切与马克思的学说密切相关，和马克思解放全人类的伟大思想紧密相连。与此同时，我们也没有脱离这个时代的特征，没有忘掉我们的信仰，没有忘掉共产党的使命。

三、全球史视阈下的人类命运共同体

（一）全球史与全球史观

第二次世界大战后欧洲衰落，苏美崛起，一些欧亚国家走上社会主义道路，特别是中华人民共和国成立，极大地改变了世界政治力量的对比。第二次世界大战后出现了民族解放运动的高潮，一大批亚非拉国家获得独立，并活跃在世界政治舞台上。

正是从这样的事实出发，欧洲历史学家认为，世界历史的书写方式也应随着世界格局的发展而变化：第一，要将视野投向欧洲的历史之外。第二，要将亚、非、拉美地区的国家写入历史。第三，对美国、苏联这些新兴起的大国不能视而不见，也要将它们写入历史，而且要给予更多的笔墨。在这种情况下，英国史学家 G. 巴勒克拉夫在其《处于变动世界中的史学》（1955 年）中，最先明确提出全球史和"全球史观"问题，他认为：西方史学需要"重新定向"，史学家应该"从欧洲和西方跳出，将视线投射到所有的地区和时代"[21]。20 世纪 70 年代初，美国历史学家 L. S. 斯塔夫里阿诺斯撰写了有广泛影响的《全球通史》，他的观点和 G. 巴勒克拉夫一致，即"新世界需要新史学"，"每个时代都要书写它自己的历史。不是因为早先的历史书写得不对，而是因为每个时代都会面对新的问题，产生新的疑问，探求新的答案"[22]。

在这两位历史学家之前，在欧洲人书写的世界史里面，一般不会出现亚洲人、非洲人、拉丁美洲人，即使出现也是作为附属品来写的。即便如此，他们描述这些地区的语言也是充满诋毁或者诬蔑的。而从这两位开始，情况开始改变。他们提出的全球史概念，是把世界各国的历史都纳入其中的。斯塔夫里阿诺斯在 20 世纪 90 年代末，出版了《全球通史》第七版。在第七版的序言中，他提到了自己写作第七版的原因。并不是之前的论述有错误，而是时代发生了变化，新世界需要新史学，每个时代都要书写它自己的历史，每个时代都会面对新的问题，产生新的疑问就要探求新的答案。

当前，人类社会正处在大发展、大变革、大调整时期。世界多极化、经济全球化、社会信息化、文化多样化深入发展，全世界愈益紧密地联系在一起。一些人将"全球史"和"全球化"相提并论，进一步扩大了全球史和全球史观的影响。但需指出的是，全球化只是马克思所揭示的世界历史进程中的一个阶段，全球化并不是资本主义的全球化，或全球资本主义化；全球史观没有也不可能代替马克思的世界历史理论。社会主义、共产主义，将是世界历史发展的结果，也是全球史的前景。一些西方学者认为，全球化和全球史的最终指向是"经济和政治的自由主义的最后胜利"，即建立资本主义的体统天下，这只是一厢情愿。经济全球化虽然在一定程度上扩大了资本主义生产关系对生产力的容量，资本主义所固有的矛盾有所缓解，甚至使其表现出某种生命力或潜力，但并没有从根本上消除马克思所揭示的资本主义生产社会化和生产资料私人占有这一基本矛盾。

实现社会主义、共产主义，是人类自觉的历史过程。资本主义为社会主义所代替，是不以人的意志为转移的客观规律。资本主义的必然灭亡和社会主义的必然胜利都是不可避免的。但是，"无论哪一个社会形态，在它所能容纳的全部生产力发挥出来以前，是决不会灭亡的；而新的更高的生产关系，在它的物质存在条件在旧社会的胎胞里成熟以前，是决不会出现的"㉓。如果说资本主义是全球化的历史起点，那么共产主义则是全球化的历史终点。因为共产主义实现的前提是社会生产力的高度发展，是人类社会普遍的密切的联系和交往。全球化为实现共产主义创造了重要的物质条件。我们坚信，全球化的进程必将突破资本主义的界限，使整个人类获得解放，最终在全世界实现共产主义。

明确全球史观是认识全球历史的一种新的"方法"，而不是以西方主流文化为核心内容的历史观念，是完全必要的。因为从这样一种方法出发，不同的国家和民族，不同的历史思维和历史认识，会作出不同的历史价值判断；相反，若把"全球史观"当作一种"全球化"的历史观念，那就难免陷入西方鼓吹的霸权主义、强权政治的陷阱中去。

其一，"全球化使国家利益开始突破本土地理疆界向全球拓展"。20世纪80年代中期，美国等西方大国从维护自身利益的需要出发，确定战略控制范围，首先提出了"利益边疆"（或"战略边疆"）的概念，全球化则进一步催生了利益边疆。利益边疆是相对于传统意义的领土边疆而言的。领土边疆是国际法公认的主权国家行使对内最高管辖权的地带。这块地带往往以边界线的形式表现出来。边界线内外有着绝对的、原则的区别。而利益边疆则没有明确的地域指向性，它突出的表现形态之一是地域的不确定性。西方理论家有代表性的观点认为，要保证国家的"安全"，必须使自身的"利益边疆"远远大于"地理边疆"。

其二，"主权终结理论"对全球化对国家主权的挑战。在一些西方学者看来，全球化已使"民族国家"这一陈旧的概念过时；因为全球化的到来，民族国家的主权不断萎缩，并被架空；全球化使社会福利国家妥协面临着终结；全球化使主权国家行使自己权力的能力日益丧失和削弱。为了应对全球化对民族国家主权的挑战，必须"超越民族国家"，建立"世界公民社会"，今天，这个社会已经处于萌芽之中。在西方，与"超越民族国家"大同小异的理论还有"非领土化的国家""虚体国家""超越民族国家的治理"和"没有政府的治理"等等。在一些西方理论家看来，随着民族国家主权的衰落，一个体现了新的"全球规则"和"全球结构"的全球化的"帝国"正在形成。德国慕尼黑大学教授乌尔里希·贝克教授说："一个已经形成疆界和基础的世界是没有任何前途的，右翼民众主义在欧洲（和世界其他地方）的兴起，可以说就是对此作出的反应。"他在《全球化时代的权力与反权力》中所要强调的是："民族国家是未完成的国家……谁在世界性的超级游戏中只打民族国家的牌，谁就输。""世界主义国家——我们已经作了各种不同的论证——是通过与全球公民社会的融合而形成的国家。"㉔

这些理论遭到世界各国人民的反对。例如世纪之交，法国学者布迪厄的《遏止野火》问世，在作者看来，西方的"全球化"，是新自由主义宣传的产物，正像"野火"一样在世界蔓延，势不可当地成为西方的"主流"意识形态。布迪厄对这种"全球化"进行了尖锐的批判：西方的"全球化"，是跨国公司摧毁各民族国家经济主权乃至政治主权，在经济上控制全球的战略口号。作者反复强调："全球化"不是一个"自然的过程"，而是一种有预谋、有组织实施的"政治行为"，是一场"旷日持久"的"思想灌输工作"在人们心目中强加的信仰㉕。

（二）构建人类命运共同体

冷战后，大国关系相对缓和，国际政治经济格局正在发生深刻改变。但必须看到，世界经济增长乏力，金融危机阴云不散；生态环境恶化，人口问题、能源问题等全球性问题更加凸显；冷战思维、霸权主义和强权政治无处不在；

恐怖主义、难民危机、重大传染性疾病蔓延；地区冲突和局部战争不断，维护和平、促进发展仍然是世界各国人民共同面临的艰巨任务。

党的十九大报告提出："中国共产党始终把为人类作出新的更大的贡献作为自己的使命。"2018 年 3 月，十三届全国人大一次会议表决通过了《中华人民共和国宪法修正案》，"推动构建人类命运共同体"被写入宪法。

世界各民族共同创造了人类历史，共同推进人类文明不断进步。历史是最好的老师，漫长的世界历史告诉人们，一部人类文明史，就是各个民族多元文明发展的历史。几千年来，希腊文明、希伯来文明、印度文明、中国文明、非洲文明，以及阿拉伯伊斯兰等文明，共同创造了光辉灿烂的人类文明，使"历史"发展成为"世界历史"。1922 年，英国哲学家罗素在《中西文明比较》中写道："不同文化之间的交流过去已经多次证明是人类文明发展的里程碑。希腊学习埃及，罗马借鉴希腊，阿拉伯参照罗马帝国，中世纪的欧洲模仿阿拉伯，文艺复兴时期的欧洲则仿效拜占庭帝国……"㉖正是由于不同文化之间的碰撞、交流和交融，才使这些文化在自身的发展中不断地向外汲取营养，在不同的历史时期都焕发出新的生命力，世世代代延续下去。2001 年 11 月 2 日，联合国教科文组织第 31 届大会上通过的《联合国教科文组织文化多样性宣言》明确提出："文化多样性对人类来讲，就像生物多样性对维持生物平衡那样必不可少，文化多样性是人类的共同遗产。"人类文明多姿多彩，犹如百花园争奇斗艳。每一种文明都是平等的，没有高低优劣之分，不同文明应该和谐共生，相得益彰。尊重文明的多样性，最重要的是顺应时代潮流，尊重各国对于社会制度和发展道路的选择，向着构建人类命运共同体的目标不断迈进，让人类命运共同体建设的阳光普照世界。

2013 年 3 月 23 日，习近平主席在莫斯科国际关系学院发表演讲，首次在国际场合向世界提出"命运共同体"概念，就人类未来的发展提出了中国的思考。

当今世界已是利益共同体——"世界已经成为你中有我、我中有你的地球村，各国经济社会发展日益相互联系、相互影响，推进互联互通、加快融合发展成为促进共同繁荣发展的必然选择"。2018 年 4 月 10 日，习近平主席在博鳌亚洲论坛 2018 年年会开幕式作重要主旨演讲时说："我希望，各国人民同心协力、携手前行，努力构建人类命运共同体，共创和平、安宁、繁荣、开放、美丽的亚洲和世界。"这句话道出了世界各国人民的共同心声。构建人类命运共同体，是时代的强音，是对"人类社会向何处去"这一时代之问的深刻回答。"以和为贵""协和万邦""天下大同"等理念世代相传，得到国际社会越来越多的认同，人类命运共同体的理念日益深入人心。此外，我们还应看到，"人类命运共同体"是新的历史条件下马克思主义"人的解放"的体现，指明了人类为未来奋斗的目标和方向，既立足实际又指向未来，既高扬理想又不脱离现实，是新时代在践行共产主义的崇高理想。

在历史已经转变成为世界历史，在全球化视阈下的世界历史发展——全球史的新的历史起点上，以应对人类面临的共同挑战为目的的人类命运共同体理念，是中国在新的历史条件下，推动不同文明在兼容并蓄，交流、交融、互鉴中获得新的发展动力和活力，建设美好世界的中国方案、中国智慧和中国力量。

博鳌亚洲论坛国际会议中心　　　　　　　　　　　　　　　　　王俊／供图

它顺应世界历史潮流，指出了人类共同利益和共同价值的新内涵，全面论述了在世界历史进程中，"构建人类命运共同体，需要世界各国人民普遍参与。我们应该凝聚不同民族、不同信仰、不同文化、不同地域人民的共识，共襄构建人类命运共同体的伟业"，努力建设一个远离恐惧、普遍安全的世界；一个远离贫困、共同繁荣的世界；一个远离封闭、开放包容的世界；一个山清水秀、清洁美丽的世界。我们不仅要实现中华民族伟大复兴的中国梦，而且一定会实现"天下大同"的世界梦！

注释：

①拉法格、李卜克内西：《回忆马克思》，解放社译，人民出版社 1954 年版，第 68 页。

②《马克思恩格斯选集》第 3 卷，人民出版社 1995 年版，第 776 页。

③《共产党宣言》，人民出版社 1997 年版，第 7 页。

④《马克思恩格斯选集》第 1 卷，人民出版社 1995 年版，第 86 页。

⑤《马克思恩格斯选集》第 1 卷，人民出版社 1995 年版，第 88 页。

⑥也就是欧洲人所说的"地理大发现"。"地理大发现"是基于欧洲人的立场，他们没有到过美洲，认为这是"地理大发现"。实际上，在他们没有认识到这个新大陆的时候，美洲就已经存在了。所以我们认为，实事求是地来说这就是"新航路的开辟"，并不是"地理大发现"。欧洲人没有发现的东西，并不等于它就没有，"地理大发现"的说法是欧洲中心论的一种根深蒂固的表现，我们不用这样的说法。

⑦《马克思恩格斯选集》第 1 卷，人民出版社 1995 年版，第 278、282、284 页。

⑧《马克思恩格斯选集》第 3 卷，人民出版社 1995 年版，第 420 页。

⑨《马克思恩格斯全集》第 46 卷（上），人民出版社 1974 年版，第 48 页。

⑩《马克思恩格斯选集》第 1 卷，人民出版社 1995 年版，第 87 页。

⑪《马克思恩格斯选集》第 4 卷，人民出版社 1995 年版，第 532 页。

⑫编者注：目前在学术界对于这个问题说法较多，有五次生产力革命说，有三次生产力革命说，有科技革命说等等。虽然没有形成统一的观点，但是基本意思是一致的。在这里使用了四次生产力革命的概念。

⑬《马克思恩格斯全集》第 2 卷，人民出版社 1957 年版，第 300 页。

⑭《马克思恩格斯选集》第 1 卷，人民出版社 1995 年版，第 35 页。

⑮《马克思恩格斯全集》第 35 卷，人民出版社 1971 年版，第 445—446 页。

⑯《马克思恩格斯选集》第 1 卷，人民出版社 1995 年版，第 72 页。

⑰《马克思恩格斯全集》第 36 卷，人民出版社 1974 年版，第 456 页。

⑱《马克思恩格斯全集》第 46 卷下，人民出版社 1979 年版，第 219 页。

⑲《马克思恩格斯选集》第 4 卷，人民出版社 1995 年版，第 532 页。

⑳《马克思恩格斯选集》第 1 卷，人民出版社 1995 年版，第 273 页。

㉑ Geoffrey Barraclough, *History in a Changing World*, Oxford, 1955, P.27。

㉒ L.S. 斯塔夫里阿诺斯：《全球通史》（第 7 版）上，北京大学出版社 2012 年版，第 17—18 页。

㉓《马克思恩格斯选集》第 2 卷，人民出版社 1995 年版，第 33 页。

㉔乌尔里希·贝克：《全球化时代的权力与反权力》，广西师范大学出版社 2004 年版，第 1 页及扉页。

㉕参见河清：《全球化与国家意识的衰微》，中国人民大学出版社 2003 年版，第 3 页。

㉖参见中华孔子学会等编：《经济全球化与民族文化多元发展》，社会科学文献出版社 2003 年版，第 76 页。

（讲座时间　2018 年）

李国强

"一带一路"倡议的历史
逻辑与当代实践

李国强

李国强，1963年生。现任中国社会科学院中国边疆研究所党委书记、副所长、研究员、博士生导师。享受国务院政府特殊津贴，是人社部"百千万人才工程"国家级人选和"有突出贡献中青年专家"，是中宣部文化名家暨"四个一批"人才人选，获得中组部国家"万人计划"哲学社会科学领军人才等称号。兼任中国太平洋学会副会长、中国海洋发展研究会

常务理事、中国海洋法学会常务理事、商务部"一带一路"经贸合作专家组成员等职。

主要学术研究方向是中国边疆问题和"一带一路"研究。主持和参与完成各类课题60余项，出版和发表3部专著，在《人民日报》《光明日报》《求是》等重要报刊发表学术论文80多篇。其中《"一带一路"的历史逻辑》《"一带一路"是宏大而独特的实践创新》《丝路启示录："一带一路"承接历史指向未来》等均产生良好社会反响，多项学术成果荣获中国社会科学院优秀科研成果奖。2016年4月29日，为中央政治局第31次集体学习做有关历史上的丝绸之路和海上丝绸之路专题讲解，受到习近平总书记亲切接见。

2013年以来，习近平总书记就"一带一路"多次发表重要讲话，特别是2016年以来有三次系统阐述。"一带一路"写入党的十九大报告，并成为党的十九大通过的党章总纲内容之一，反映出我们党对"一带一路"建设的高度重视，展示出我们党坚定推进"一带一路"建设的决心和信心。

一、古代陆地丝绸之路和海上丝绸之路的历史回顾

距今 2100 多年前，我们的祖先在极为艰难的条件下，开启了与世界其他国家和地区友好交往的大门，在中国与世界之间形成了两条重要的国际通道，这就是时至今日仍为人们称道的陆地丝绸之路和海上丝绸之路。

我国古代文献上并没有丝绸之路这个名称。1877 年，德国地理学家李希霍芬首次把历史上经西域至中亚、印度的贸易道路，称为"丝绸之路"。之后，这一名称不胫而走，被人们广泛使用。

古代丝绸之路由陆地和海洋上的众多通道构成，其中陆地丝绸之路主要有 4 条，也就是西北丝绸之路、北方草原丝绸之路、南方丝绸之路和东北亚丝绸之路。陆地丝绸之路的主线，从西安或洛阳出发，最终到达欧洲的罗马和埃及等地。

海上丝绸之路主要线路有 3 条，分别是东洋航线、南洋航线和西洋航线。海上丝绸之路从我国东南沿海多地出发，一直到非洲东海岸。

（一）陆地丝绸之路经历了先秦萌发、秦汉形成、隋唐繁荣、宋元式微、明清衰落 5 个阶段

被司马迁称为"凿空"之行的张骞出使西域，是丝绸之路诞生的标志性事件。公元前 6 世纪中叶波斯（今伊朗）崛起，成为横跨亚欧非的庞大帝国，为亚欧非三大洲道路连接提供了条件。公元前 4 世纪，随着古希腊在中亚的扩张，贯穿东西的交通线得以连通。

进入唐代，丝绸之路达到空前繁荣。唐末至五代十

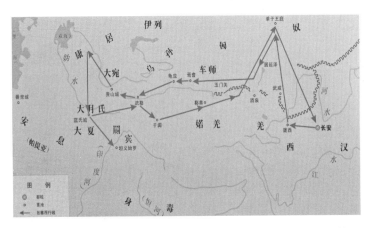

张骞第一次出使西域路线图　　　　　　　聂鸣 / 供图

国，西北和北部长期处于辽、金、西夏、回纥、吐蕃各政权之间连绵不断的征战和对峙中，丝绸之路不再畅通。到宋朝，丝绸之路贸易陷入萧条。南宋迁都杭州后，丝绸之路完全断绝。

元朝时丝绸之路曾一度复兴，但随着察合台后王势力的分裂，新疆和中亚陷入割据，丝绸之路一蹶不振。与此同时，阿拉伯帝国向东扩张，一举成为丝绸之路西端的实际主导者，但此时阿拉伯人对它的依赖性大不如前。

明清两朝西北时局不稳，受政局影响，丝绸之路陷入沉寂，陆路贸易一落千丈。同一时期，奥斯曼帝国（今土耳其）对丝绸之路上的往来商人巧取豪夺、课以重税，使中亚一带跌入"有路无商"的境地。在资本主义的推动下，欧洲主导的世界商贸体系使丝绸之路的主导地位遭到冲击。1840 年鸦片战争后，丝绸之路最终走到尽头。

（二）海上丝绸之路肇始于秦汉，形成于唐宋，繁荣于元明清，清末渐趋衰落

西汉初年汉武帝遣使远航，这是海上丝绸之路的发端。但是此后很长一段时间，海上丝绸之路只是陆地丝绸之路的补充，并没有太大发展。到了唐中期，以"安史之乱"为分水岭，呈现出陆地丝绸之路衰落、海上丝绸之路兴盛的历史更替。

宋朝广泛招徕各国商人推进海上贸易。南宋时，泉州快速发展并取代广州成为我国最大的贸易港，被誉为东方第一大港。与此同时，沿线诸多贸易港口取得长足发展。

元朝实行重商主义政策，海上贸易为朝廷赚得"宝货赢亿万数"的厚利。公元 9 世纪，阿拉伯人开辟了由西向东的海上通道。

明中叶后，海上丝绸之路进入鼎盛期，一是郑和七下西洋；二是世界白银巨量流入我国。明清政府实行了包括海禁在内的"闭关政策"，导致我国与世界渐行渐远，海上丝绸之路的对外贸易也由开放急转直下地转为封闭。同一时期，海上丝绸之路沦为西方列强向东血腥扩张的通道。1840 年，西方列强凭借坚船

郑和雕像   王绍云 / 供图

利炮，从海上打开我国大门；在殖民主义者强权政治和垄断贸易下，海上丝绸之路最终被扼杀。

回顾陆地丝绸之路和海上丝绸之路形成和发展的历史，可以得出如下结论：古代丝绸之路从来不是单一的道路，而是由众多通道组成的；古代丝绸之路首次开辟了东西方大通道，是人类历史上经贸交流的里程碑。古代丝绸之路的发展与繁荣，不仅首次实现了科学技术的大传播，从而成为人类社会和生产方式巨变的孵化器，而且开创人类文明交流历史的先河，是不同国家、不同民族和平交往的典范，谱写了人类文明史上的华丽乐章。

二、"一带一路"倡议的历史逻辑

"一带一路"一端连着历史，一端指向未来；一端连着中国，一端通向世界。"一带一路"倡议不是古代丝绸之路的复兴，更不是古代丝绸之路的翻版，而是一次伟大的超越。"一带一路"倡议汲取的是古代丝绸之路文明的精髓，传承的是古代丝绸之路文明的精神，打造的是人类命运共同体的光明未来。古代丝绸之路形成发展的历史带给我们哪些启示呢？主要体现在以下方面：

（一）经济社会繁荣是"一带一路"建设的基本动因

经济的高度繁荣，使我国成为丝绸之路发展史上当之无愧的引领者。历史表明，经济的进步和繁荣既是丝绸之路形成的基础，也是丝绸之路持久兴旺的动力源泉。

"一带一路"沿线有三个基本特征：一是沿线有 60 多个国家和地区、上百座城市和 44 亿人口，是目前全球贸易和跨境投资增长最快的地区之一，是世界经济发展最具潜力、最有活力的地区。二是沿线各国在推进经济社会发展过程中，无一例外地面临深化产业结构调整、加大基础设施建设、展开多层面宽领域国际合作的愿望和诉求。同时，沿线各国希望借中国快速发展之势，实现其本国发展目标。三是沿线多数国家不同程度面临多种危机，如资源短缺、粮食安全、气候变化、网络攻击、环境污染、疾病流行、跨国犯罪等等，这些危机制约和影响了各国各地区的发展利益。积极应对挑战，已成为全球共识。因此，我国倡导的"一带一路"因应沿线国家发展经济、维护稳定、改善民生的现实需求，顺应国际社会发展趋势，彰显人类社会共同理想和美好追求，成为当今国际合作以及全球治理新模式的"中国方案"。

（二）政府引导与主体参与的有机统一是"一带一路"建设的客观要求

从历史过程来看，历代政府在丝绸之路发展中发挥了不可或缺的作用，设置官职、制定规则、出台政策，为丝绸之路贸易提供了制度支持；稳定边疆、建立驿站、军事戍守，为丝绸之路的畅通提供了安全保障；与沿线国家和各民族讲信修睦、守望相助，为丝绸之路的发展营造出良性的外部环境。而古代丝绸之路最终得以形成，更是得益于民间自发的货物交换活动，这也是古代丝绸之路的最显著特点。

　　历史表明，政府支持与多元主体参与的共同作用，是丝绸之路繁荣发展的基本保障。在"一带一路"建设中，只有使政府和各个参与主体协调起来、形成合力，才能激发推动丝绸之路发展的活力。

（三）和平稳定是"一带一路"建设的必要前提

　　古代丝绸之路展现出一幅幅我国与沿线国家友好交往的壮美画卷。和谐的政治氛围、融洽的民族关系、安定的沿线环境，为古老的丝绸之路增添了亮丽的色彩。而丝绸之路的伟大之处，恰恰在于通过和平方式，实现了跨国商贸活动和跨种族文化交流。

　　历史表明，和平稳定的政治局面和共同发展的共赢理念，是推动丝绸之路走向繁荣的关键因素，也是丝绸之路的本质属性。当我国和沿线国家共有稳定安宁的良好政治氛围时，丝绸之路就会兴旺；当我国和沿线国家共享平等交往、共同发展的融洽关系时，丝绸之路就会昌盛。因此，在"一带一路"建设中，需要沿线各国政府共同构建多层次沟通交流机制，深化利益融合，促进政治互信，共同维护好丝绸之路沿线和平与稳定。

（四）开放包容是"一带一路"建设繁荣发展的重要支撑

　　古代丝绸之路留给后人弥足珍贵的历史遗产就是开放包容。从道路畅通到经贸繁荣，从物质文明到精神文化，无一不是沿线各国人民共同创造，无一不是沿线各国人民智慧的结晶。沿线各国各民族在交往交流中以开放的心态，尊重彼此文明形态；以包容的观念，善待各自文化差异，从而实现了商品互补、文化互鉴、文明互动。

　　在古代丝绸之路贸易中，我国一向推崇讲情重义、先义后利、互惠互利。唐朝政府要求各地官员对胡商"常加存问""接以仁恩，使其感悦"。讲诚信、重公平，始终是古代中国与沿线各国贸易交往的行为规范。

　　历史告诉我们，没有哪一个民族的智慧能独立支撑整个人类的进步和发展，不同国家和民族只有相互尊重、彼此包容，才能创造出引领时代的文明成果。对外开放、合作共赢是国家强大、社会进步的重要前提；自我封闭、盲目自大，必然导致落后。超越文明属性、制度差异、发展水平，秉持开放包容、合作交流，是解决"一带一路"建设中可能出现的各种难题的重要途径。

（五）文明互鉴是"一带一路"建设生生不息的动力源泉

古代丝绸之路是人类文明交流的第一通道，持续的跨文明交流对话，记录了也见证了沿线不同国家、众多民族的成长历程，从而使丝绸之路成为全人类的集体记忆。

丝绸之路沿线的不同文明，创造了各具特色的灿烂文化，比如埃及的金字塔建筑艺术，古希腊的哲学、文学和史学，两河流域的城市建筑、艺术、天文学等等。而宗教则是古代丝绸之路不同文明互动交融的重要元素，儒教、道教、佛教、伊斯兰教、基督教在丝绸之路沿线诞生，在丝绸之路沿线传播，对人们的思想意识、对沿线各国的社会发展产生了直接而深远的影响。

历史表明，多种文明汇聚而成的价值底蕴，是古代丝绸之路充满活力的不竭之源。文化的互学互鉴，是丝绸之路生生不息的精神支点，是丝绸之路魅力永恒的精髓所在。在"一带一路"建设中，只要坚持丝绸之路精神，不同种族、不同信仰、不同文化背景的国家完全可以共享和平，共同发展。

三、"一带一路"倡议的科学内涵

准确理解和把握"一带一路"倡议的内涵，对于深化"一带一路"建设十分关键。在此，让我们来共同认识"一带一路"倡议的科学内涵。

（一）"一带一路"倡议是促进沿线国家经济贸易投资合作、共享发展机遇的倡议

"一带一路"倡议是中国给世界提供的公共产品，其重要的特征之一就是

"合作"。一是"区域间合作",从区域经济一体化入手,不断深化我国与沿线国家在经济、贸易、投资等多领域的互利合作,进一步打通亚欧经济动脉,构建起一个"连通各大经济板块市场链,覆盖数十亿人口的共同市场"的格局。二是"开放性合作","一带一路"建设面向沿线所有国家,甚至沿线之外国家,不论来自亚洲、欧洲,还是非洲、美洲,都是"一带一路"建设国际合作的伙伴。除了中国和各国之间合作,沿线国家之间也要展开相互合作,甚至还要与第三方国家开展合作。中国的角色是要努力做一个贡献者、引领者。

(二)"一带一路"倡议是全面深化改革开放、深度融入世界的倡议

改革开放 40 年后的今天,我们站在了全面深化改革、增加经济社会发展新动力的新起点;站在了推进供给侧结构性改革、转变经济发展方式的新起点;站在了同世界深度互动、向世界深度开放的新起点。历史新起点,带来发展新机遇,"一带一路"倡议乘势而上,顺势而为,为我国更好地、更持续地走向世界,融入世界,开辟了崭新路径。"一带一路"倡议最显著的特征,就是"开放";它是新时期我国对外开放的新引擎、我国经济社会发展的新载体。通过"一带一路"建设,形成开放新格局,构建有利于国际合作的开放型经济新体制;推进和深化区域经济一体化,共同打造国际合作经济带;形成广泛的利益共同体,实现中国发展与世界发展的良性互动。

(三)"一带一路"倡议是以打造人类命运共同体为最终目标的倡议

古代丝绸之路的形成与发展揭示出这样一个道理:没有共同需求和共同利益就没有丝绸之路;有了共同需求和共同利益没有共同目标,丝绸之路就没有发展方向。"一带一路"立足于沿线各国谋求经济社会发展利益诉求而提出,为打造互利共赢的人类命运共同体提供了可能。共同体是一个有多层次内涵的概念,第一层次是利益共同体,第二层次是责任共同体,第三层次是人类命运共

同体；而"构建人类命运共同体"的理念，则是我国对全球治理作出的又一重要贡献。

（四）"一带一路"倡议是开放、灵活和渐进发展的倡议

"一带一路"倡议具有鲜明的开放性、灵活性、渐进性特征。之所以说"一带一路"具有开放性，一方面指合作对象是多元的，面向所有沿线国家，甚至丝绸之路沿线之外的国家；另一方面指合作领域是多元的，是政治经贸文化多领域多层面的全方位合作。灵活性体现在机制上的灵活性和合作方式上的灵活性。"一带一路"建设并没有特定优先开展的国家，同时也不追求合作模式、时间、路径和项目上的一致，而是具有弹性的。条件具备即可展开合作，不是由距离的远近来决定推进的先后。渐进性既体现在合作的进程上，从促进若干区域经济一体化起步，进而渐趋形成我国连接世界各国各地区的经贸网络，由点及面、以线成片；同时体现在合作的步骤，从易到难、从小到大、稳步扩展。由此而言，"一带一路"既不是一个实体，也不是一个组织，它追求的是建构高效、务实的合作机制。

（五）"一带一路"倡议是以互联互通为基石的倡议

"一带一路"建设是沿线各国开放合作的宏大经济愿景，实现这一愿景必须要有精准的发力点。为此，我国政府提出了政策沟通、设施连通、贸易畅通、资金融通、民心相通的"五通"思路。"一带一路"建设立足于从互联互通入手，所要达到的目标就是致力于推动沿线各国建立起互联互通伙伴关系，构建全方位、多层次、复合型的互联互通网络，全面提升沿线国家合作的能力和水平。

（六）"一带一路"倡议是以人文交流为支撑的倡议

文化是连接沿线国家和谐友好的精神纽带和精神基石，建立在文化交融和民心相惜的基础上的合作关系，更加坚固、更加美好，也更加持久。夯实"一

带一路"建设的民意基础，必须倡导文明宽容、必须秉持开放的区域主义精神、必须欢迎各种力量以及多方资源共同参与到"一带一路"建设中。要特别注重文化交流与人文合作，把文化交流、交融置于更加突出的地位，让各国人民相逢相知、互信互敬，共同创造和平、富强、进步的光荣与梦想。

通过以上所述，"一带一路"倡议科学内涵的基本要义可以归纳为：

一个目标：即打造人类命运共同体。

两个特点：内外兼顾、陆海统筹。

三头并进：政治（基础）、经济（主干）、人文（保障）。

四种精神：和平合作、开放包容、互学互鉴、互利共赢。

五通路径：政策沟通、设施连通、贸易畅通、资金融通、民心相通。

四、"一带一路"建设取得的进展与成效

"一带一路"倡议从提出到现在，取得了令人瞩目的成就，进展和成果都超出了预期，突出体现在以下几个方面。

（一）国际共识日益增多

5 年来，有 100 多个国家和国际组织表达了支持和参与"一带一路"建设的意愿，我国同 56 个国家和区域组织发表了对接"一带一路"倡议的联合声明，包括俄罗斯提出的欧亚经济联盟、东盟提出的互联互通总体规划、哈萨克斯坦提出的"光明之路"、土耳其提出的"中间走廊"、蒙古提出的"发展之路"、越南提出的"两廊一圈"、英国提出的"英格兰北方经济中心"、波兰提出的"琥珀之路"等。中国同老挝、柬埔寨、缅甸、匈牙利等国的规划对接工作也全面展开。同时有 86 个国家和国际组织与我国签署了共建"一带一路"政府间合作协议，我国有关部门与塔吉克斯坦、哈萨克斯坦、卡塔尔、科威特等国签署了共建"一带一路"的谅解备忘录。2017 年 3 月 17 日，"一带一路"倡议写入了联合国第 2344 号决议。2017 年 7 月，中俄两国首脑提出开展北极航道合作，

共同打造"冰上丝绸之路",这一新举措为全球所关注。四年多以来,参与国家超出传统"一带一路"范围,形成了具有广泛影响的国际合作框架。

(二)金融支撑机制开始发挥作用

2015年12月25日,亚洲基础设施投资银行正式成立,2016年初开业运营,全球迎来首个由中国倡议设立的多边金融机构。至2017年12月亚投行成员国已增加到84个。亚投行已经为"一带一路"建设参与国的9个项目提供17亿美元贷款。2014年12月,中国设立丝路基金,首期本金达100亿美元,至2017年底已经签约投资项目17个,承诺投资约70亿美元。2017年5月,习近平主席宣布中国政府向丝路基金新增资金1000亿元人民币,鼓励金融机构开展人民币海外基金业务,规模预计为3000亿元人民币。2016年11月5日,我国同中东欧"16+1"金融控股公司正式成立,重点支持"16+1"框架下采购中国装备和产品的互联互通和产能合作项目,并支持扩大本币结算合作。2017年

亚洲基础设施投资银行总部　　　　　　　　　　　　　　　　　　陈晓根/摄

5 月，我国与沿线 27 个国家签署《"一带一路"融资指导原则》，7 月 24 日亚洲金融合作协会成立。沿线国家积极探讨建立或扩充各类双多边合作基金，金融合作正在迅速展开。

（三）互联互通网络逐步成型

2015 年 10 月，《标准联通"一带一路"行动计划》正式发布，初步形成我国与沿线国家标准对接路径。我国与 15 个沿线国家签署了 16 个双边及多边道路、过境运输和运输便利化协定，在 73 个公路和水路口岸开通了 356 条国际道路客货运输线路。我国与 36 个沿线国家及欧盟、东盟分别签订了双边海运协定（河运协定）。具有示范性作用的大型交通基础设施项目达到 39 项，涉及沿线 26 个国家。自匈牙利首都布达佩斯至塞尔维亚首都贝尔格莱德的匈塞铁路、自印尼雅加达至万隆的雅万高铁陆续开工。其中，作为中国—中东欧合作的标志性项目，匈塞铁路建设项目的启动，标志着中国铁路"走出去"取得又一重大成果。2015 年 10 月 16 日，我国与印尼签署的雅万高铁合作建设框架协议，是国际上首个由政府主导搭台、两国企业对企业进行合作建设和管理的高铁项目，也是中国高速铁路从技术标准、勘察设计、工程施工、装备制造、物资供应，到运营管理、人才培训、沿线综合开发等全方位整体"走出去"的第一单项目，对于推动中国铁路特别是高铁"走出去"，具有重要示范效应。此外，我国企业参与了 13 个国家 20 个港口的经营，海上运输服务已覆盖"一带一路"沿线所有国家。继 2016 年 11 月我国援建的巴基斯坦瓜达尔港开航之后，2017 年东非铁路网起始段肯尼亚蒙内铁路竣工通车，中老铁路首条隧道全线贯通，中泰铁路一期工程开工建设，卡拉奇高速公路等项目进展顺利。

（四）产能合作加快推进

我国与 20 多个国家签署了协议，重点开展钢铁、装备制造、汽车、电子等十多个重点领域机制化的国际产能合作。截至 2017 年，中方设立的各类多双边产能合作基金已超过 1000 亿美元。我国国有企业在海外签署和建设的电站、输电和输油输气重大能源项目达 40 项，涉及沿线 19 个国家，一大批重点项目在各国落地生根，中国—中亚天然气管道贯穿中亚，累计对华输气超过 1200 亿立方米，中哈原油管道累计对华输油超过 8000 万吨。

（五）经济走廊建设取得重要进展

中蒙俄三方已就建设经济走廊达成共识，规划纲要即将编制完成。中巴经济走廊已实质性启动一批重大项目建设。由新欧亚大陆桥、中蒙俄经济走廊、中国—中亚—西亚经济走廊、中巴经济走廊、中国—中南半岛经济走廊、孟中印缅经济走廊所构成的、沟通欧亚非经贸和交通的"六大经济走廊"格局正在成型。

（六）中欧班列品牌业已形成

中欧班列是指中国开往欧洲的快速运编组列车。现已铺设了西、中、东 3 个方向的通道、共计 57 条中欧班列运行线。从 2011 年开行以来，中欧班列累计开行数量已突破 7000 列，仅 2017 年中欧班列开行数量就达到 3000 列。截至 2017 年底，国内开行城市已达 35 个，到达欧洲 12 个国家 34 座城市，常态化运输机制开始形成。中欧班列对于"一带一路"建设中将丝绸之路从原先的"商贸路"变成产业和人口集聚的"经济带"起到了重要作用。

（七）贸易投资大幅度增长

5 年来，我国与沿线 14 个国家签署自贸区协定，涉及 22 个国家和地区；与 104 个国家签署双边投资协定，并建立了经贸联委会机制和投资合作促进机制；与 53 个沿线国家签署了税收协定，初步形成了覆盖主要投资来源地和对外投资目的地的税收协定网络。4 年中，我国同"一带一路"沿线国家贸易总额超过 7.4 万亿美元，我国对"一带一路"沿线国家投资累计超过 600 亿美元。2017 年，我国与"一带一路"相关国家进出口总额 1.1 万亿美元，区域贸易和投资增长呈现迅猛态势，年均增速高于全球平均水平近一倍。仅 2017 年我国企业对沿线国家直接投资 144 亿美元，对"一带一路"沿线 59 个国家进行的非金

融类直接投资额达 143.6 亿美元。此外，2017 年我国企业在"一带一路"沿线
61 个国家新签对外承包工程项目合同 7217 份，新签合同额 1443.2 亿美元，完
成营业额 855.3 亿美元。沿线各国都在努力提升贸易投资便利化水平，探讨各
种类型的自贸区或一体化进程。

（八）人文交流互动更加密切

我国设立了丝绸之路中国政府奖学金，每年向沿线国家提供 1 万个来华留
学名额。与沿线国家互办 19 次文化年、艺术节，设立了 25 个海外中国文化中
心，签署了 41 个文化合作谅解备忘录和 56 个科技合作谅解备忘录。在 2014 年
第 38 届世界遗产大会上，我国与吉尔吉斯斯坦、哈萨克斯坦联合提交的"丝绸
之路：长安—天山廊道路网"被列入世界历史文化遗产名录，海上丝绸之路联
合申遗业已启动，参与联合申遗的泉州、福州、北海、广州、漳州、宁波、南
京、扬州、蓬莱 9 个城市已经积极开展申遗。

五、"一带一路"建设的风险和挑战

"一带一路"倡议取得了一系列早期收获，彰显出巨大的生命力。但是面对
成就，我们不能忽视"一带一路"建设中面临的多种风险和挑战。"一带一路"
沿线地区大都是国际战略和政治博弈的敏感区，地缘政治关系错综复杂，沿线
各国在国家规模、发达程度、历史传统、民族宗教、语言文化等方面存在巨大
差别，利益诉求各不相同。同时，随着"一带一路"建设的全面推进，我国在
全球各大洲各主要地区都形成了相关海外战略利益，世界局势不稳定不确定和
地缘政治的变动，给我国海外战略利益带来诸多风险。下面从政治、安全、法
律和经济等层面，对这些挑战和风险进行分析。

（一）关于政治风险

主要来自两个方面：一是"一带一路"倡议面临不同国家的利益与战略对

冲的挑战。"一带一路"倡议首先体现出的是我国的国家利益和发展战略,与个别国家特别是个别大国之间的国家利益和发展战略存在一定程度上的不一致、不吻合,甚至是冲突。

(二)关于安全风险

主要体现在两个方面:一是现有国际安全体系对"一带一路"倡议有先天负面性。如果各国之间无法找到彼此都能接受的办法来缓解矛盾,将对推进"一带一路"建设产生不利影响。二是地区安全的不稳定性,对"一带一路"建设进程有直接滞缓的影响。

(三)关于法律风险

在"一带一路"建设推进过程中,法律、制度、规则的内生性问题正在日益显现,突出表现在:一是国内涉外法律法规体系滞后和立法空白;二是与沿线国家的法律冲突、制度协调、规则对接存在较大欠缺,与某些国际法、国际条约、国际规则存在不衔接、不吻合等问题。

(四)关于经济风险

在经济层面,区域经济发展存在严重的不平衡性。在国际金融层面,沿线国家经济结构单一,内生动力不强。此外,全球债务规模膨胀速度远高于全球GDP增速,严重影响和抑制全球经济的复苏,对"一带一路"建设也带来了较为严重的牵制。

综合上述可见,在推进"一带一路"建设中,防范政治风险、安全风险、法律风险、市场风险、汇率风险、债务风险和流动性风险冲击将是严峻考验。当然,在"一带一路"建设中还面临着来自不同文化、不同族群、不同宗教等等之间的文明冲突,同样值得关注。

上述风险挑战给我们如下启示:沿线国家和地区的政治稳定性,对于"一带一路"建设持续发展有着十分密切的关系;政府沟通、高层协调,对化解危机、确保合作有至关重要的作用；中国投资者在"一带一路"建设中必须提高规避风险的主动性，提高与投资国利益共享的意识，提高对对象国法律规则的熟知度；强化文化融通、促进民心相通，是规避风险、消除隔阂和误解的关键路径。

六、深化"一带一路"建设的着力点

"一带一路"从战略到倡议，再到建设，三个用词的变化，反映了我们对"一带一路"认识上的变化，反映了"一带一路"的发展轨迹。从本质上而言，"一带一路"既不偏重于地缘政治利益，也不偏重于我国单方面的国家利益，特别是单方面的政治利益。把"一带一路"定位于"倡议"而不是战略，最大的优势在于弱化了倡导国的单边色彩，确保沿线国家与我国在"一带一路"合作中享有平等性以及可选择（参加或不参加）的主动权。

经过四年多的实践，"一带一路"已经从"倡议"进入到"建设"阶段，"一带一路"倡议已经由理念转化为实践。当然，过去的四年仅仅是开始、是起步，在深化"一带一路"建设的进程中，要从三个方面予以着力：

（一）始终加强三个统筹，即陆海统筹、内外统筹和政企统筹

所谓陆海统筹，是指国家对陆地和海洋发展的统一筹划。我国既是陆地大国，也是海洋大国。陆地和海洋两个方向必须有所统筹，同步推进。因此，在"一带一路"建设中，要把"一带一路"建设同京津冀协同发展、长江经济带发展等国家战略对接起来，同西部开发、东北振兴、中部崛起、东部率先发展、沿边开发开放战略结合起来。进一步优化提升陆域国土开发和海洋国土开发，陆上依托国际大通道，海上依托港口，在资源开发、产业发展、通道建设和生态环境保护等方面，实现陆海协调发展、科学发展。

所谓内外统筹，是指要注重把我国和各地方发展规划、自身优势、合作需求与沿线国家有效对接，把我国与沿线国家的内外两个市场有机融合起来。以

"一带一路"建设为契机，开展跨国互联互通，提高贸易和投资合作水平，推动国际产能和装备制造合作，通过提高有效供给催生新的需求，实现世界经济再平衡。因此，必须切实推进关键项目落地，以基础设施互联互通、产能合作、经贸产业合作区为抓手，实施好一批示范性项目，让沿线国家不断有实实在在的获得感。

所谓政企统筹，是指统筹政府和企业在"一带一路"建设中的作用和功能。作为政府既要发挥把握方向、统筹协调的作用，又要发挥市场作用，同时要着力构建以市场为基础、企业为主体的区域经济合作机制，广泛调动各类企业参与，引导更多社会力量投入"一带一路"建设。而各类企业构成的多元力量，始终是推动"一带一路"建设最活跃的主体元素。

（二）始终坚持共商、共建、共享原则

在以往的国际合作中，政治互信问题、政策衔接问题、制度对接问题，在很大程度上影响了国际合作的成效和进度。因此，在"一带一路"建设中，要以共商、共建、共享原则为基本遵循，坚持正确的义利观，以义为先、义利并举，遵循平等、追求互利。一是牢牢把握重点方向，聚焦重点地区、重要支点国家、重点项目，抓住发展这个最大公约数，在实现自身利益的同时，也应充分考虑和照顾沿线国家的利益。二是聚焦"五通"，聚焦构建互利合作网络、新型合作模式、多元合作平台，与沿线国家和地区建立起更加紧密、更加高效的联系，努力实现与沿线国家的发展战略和发展规划相互对接，与沿线国家现行的政策法规相互贯通，在减少或降低资本、商品、人员往来中的政策壁垒的同时，与沿线国家形成持续稳定、相向而行、协调一致的政策行动。三是把实现区域经济一体化建设作为互利共赢的长期目标，不急功近利，不搞短期行为，与沿线国家一道探索和创新构建区域经济一体化的有效途径。区域经济一体化是打造利益共同体的着力点和必由之路。当前各种形式的区域经济合作方兴未艾，为经济要素自由流动、资源高效配置和市场深度融合提供了制度保障。通过"一带一路"建设实现区域经济一体化，目前有三个重要的实践载体，一个

是粤港澳大湾区建设，一个是境外合作园区建设，再一个是自贸区建设。

（三）始终注重挖掘历史文化，弘扬丝绸之路精神

随着"一带一路"建设的深入，我们要更加注重政治互信、经济合作和人文交流"三位一体"同步推进，更加注重在人文领域的精耕细作，更加注重丝绸之路文化的国际融通，更加注重与沿线各国人民的友好往来。

文化是连接"一带一路"沿线国家和地区和谐友好的精神纽带，建立在文化交融和民心相惜基础上的合作关系，更加坚固、更加美好，也更加持久。实现"一带一路"建设的宏大目标，必须努力在中国和沿线各国人民中形成相互欣赏、相互理解、相互尊重的人文格局。只有建构起这样一个格局，才能给"一带一路"建设提供强大的精神动力，才能给"一带一路"建设营造和谐融洽的人文环境，才能确保"一带一路"建设永续发展，使"一带一路"真正建设成为文化交流之路、文明对话之路。

结语

"一带一路"倡议是时代的重大命题，"一带一路"建设是一个伟大的事业。我们有理由相信，植根于深厚历史积淀、立足于谋求人民福祉、致力于人类美好愿景的"一带一路"建设，必将书写出人类文明史上新的篇章。只要坚持钉钉子精神，久久为功，"一带一路"建设必将取得更加辉煌的成就。

（讲座时间　2018 年）

钱乘旦

文明的多样性和世界
未来的发展

钱乘旦

钱乘旦，1949年生，江苏金坛人。1985年毕业于南京大学历史系，获博士学位。曾赴美国哈佛大学和英国爱丁堡大学作博士后。北京大学历史学系教授、博士生导师，国务院学位委员会历史学科组成员，国家社会科学基金专家评审组成员，教育部社会科学委员会委员，中国英国史研究会会长等。现任北京大学区域与国别研究院院长。

主要研究方向是英国史、世界史、现代化历史比较等。主要著作有:独著《西方那一块土》《寻找他山的历史》《第一个工业化社会》《工业革命与英国工人阶级》等。合著《走向现代国家之路》《在传统与变革之间——英国文化模式溯源》《英国通史》《寰球透视:现代化的迷途》《世界现代化进程》等。主编《欧洲文明:民族的融合与冲突》《英联邦国家现代化研究丛书》《当代资本主义研究丛书》等。

这场讲座的内容主要是关于文明多样性的问题。我们有一个非常明确的目标,就是想探讨一下人类文明究竟处在一个怎样的状态?文明的形态究竟是单一,还是多元?

在相当长的时间中,西方人所谓的"普世价值"非常流行。包括"西方中心论""西方文明优越论"等等说法都是和所谓的"普世价值"相联系的。

而今天,我要在这里提出一个非常明确的观点,就是人类文明从来都是多样性的,在人类历史上某一种文明一统天下的情况从来没有出现过,今后也不会出现。为了说明这一点，我想从人类文明的起源谈起。

我们都知道人类文明与人类历史相比，其实只占千分之一，甚至可以说是一个非常短暂的瞬间。在距今五千多年以前，地球上开始出现了人类最远古的文明。他们大多都出现在水边。也就是我们经常说的"大河文明"。世界上的几条大河是人类文明的摇篮，包括两河流域、尼罗河流域、印度河流域、黄河长江流域。这些都是我们非常熟悉的人类最古远的文明发源地。

在人类最早的文明出现时，其实所有这些文明的形态都是多种多样的。今天极其动荡的伊拉克和叙利亚地区是两河文明的发源地。现在的研究表明，底格里斯河和幼发拉底河在这一地区共同孕育了人类最早的文明，包括文字、宗教、社会的分化、国家的形成等等。这个地区曾经出现过很多的地区性霸权国家，如古巴比伦、新巴比伦、亚述等等，都是非常著名的远古文明地区。但是当我们仔细了解后，会发现一个非常有意思的现象。那就是尽管这里是人类文明的摇篮，但它既没有像古希腊那样城邦密布，也没有像古罗马那样形成大一统的帝国。相反，它最大的特点就是不同种族、不同人群的人在这里来来往往

古亚述帝国楔形文字
泥柱　文化传播／供图

带来了各种各样的文化。尽管这一地区是最早出现发达农业的地方，但它的政治与文化却长期不统一。一直到公元7世纪，伊斯兰教出现后，这里才成为一个世界性的经济、政治、文化中心。动荡不安可以说是这一地区的一个重要特征。

但是在离它不远的埃及却恰恰相反。尼罗河流域的埃及在公元前大约3000年左右，就已经完成了上下尼罗河地区的统一，而且是高度稳定的统一。法老作为神和太阳的子孙，集神权和政权为一体，这种统治一直在尼罗河流域长期地延续。到公元前800年，希腊荷马时代的时候，尼罗河流域这种统治形式就已经存在了2000年。所以我们认为古埃及文明具有高度稳定的特征。这与两河文明形成了鲜明的对比，我们可以认为它们的文明形态高度不同。

今天巴基斯坦境内的印度河流域是另外一个远古文明的发源地。这一地区虽然很早就出现过远古文明，但是后来因为种种原因消失了。随之而来的是雅利安人所创造的新文明。他们同时也给印度带来了种姓制度。今天世界上最典型、力度最大、执行最严格的种姓制度就在印度。可以说雅利安人的文明以种姓制度为特征。

因为有种姓制度的存在，印度社会形成了高度稳定的结构。分工、阶层等等社会身份随着种姓代代相传，印度社会可以说几千年几乎不变。但是印度在政治上表现的却是高度动乱。历史上的印度，小国林立、王政盛行。经常发生小国之间无休止的互相攻伐，争夺霸权。在印度历史上，只出现过几个地域广大、中央集权的王朝。这在印度历史上并不是常态。社会稳定、政治动乱是印度文明的特征，这与尼罗河文明以及两河文明又有很大的区别。

我们再看印度西边的邻居——波斯。这里也是一个非常重要的古代文明发源地。20 世纪伊朗巴列维王朝的国王曾经很自信地说："古代伊朗是第一个学会在一片广大土地上建立并且管理一个帝国的国家。"这个说法是不错的。伊朗出现高度统一的中央王朝要比中国早得多。但是古代伊朗所创造的古代波斯文化，在希波战争后被希腊人破坏了。尤其是到亚历山大帝国时期，波斯文化就不复存在了。后来伊朗伊斯兰化以后成了一个伊斯兰教国家。所以文明在伊朗又是另外一种形态。

远古欧洲文明的起源地是希腊。正如我们前面所说的，人类古代的最早文明都发生在水边，水除了是人生存的必需品外，也是人与人之间交流的重要渠道。希腊这一地区恰恰占据了地中海这一得天独厚的位置，因而产生了文明。古希腊人的活动范围遍及整个地中海，并且通过地中海到其他地方移民。他们的脚步向西一直到今天的葡萄牙与西班牙，往东则一直到今天的里海。并且古希腊文明也有一个很大的特点，就是形成了城邦这种国家形态。严格地说城邦这种国家形态在世界的其他地区也曾有过，但不像希腊如此典型。整个古希腊时期，它的国家政治形态一直是城邦。这种情况与其他早期文明地区有着非常显著的不同。无论是两河、尼罗河、印度河以及黄河长江，早期文明在后来的发展过程中，分散的地方的权力总会由小变大、由点成面，直至最后形成集中的地域性国家实体。可希腊一直没有出现这种情况，这是非常特殊的。这种城邦制度在希腊是被固化的。这是一个非常值得注意的现象。

古希腊并非像后人想象的那样美好，城邦间经常发生各种战争，只有到了奥林匹克运动会才会休战。但战争其实还在继续，只不过战场变成了运动场。所以今天很多奥林匹克项目是古代战争项目，比如标枪、铅球、赛跑等。正因为古希腊的城邦制度被固化了，所以后来古希腊的文明被历史的尘埃淹没了，被罗马所取代。我们总说古罗马是古希腊的直接继承人。这句话虽然没错，但是古代的罗马和希腊有两个非常重要的区别。我们可以说古罗马在很多方面继承了古希腊的文明和文化，但是它在两个重要的方面背离了古希腊的道路。

第一，罗马本来是亚平宁半岛上的一个城市，本来就相当于古希腊的一个城邦。但是，这一城邦后来经过了无限的扩张逐渐成长为一个地域广大的帝国。这是希腊从来没有做到的事情。第二，罗马从建立国家到西罗马帝国时期大约是 1500 年。在这 1500 年中它曾经出现过几乎人类历史上的各种政治制度，只有一项制度从来没有实行过，它就是民主制。在现代西方的"普世价值"理论中，民主制是一个非常重要的制度。他们认为这项制度已经有两千多年的历史了，但这是个错误的说法。罗马没有实行过民主制，而且在整个西方的历史过程中，民主制存在的时间也是很短的。2000 年的说法可以说是无稽之谈。

古希腊的雅典被看作是古希腊城邦民主制的辉煌典范。伯里克利是希腊非常重要的军事家、政治家、外交家。他所生活的时期是雅典城邦民主制高度发展的巅峰时代。如果我们仔细去看希腊历史，会发现伯里克利那样的高度民主制在雅典也只存在了 80 年。并且在伯里克利时期，希腊正在发生着伯罗奔尼撒战争，这是希腊历史上的重要事件。这场战争是以雅典为首的一个军事集团和另外一个以斯巴达为首的军事集团之间的一场大战。战争延续了 27 年之久。古希腊著名历史学家修昔底德曾记录伯里克利做过一次重要的演说。在演说当中伯里克利认为雅典是伯罗奔尼撒战争中正义的一方。而斯巴达是非正义的。他的理由是雅典是民主的，斯巴达是不民主的。正义必将战胜非正义。他的这次演说极其著名，被看作是西方民主制度的宣言书。且不论这份宣言书究竟如何，我们只看这场战争的结局。这场战争最终以雅典被打败、斯巴达获得了胜利而告终。这和伯里克利所言正好相反。这无疑给当时的希腊人非常强烈的冲击，许多的希腊思想家开始反思这背后的原因。修昔底德认为其中最重要的原因是雅典的民主制度造成了权力的分散。此外像苏格拉底、柏拉图还有亚里士多德这些思想家们也对这个问题作过思考。亚里士多德也认为这项制度有很多不合理之处。自

伯里克利雕像　　　文化传播 / 供图

那以后，西方的思想基本一边倒地认为雅典的民主制度存在缺陷。这是一个客观的历史事实。对西方这种对民主制度的批判一直到文艺复兴后才慢慢转变过来。

因此，文明多样性在西方的历史发展过程中仍然非常显著。不存在自古就有的所谓西方共同的价值观。从两河流域开始一直到希腊，我们举了这么多的例子只是想证明，文明其实从一开始就是多种多样的，当然这也包括中国的古代文明。

我们现在已经知道黄河不是中华文明的唯一摇篮。在远古时期中华文明一直呈现一种满天星斗的状态。这是今天我们的历史学家普遍认同的观点。后来在这样广袤的土地之上开始出现了文明融合、交流、扩大的过程。逐渐地向多元一体的方向发展。大约在 5000 年以前，中国就已经出现了很多的酋邦。4000多年以前，夏就已经是一个庞大的地域性国家了。这一情况和其他很多地区的远古文明都相同。当然，我们现在还没有有关夏王朝的文字证据，所以很多学者还不承认它的存在。但是在夏之后出现的商王朝是一个确凿无疑的大地域范围内的古代国家。当欧洲处在荷马时代的时候，中国的周天子已经开始用分封制规范土地的分配形式和社会的等级秩序。类似制度在西方要到西罗马帝国崩

溃以后、公元 7 世纪左右才在欧洲西部出现。这比周天子分封天下晚了 1000 多年。分封制虽然有它出现的合理性，可是它带来的结果却是天下分崩离析，中国进入到了春秋战国时代。"礼崩乐坏"是这个时代的代名词。这样的情况一直到秦始皇灭六国后才得以终结。这块土地上终于形成了一个庞大的帝国，拥有了一个强大的中央政府。从此以后，统一就成了中华古典文明最为珍贵的遗产。它保证了中华文明的永续长存。如果没有这一遗产，中国这样一个统一的多民族国家是不可能形成的，更不可能延续。所以政治统一是中华文明得以存续的保障之一，也是中国历史的重要特点。

　　历史上，中国这块地域分裂的时间，远远少于统一的时间。这是我们对中国历史的一个基本认识。除了政治统一的因素，造成这种特点还有一个重要的思想黏合剂——孔子的学说。孔子就生活在春秋时代，作为一个思想家，他十分希望天下能够结束动荡，回归秩序。因此，孔子学说的核心是秩序，他将天与人放在同一个体系当中，人和自然都在这个体系中各司其职。孔子学说和秦以后中国历史的发展脉络是一致的。这样就引起了我们的一种思考——文明究竟意味着什么？

南宋马远绘孔子像

　　其实在我看来，文明需要有两个载体：第一个载体是政治的载体，就是国家；第二个载体是精神的载体，是意识形态。如果按照这种理解去观察人类文明，我们会发现中华文明的一大特点就是政治载体（国家）的高度统一与精神载体（意识形态）的崇尚秩序不谋而合。在我看来，无论是古代文明还是现代文明，只有政治与精神两种载体相互协调的文明才是发育健全的，二者缺一不可。

　　政治与精神的高度融合使中华文明能够一直延续到现在。相比之下，西欧就不是这样。古希腊的政治载体发育不全。从严格意义上说，它不是一个完整的国家形态。古罗马则没有形成意识形态。在西罗马帝国解体后，西欧进入了封建时代。与中国的春秋战国时代类似，西欧也同样陷入了分裂状态。这就使西欧的政治载体变得十分脆弱。并且封建时代的西欧有一个统一的意识形态。这就是我们大家都熟悉的基督教。基督教出现在罗马帝国的晚期。西欧封建时代的最大特点就是政治载体和精神载体的分离，甚至是冲突和对立。按照中世纪西欧的理念，教会与国家是分权的。西方人经常会说："上帝的归上帝，恺撒的归恺撒。"上帝指的就是精神载体——基督教。恺撒指的就是政治载体——王权国家。这种政治载体与精神载体的长期分离对西欧的历史发展产生了深远的影响。

公元前 3 世纪到公元后 3 世纪，在世界东方和西方分别存在着一个高度发达的文明地区。东方的是汉帝国，西方的是罗马，它们不相上下、旗鼓相当。到了公元 4 世纪，这两大文明地区都受到了蛮族的侵犯。中国发生了五胡乱华，罗马则被北方的日耳曼人所摧毁。自此欧洲进入了封建时期，再也没有出现罗马式的大帝国。而东方则重新崛起，并且出现了中国古代最辉煌的时代——唐代。此后中国在世界上一路领先并一直保持到 18 世纪，这是西方学者普遍承认的。为什么东方和西方文明遭受到了同样的打击，而一个消失，一个重新崛起？原因在于它们的政治与精神两个载体的契合程度不同。

那时东方的整体发展水平都超出西方很多。而西方落后的原因也很好解释，就是因为它的精神载体和政治载体相互对立、分离，甚至于冲突。在政治层面上，它没有形成统合社会的政治力量。因此，西方想要摆脱中世纪的落后，就必须对社会进行重新整合，重新建立统一的国家。事实上，后来西方确实做了这样的事情。这一次，西方创造出了一种新的国家形态——现代民族国家。

这是一种在世界历史上全新的政治形态。它以民族共同体作为政治载体，以民族认同感作为精神载体。政治与精神的载体终于开始契合，而西方的崛起也就在此时。因为它们找到了一种新的国家形态，一种新的文明存在方式。但是，非常值得注意的是所有现在欧洲的民族国家都是从专治制度起步的。在所有这些地方早期民族国家形成过程中，它的基本出发点是克服封建分裂状态形成高度统一，这是一个前提。因为这是 1000 年前导致它们落后的重要原因。现在它们必须克服这个分裂状态才能进行整合。而完成这一整合任务的，在所有现代西方国家历史上都是专制王权。关于这一现象现在西方很多人都是回避的。但是，严肃的学者们不回避。他们非常坦率地告诉公众情况就是这样的。根据对历史的考察，我们可以看出那种所谓的存在了几千年的普世价值并不存在。

大约从公元 1500 年起，人类就进入了一个新时代。这个时代是以西方崛起为标志的。公元 1500 年现在被看作是整个人类历史发生重大转变的关键时刻。人类历史的格局发生了变化。在此之前 1000 年的时间，东方先进，西方落后。而在 1500 年以后西方开始崛起。崛起的那个点就是他们走出封建分裂状态，完成统一国家的建构。在这个过程中，一种新的文明在西方形成并且最终兴起，直至遍布整个世界。这种新文明就是资本主义文明。

资本主义文明有很多特点，它张扬个性、重视商业、对市场格外推崇，并且它采用了一种新的生产方式，就是从 18 世纪开始的工业革命。我们发现，在这样一种新文明当中资本是一根中轴，工业和商业都围绕着资本运转。崇拜上帝变成了崇拜金钱。科学和技术仅仅是工具，要为资本服务，形成了这样的一种新文明的基本特征。资本主义文明带着永无止境的追求欲，把人性当中那种无限制的欲望永无止境地扩大，然后冲向整个世界。

西方中心论在这个时候也开始出现。西方以资本搅动整个世界。这种在全球无限制扩张的过程，伴随着对世界其他地区的掠夺、侵略、控制、打击，也就是西方的殖民主义扩张。资本主义带着强大的工业生产力，伴随着殖民扩张的力量，冲向了整个世界。而这时，全世界所有其他地方都无法抗拒。

起先西方的扩张仅仅是在地球上没有出现文明的地区。等到西方力量日益强大的时候，就开始向古代文明的核心地区冲击。到了 19 世纪，经过了几百年的殖民扩张，整个世界已经被西方瓜分。20 世纪初，全世界几乎全部落入西方之手。文明优越论也在这时站稳了脚跟。这种理论把西方文明看作是先进的，把其他文明都说成是落后的，而且它预言以后整个人类的历史就是西方的历史，西方能够一统世界。

　　在这个过程中，有一些边缘地区的遥远文明，比如美洲的印第安文明以及西非一些古代文明被消灭。而自古以来就存在的古老文明核心区，比如西亚、北非、印度和中国也纷纷落入西方之手。文明间的平等关系被打破了，各种文明面临着生死的抉择。这是19世纪末20世纪初的世界图像。

　　如果我们看一下那个时期的世界地图，它所呈现的就是这样一幅图景——西方一统天下。所谓的西方中心论就是在这样的一个背景下出现的。著名的英国历史学家汤因比曾提出：文明会出生也会死亡。他认为这种生死机制就在于能不能应付挑战。挑战是绝对的，能应付挑战的文明可以生存，而无法应对挑战的文明一定灭亡。这就是汤因比的一个基本理论。我们不探讨这种理论正确与否。但是我们看到的现实是，恰恰在19世纪末、20世纪初期，悄然出现了一个全球性的运动，这个运动改变了西方看起来一统天下的趋势，再一次扭转了世界的格局。这个运动叫作"世界现代化"。就是所有的地区在西方的压力之下开始求变图存。而办法就是向西方学习。这种运动在全世界到处出现。尤其是在古代文明的核心区，现代化过程表现得尤其突出。在20世纪，整个世界都被卷入现代化的过程中，非西方国家追求现代化，发展自己，追赶西方，然后把自己建设、转变成现代西方国家。20世纪世界的最大特点就在于此。在今天，我们看到在世界现代化过程中有所作为，而且表现较好的地区，恰恰是人类远古文明的核心区。比如中国、印度、俄罗斯、土耳其、伊朗等等。这是一个非常有趣的现象。我把这一现象叫作文明的回归。文明的回归意味着被西方资本主义所摧毁、冲击的那些古代文明，通过向西方学习来追求现代化，并且在现代化过程中改造了自己。随着这个过程的步步深入，人类那种本来就一直存在的文明间相互平等的关系，重新恢复起来了。

　　现代化的最终结果不是西方文明的一统天下，而是文明的多样性仍然伴随着世界现代化的过程而延续着，并且进一步地发扬光大。为什么这么说？西方各国的现代化过程也是多样的。不同西方国家走的是不同的道路。英国走的是和平渐进的改革道路。法国在很长时间当中，采用革命暴力来改造国家。德国模式被很多西方人看作是另类，而美国必须摆脱英国的殖民统治，才能够进入

亚当·斯密画像　　杨兴斌 / 供图

它自己的现代化过程。西方国家在经济发展的模式上也是不同的。英国是典型的自由放任。法国已经偏离了亚当·斯密的经济理论。德国采用的则是国家力量推动经济的发展，这在亚当·斯密的理论中是不可接受的，但是它成功了。美国曾经一直走自由放任的道路。可是在大萧条以后，美国在所有发达的资本主义国家当中第一个实行大规模的国家干预。从政治制度层面来说，英国君主制与美国共和制是不同的，英国议会制和美国总统制是不同的。选举投票的方式上，英国采用的是领先者获胜，美国则发明了选举人制度。其实这两种做法都违背了西方民主选举制度的一个基本原则，就是少数服从多数。而资本主义国家当中真正采用三权分立的也只有美国。在社会制度上，欧洲国家喜欢福利制度，美国则对福利制度痛恨不已。制度不同，市场和政府间的关系在西方国家也是不同的。所以我们才会看到，提倡福利制度的凯恩斯主义是英国人创造的。高唱自由主义的弗里德曼是美国人。每一个西方国家在自身的发展过程中也是在不断变换道路和制度，文明的多样性同样是存在的。

西方国家尚且如此，在非西方国家，这种文明多样性的特征就更加明显了。在世界现代化的过程中，每一个国家都有自己的特点，都有不同的现代化模式。比如拉美模式、东亚模式、阿拉伯模式、苏联模式，当然还有中国模式。各国都在现代化，都是现代文明，但文明仍然是多样性的。

我们看到在世界上，各个国家都有自己的历史事件和影响历史的重要人物。如甘地的非暴力不抵抗运动、凯末尔领导的土耳其革命、纳赛尔提倡的阿拉伯社会主义、曼德拉对南非种族隔离的反抗等等。所有这些人都在自己国家的现代化的过程中发挥过独特的作用，为自己国家的现代化注入了鲜明的特色。但是如果我们把他们置换一个场地，就完全不可复制。我们也很难想象，甘地的策略可以在法国殖民统治的阿尔及利亚地区产生效果。我们也很难想象，曼德拉的方法可以拯救濒临覆灭的土耳其。美国的革命产生不了拿破仑，正如同印度的国大党没有办法在埃及立足。南美的军队和文官交替执政，然后执行进口替代和出口导向的轮替政策在新加坡无法复制，所以在新加坡我们看到的是一个李光耀。

在西方所实行的选举制度到了东方也发生了变异。印度把几千年的种姓制植入了现代政党选举。日本的政界则是通过财阀制度，世代相传。所以即便是看起来一样的东西还是不同的。西方把它们自己的制度用武力强加给非洲，结果造成了非洲部落之间无休无止的严重对抗，造成了阿拉伯地区的大规模动乱。"阿拉伯之春"变成了"阿拉伯之冬"。

所以，文明的多样性是不可抗拒的。但是，普世主义只承认单一性，不承认文明的多样性。美国学者福山曾说："历史终结了，人类走到历史的尽头了。"这个逻辑，黑格尔就曾表达过。他说："人类文明的太阳从东方升起，然后在西方落下。落下之后，就变成了光辉无比的精神的光芒，永恒的存在。"在黑格尔那里，历史的尽头是普鲁士。在福山这里，历史的尽头是美国。可是美国自己都还没有走到尽头，又如何这样下定结论呢？

福山的老师——著名的西方学者亨廷顿就看得比福山深刻得多。他看到了文明回归的现状，因此他不会像福山那样认为苏联解体后人类历史就走到尽头了。他认为苏联解体之后，人类将进入一个新的历史时代，这个时代的特点是文明的冲突。换句话说，他意识到21世纪的世界是文明并立的时期，文明的多样性必定是人类历史今后的特征。所以他说这个新的时代是文明冲突的时代。可是文明的多样性一定意味着冲突吗？冲突必然是这个世界的基本特征吗？如果是冲突，就一定要你死我活吗？为什么不能够如同我们中国古代的哲人所领悟的那样：一生二，二生三，三生万物？为什么不能按照中国普通老百姓所说的那样，以和为贵呢？中国人说，海纳百川，有容乃大。大海要能够容纳得下所有的一切，无论泥沙、无论清淡都是大海。现代世界如同大海，容得下多种多样的现代文明。经过一百多年的现代化努力，古老的文明已经获得了新生。

它们恢复了自信，找到了自我。曾经被西方霸权扭曲的文明间的不平等关系现在被重新扭转了。在 600 年以前，公元 1500 年前后，这个世界的格局发生了重大的改变，出现了一个西方优势的世界。今天，这个格局开始出现新的转换，最终我们会看到人类多种文明间重新恢复了平等的互助关系。这是我们所憧憬的一个新的世界，一种新的世界文明，这就是人类共同体。我们希望人类永久共存，永久和平。这不仅仅是一个理想，也是现代人的责任。人类生存在同一个星球上，只有共荣才能共存，人类的文明从来就是百花齐放的。尊重别人，才是尊重自己。因此，在我们进入 21 世纪，并且面临着严峻的挑战的时候，应该共同捍卫人类的共同命运，让存在于世界各地的多样文明能够共荣、共存。

（讲座时间　2018 年）

李伯重

融入世界：中国与经济
全球化

李伯重

李伯重，1949年生，云南昆明人。厦门大学历史学博士，美国密执安大学博士后，北京大学人文讲席教授。曾任浙江省社会科学院历史研究所副所长，清华大学人文社会科学学院经济学研究所副所长，清华大学历史系主任，香港科技大学人文社科学院讲席教授。兼任法国国家社会科学高等研究院、英国伦敦政治经济学院经济史系、日本庆应义塾大学经济学部、美国哈佛大学东亚文明与语言系、美国密执安大学历史系、美国加州理工学院人文社会科学学部、美国加州大学历史系等校客座教授。

长期从事中国经济史方面的研究，在国内外出版专著十余部，以中、英文发表论文 80 余篇。主要著作有：《唐代江南农业的发展》《江南的早期工业化（1550—1850）》《发展与制约:明清江南生产力研究》《理论、方法、发展趋势：中国经济史研究新探》《多视角看历史：南宋后期至清代中期的江南经济》《火枪与账簿：早期经济全球化时代的中国与东亚世界》《新史观新视野新历史》等。曾获北京哲学社会科学优秀科研成果奖、中国高校人文社会科学研究优秀成果奖、郭沫若中国历史学奖、东亚（中日韩）"坡州图书奖"之著作奖、香港研究资助局"杰出学术奖"等。

2001 年 12 月中国正式加入世界贸易组织，"经济全球化"这个词汇开始进入更多国人的视野，引起了广泛的关注，也因此造成很多人的误解，认为全球化是最近几年的事。实际上，经济全球化是一个长期的历史过程，15 世纪末的地理大发现，拉开了经济全球化的序幕。地理大发现把当时世界各大洲和几个主要的经济地域逐渐连接起来，其中最重要的是西欧和东亚。经济全球化就是全世界形成一个统一的唯一市场的过程。这个过程初始阶段的主要表现，就是用贸易的手段把世界主要地区连接起来，形成一个稀疏的全球性市场网络。纵观明清以来中国经济的发展历程，我们不难发现，不管主观意愿如何，中国经济的发展都离不开世界。从这个角度重新审视中国历史，对于我们今天理解中国的现在与未来，将会有很大的帮助。

一、闭关自守：偏见还是事实

（一）经济全球化与闭关自守

19世纪德国的主要思想家都认为中国是一个封闭的社会，经济上封闭，文化上封闭，政治上封闭，认为中国就是一个全封闭的"木乃伊"式的社会。德国学者的这个说法，后来成为国际上对中国的主流看法，以至于进入我们的教科书。这些观念一直延续至今，成为一种"共识"：明清时期的中国是一个"闭关自守"的国家，直到鸦片战争被西方用武力打破了这种"闭关自守"，中国才被迫向世界开放。

对于这个观点，今天国内外的很多学者都提出过质疑。美国清史专家史景迁（Jonathan D. Spence）在《追寻现代中国》（*The Search for Modern China*）一书的序言里写道：从1600年以后，中国作为一个国家的命运，就和其他国家交织在一起了，不得不和其他国家一道去搜寻稀有的资源，交换货物，扩大知识。也就是说，从1600年以后，中国就是主观上想闭关自守，也无法做到。这是现在西方学界新的主流看法。因此，绝不是到了鸦片战争中国才向外开放。实际上，中国的对外开放从1600年之前就已经开始，具体证据之一就是新作物（特别是美洲作物）的引入与传播，以及疾病的传播。从许多我们日常接触到的东西来看，明清时期，中国和外部世界，特别是西方主导下的世界关系之密切，可能连我们自己都没有感觉到。

（二）新作物的传播

1. 玉米、番薯、马铃薯

玉米、番薯、马铃薯，是今天中国到处都有的作物。中国原来没有这些作物，它们原产于美洲。西方人到那里之后，发现了这些新的作物，把它们带到了亚洲，进入中国，并快速传播，在几十年或者一个世纪之内席卷全中国，变成以后20世纪穷乡僻壤无处不有的作物。我们没有意识到，这事实上就是全球化的一个表现。

2. 辣椒

中国古代并没有辣椒。古人所谓"辛"，是指姜、葱一类食物。我们现在吃的辣椒是古代墨西哥印第安人的食物。西班牙殖民者到了美洲之后，发现了辣椒，把它带到了欧洲。16世纪末，辣椒传入中国，名曰"番椒"，作为一种观赏的花卉被引进栽培，但尚未应用于饮食。清乾隆年间，辣椒开始作为一种蔬菜被中国人食用。

辣椒于19世纪传入四川，逐渐被四川人民接受，由此一发而不可收。因为辣椒是从海外传进来的，所以四川人到今天还叫它"海椒"。可见，没有开放，就没有海椒，也就没有今天的川菜。

3. 烟草

今天中国是世界上第一烟草生产和消费大国，全世界三分之一的烟民都在中国。烟草原产于美洲，传到中国后，传得非常快。最早的禁烟令由明思宗颁布，然而结果却是即使重罚禁栽，也断绝不了。"重法禁之不止，末年遂遍地种矣……男女老少，无不手一管，腰一囊。""宾主相见，以此为敬，俯仰涕唾，恶态毕具。初犹城市服之，已而沿及乡村；初犹男子服之，继而遍及闺阁。习俗移人，真有不知其然而然者。"明朝末年就已经如此，大家可以看到全球化的影响。

4. 鸦片

在近代，鸦片烟鬼曾经是西方人心目中的中国人的象征。鸦片不是美洲的作物，最早出现在今天的土耳其或者西亚、南欧一带，在唐代被阿拉伯人带到中国，成为观赏作物，后来成为药物。鸦片最早变成毒品是在印度，但印度人没有普遍吸食。英国人占领印度后，把鸦片带到中国，尔后鸦片在中国迅速地传播开来。世界上第一道禁止鸦片的法令也是在中国出现的，是清世宗制定的。

版画：英国东印度公司的鸦片烟仓库　　　　　　　　　吴雍 / 供图

雍正七年（1729）颁布了世界上第一道禁止鸦片法令。尽管严刑峻法，但还是
禁不掉。鸦片的传入和流行，也是 19 世纪和 20 世纪上半叶中国全球化的一个
侧面。

5. 疾病的传播

　　全球化开始之前，世界各个地方的疾病主要是地方病。但是全球化之后，
疾病的传播就非常快了。在过去几个世纪，世界各地流行一种性病——"梅毒"。
这个病来自西半球，地理大发现后被欧洲人带到全世界。梅毒是在和平环境下
通过商人传播的，因此也是全球化带来的一个结果。

　　所以，明清时期中国想要"闭关自守"是做不到的，中国根本就没有能力
做到"闭关自守"。明朝初年、清朝初年都有严厉的海外贸易禁令，但是为期不
长。特别是清朝，在康熙二十九年（1680）统一台湾之后就大开海禁，不再禁
止海外贸易。关于"闭关自守"政策本身，近年来，许多中外研究都表明：明
清两朝的确在一些时期内禁止海外贸易，但是主要是由于国防和军事的原因，
因此随着这个原因消除后，政策也就改变了。比如清初海禁，是为了封锁郑成

功抗清势力，康熙二十九年平台之后就大开海禁了，因此"闭关"的时间是非常有限的。明清政府的统治力量有限，即便有闭关政策，也没有办法长期有效地执行，何况连政策都是实行很短的时间，所以"闭关自守"不是事实，只是一个偏见。

二、大起伏：中国经济的历史变化

长期以来，我们都认为明清时期是封建社会末期的一个没落、停滞的社会，虽然有资本主义萌芽，但是也夭折了。总体来说，明清时期中国是衰落的，所以中国会在鸦片战争中输给外国，变成了半殖民地半封建社会。20 世纪 80 年代，有人对此提出不同看法，认为应该重新评价中国明清时期经济在世界上的地位。

1982 年，美国耶鲁大学政治学教授肯尼迪（Paul Kennedy）在《大国的兴衰》里写到，乾隆十五年（1750），英国工业革命即将开始，但中国还是世界上第一大工业国，中国的工业产值是法国的 8.2 倍，是英国的 17.3 倍。在道光十年（1830），英国工业革命接近结束的时候，中国的工业产值依然是英国的 3 倍，是法国的 5.7 倍。一直到第二次鸦片战争，英国的工业产值才刚刚赶上中国，而法国才是中国的 40%。因此从总产值来说，中国仍然是世界上第一工业国。

经济合作与发展组织首席经济学家麦迪森（Angus Maddison）在《中国经济的长期表现》一书中指出，1700 年，中国在世界经济中所占比重排名第三，到 1820 年跃居当时世界之首，占世界 GDP 的将近三分之一。这是单个国家在人类历史上占 GDP 份额最大的唯一例子。德国政治学家弗兰克（Andrew Gunder Frank）在其《白银资本》一书中说，1820 年中国经济在世界经济中所占比重远远超过今天美国在世界经济中的地位，中国是世界经济的中心。这些观点提出后，引起很大轰动。

从上述学者的研究可知，直到鸦片战争前不久，中国经济在绝对规模上，依然雄踞世界各大经济地区之首。中国经济不仅规模很大，而且在 18 世纪这一个世纪中，速度增加得很快。在近代早期世界上的六大经济体（中国、欧洲、俄国、美国、印度、日本）中，18 世纪中国经济成长速度快于俄国、日本和印度，而且比西欧还快。这是超乎我们的想象的，因为我们都相信 18 世纪欧洲出现工业革命之后，经济突飞猛进，中国经济则停滞不前。

由于中国 18 世纪经济的迅速发展，人均所得也十分可观。麦迪森认为，在 1700 年至 1820 年中国人均 GDP 为 600 美元（1990 年美元），达到世界平均水平。由于中国经济的地区差别很大，这个人均 600 美元的平均值掩盖了巨大的地区差异。在长江三角洲和珠江三角洲，人均 GDP 肯定远远高于 600 美元，而在西部大多数地区则大大低于 600 美元。

两位法国经济学家贝洛克（Bairoch）与列维－勒波义尔（Levy-Leboyer）的研究指出：1800 年世界"发达"地区的人均收入为 198 美元，所有"欠发达"地区的人均收入为 188 美元，而中国为 210 美元，英国和法国则在 150—200 美元之间。美籍华人历史学家何炳棣也指出，18 世纪中国生活水平呈上升之势，18 世纪中国农民收入不低于法国，而且高于德国和日本。1726 年中国有近 1% 的人口超过 70 岁，其中还有活到百岁的老人。在 18 世纪末，欧洲人的平均寿命才 38 岁，所以一个像中国那么大的国家有 1% 的人口能够活到 70 岁，在当时是非常了不起的。

但是自 1820 年以后，中国经济就一直在衰落。中国经济在世界经济中所占的份额，从 1820 年占世界比重的 1/3，到 1913 年清朝灭亡后两年，中国经济在世界 GDP 中的份额不到 10%，1952 年只到了 5%，而中国当时是世界第一人口大国。在 1820—1952 年间，中国人均 GDP 是负增长，年均下降 0.8%，而其他国家都在正增长，世界是每年增长 0.92%，即便是印度，增长很缓慢的，也有 0.10%。日本增长很快，欧美、俄国都很快。中国的人均 GDP，也从 1820 年的世界平均数，到 1913 年，降到了平均数的 1/3，1952 年降到不足 1/4。所以说，1949 年前的旧中国是一穷二白的国家，确实如此，中国人的平均收入还达不到全世界所有国家平均收入的 1/4。1949 年后，我国经济取得了重大进步，但相比其他国家，中国在世界经济中的比重还是很低的。1978 年，中国在世界 GDP

中的份额进一步下降到 5%，国民经济濒临崩溃。

1979 年改革开放以后，中国经济出现了前所未有的长期快速增长。美国美中经济委员会主席莫尔（Thomas Moore）在 2000 年时说：中国经济的发展让所有发展中国家嫉妒，中国 GDP 的翻倍速度超过英国、美国、日本、东亚四小龙和巴西。如果把中国的 30 个省，视为 30 个独立的经济体，世界上经济成长最快的 20 个经济体都在中国范围内。事实确实如此，世界上没有国家可与中国的经济增长率相提并论。

三、内外互动：中国经济变化与对外贸易之间的关系

明清以来，中国经济和外界的唯一关系就是通过贸易，因为中国从来都不是一个殖民国家，不是通过掠夺外国来增加自己国家的资源，而是通过和平贸易的手段，来促进自己国家的工业化。

贡德·弗兰克（Andrew Gunde Frank）说：1800 年以前，中国在世界市场上具有异乎寻常的巨大的和不断增长的生产能力、技术、生产效率、竞争力和出口能力，这是世界其他地区都望尘莫及的。

因此，中国成为世界第一出口大国是理所当然的。18 世纪中国的生产和出口在世界经济中居于领先地位，这与中国强大的经济与工业生产的能力是分不开的。而中国人对西方的产品，感兴趣的东西只有眼镜、钟表等。因此，中国能够向全世界有效地提供商品，中国和世界上的任何国家贸易都是顺差。

在 18 世纪，中国垄断了世界的瓷器市场。占中国瓷器出口总量 80% 的中低档瓷器销往亚洲，16% 的高档瓷器销往欧洲，但后者的价值占中国瓷器出口总值的 50%。欧洲也有瓷器制造业，但竞争不过中国。在丝绸方面，欧洲的法国、意大利等国，亚洲的日本、波斯、孟加拉等国，都是丝绸生产国家。但在世界市场上，中国的竞争力仍然强劲，中国丝织品还是没有对手。西班牙曾经想禁止中国的丝绸进口，但是殖民地的消费者抗议，最后西班牙当局只好放开，美洲的丝绸市场依然是中国垄断。法国也曾经下了很多禁令，保护本国的丝绸

水彩画：约 1840 年，广州"广发号"瓷器店　　　　　　　　　　文化传播 / 供图

产业，但是没有起到预想的效果。

　　在普通消费品如棉布方面，情况亦是如此。世界上最大的棉布输出国，曾经是印度，18 世纪后期变成中国。中国一方面输出棉布，一方面输入棉花。中国国产棉花不够，从印度进口，运到中国织成布之后，再卖到英国去。据英国经济史学家伊懋可（Mark Elvin）的研究，在英国阿克莱特发明出第一架水力纺纱机时，英国全国使用棉花的数量只是中国广东一个省从印度进口棉花的 1/6。到 19 世纪初期，英国工业革命已经进行了半个世纪，但印度棉花输入广东的和输入英国的数量差不多相等，英国棉纺织业的规模也不及广东，因为广东还有一些国产的棉花。在重工业品方面，中国也据有重要地位。19 世纪初期的广东是整个东亚最大的铁器生产地，它的铁器供应整个东亚，包括从日本一直到印度尼西亚，欧洲人在东亚也是要买广东的铁器。

　　明清时期，随着贸易规模越来越大，贸易管理机构也发生了重大的变化。明代外贸的规模比宋代大得多，从贸易量和贸易商品品种来说，宋代远远不能和明代相比。而比起清代，明代又相差甚远。明朝外贸基本还是沿袭宋代的制度，管理外贸的机构是市舶司。明朝在广东设立的怀远驿，就是现存最早的贸易管理机构。市舶司制度是一种很传统的管理方式，由于贸易发展迅速，这种制度已不能适应新情况。清乾隆二十二年（1757），清政府在广州设立公行，即政府指定特许的商人管理外贸。从专业化的角度来说，政府不再直接插手贸易，而是派一批有经验的商人管理，以适应更大规模的贸易。公行制度到后期肯定有问题，但是在早期，还是有它存在的合理性。

明代中国主要的贸易伙伴是东北亚的日本、朝鲜和东南亚，还有新来的葡萄牙、西班牙、荷兰等一些西方殖民者。其中，最重要的是日本和葡萄牙，而日本是最大的贸易对手。到了清朝，日本、朝鲜继续和中国进行贸易，中国和东南亚的贸易则远远超过了明代，其原因之一是大量的中国移民到了东南亚，开发那里的资源，以此和中国进行贸易。更重要的贸易伙伴是新来到东亚的西方强国如英国、美国、法国。这些国家的经济实力远超西班牙、葡萄牙、荷兰。19世纪，英国是当时世界上最发达的国家，也是中国最大的贸易伙伴。同时，在北方，俄罗斯成为中国重要的贸易对手。

在明代，中国和朝鲜之间的贸易主要是朝贡贸易，这个制度延续到清朝，其频繁程度超过明代。朝鲜贡使到北京来很大的一个目的就是做生意。按照明朝的规定，朝鲜的贡使是三年一次，但在清朝几乎是每年来一次，而且规模也越来越大。所以中国和朝鲜在明朝时政治、文化交流很多，但经济上的密切交流是在清代。

在明代，日本与中国的经济交往比朝鲜和中国的经济交往更多，中国是日本第一大贸易伙伴，中国输往日本的主要货物是制成品，而日本出口到中国的货物部分是制成品如刀剑等，另外有海产品和木材。中日贸易变得越来越大，1688年出现的唐人坊，成为日本最重要的贸易区。有学者估计，在清朝前期日本唯一开放的口岸长崎，大约有1/4的居民是中国人，也就是说，日本的进出口贸易控制在中国人手里。明治维新以后，日本商人兴起，情况才有所改变。

明代中国与北部邻邦之间贸易较少，虽与蒙古之间有一些政府控制下的贸易，但规模不大。到了清代，中国和俄罗斯的贸易迅速发展，越来越大。中俄

　　贸易中，中国主要是输出制成品，输入商品中最主要的是皮毛和人参。清朝把
俄罗斯人看作类似蒙古人那样的北方草原民族，所以给它一些贸易优惠。在恰
克图，贸易额由开始的 1 万卢布，18 世纪中期增长到 100 万卢布，到 19 世纪
初高达 1000 万卢布，中俄贸易增长之快，由此可见一斑。恰克图的很多商号，
都是山西农民企业家创办和经营的，他们进行的贸易不局限于边境，而是贯穿
了俄罗斯全境，从莫斯科一直到圣彼得堡，都有山西商人的足迹。这些商号把
中国货物带到俄罗斯销售的同时，也把俄罗斯的货物带回国内销售。山西省里
的"羌货庄"，便是销售俄罗斯货物的地方。

　　在清代，中国与日本、朝鲜、蒙古、俄罗斯等北部边境地区的贸易都发展
得很快，但最主要的还是海上贸易，特别是清朝正式开放的口岸广州，有不少
外商居住在位于指定的"十三行夷馆"。清朝规定这里不允许外国妇女居住，所
以外商的家眷都留在澳门。

　　在清代，广州的海外贸易发生了重大变化。18 世纪之前，与中国发生贸易
关系的西方国家如英国、法国、荷兰、瑞典等，没有一个国家能够占绝对优势。
但是到了 19 世纪末期，英国就成为中国最重要的贸易伙伴。清乾隆五十八年

马嘎尔尼随团画师威廉·亚历山大绘马嘎尔尼觐见乾隆帝的场景

William Alexander/ 供图

（1793），英国特使马嘎尔尼（George Macartney）率领一支 500 人组成的庞大使团，带着国王乔治三世的国书，来访问中国。马嘎尔尼是一位很有经验的外交官，曾任英国驻印度马德拉斯的总督。英国派他们来到中国，其中重要的一个目的是要与中国建立正式的外交关系，要中国开放港口与英国进行自由贸易，而不是采取公行形式进行贸易。这说明中英贸易已经发展成全世界最大的双边贸易之一。

19 世纪中期以后，中国与外部世界的关系发生大变化，英国发生了工业革命，成为世界上第一个完成了工业化的国家，也成为中国最主要的贸易对手。18 世纪初期，中英贸易额不过 50 万两左右，到了 18 世纪末，增加到 1000 万两以上，占中国在广州贸易额的 80% 左右，英国成为中国的第一贸易大国。英国派遣庞大使团访问中国，正说明两个国家互相都成为最重要的贸易对手，但是中英贸易对英国比对中国更加重要。英国大量进口中国的茶叶，单是茶税一项，每年达到 100 万英镑左右。在英国降低茶税以后，茶叶收入还占到英国财政收入的 10%，可见茶叶对英国经济的发展起了非常大的作用。

中国出口英国的货物以丝、布、茶叶、瓷器为主，而英国主要是卖印度棉花给中国。中国对印度棉花的需求量很大，然而印度的棉花生产是有限的，况且英国自己也需要，所以，英国不能通过进一步增加棉花出口来弥补进出口差额，只得使用白银来支付贸易逆差。

19 世纪中期之前的中外贸易中，中国享有巨大的贸易顺差，贸易对手不得不使用硬通货来支付贸易逆差。硬通货是白银。关于白银流入中国的数量，有各种不同的估计，总的来说，大约是世界白银总产量的一半，都跑到中国来了。这说明中国在国际贸易中处于非常强势的地位，所以外部财富的代表——硬通货——都流到中国来了。

我们可以看到，19 世纪初期以前中国经济的繁荣和外部世界关系很密切。但 19 世纪中期以后，中国外贸的衰落也和中国经济的衰落相一致，份额不断地下降。

1840 年以后，中国大门被西方打开，西方按理说可以"自由贸易"了，但

1842年6月，英舰进攻长江口吴淞炮台　　　　　　　　　　　　　　　　海峰／供图

中国在世界贸易中的份额却不断下降。鸦片战争之前，中国是世界上最大的贸易大国，清朝灭亡后的两年中国在世界贸易中的份额下降到了1.7%，到1952年是1.6%，1978年只有1%，是世界上排名第37位的国家。由此可见，中国经济的变化和对外贸易的变化有着密切关系。

1978年以后，中国经济发生了天翻地覆的变化。在1979年改革开放以前，中国是世界上120个国家中最不开放的国家，到1990年初期中国经济已经是世界第二，开放速度是第一。从1980年到2010年中国经济增长率10%左右，出口增长率15%，中国在世界贸易中的份额，从排名第37，到2006年位居世界第三，2009年以后，跃居世界第一，一直保持到今天。今天，中国出口超过巴西、印度、俄罗斯出口贸易额的总和，等于日本、韩国和中国台湾出口贸易额的总和。目前，中国的出口贸易势不可当，是世界上最大的出口国，这和18世纪的中国很像，和18世纪的中国还有一个相同的现象，即中国不仅是第一出口大国，而且一直是出超国。据美国的统计，中国在2000年超过日本，成为对美国造成贸易逆差第一大国。

2010 年，中国成为世界货物贸易第一出口大国和第二进口大国。图为 2011 年 9 月 2 日繁忙的青岛前湾港集装箱码头
俞方平 / 摄

由上可见，过去 500 年中国经济的变化，和中国外贸的变化，是彼此密切相关的，或者是相辅相成的。

四、扬长避短：中国的优势和劣势

为什么中国经济的发展变化与对外贸易有如此密切的关系？要回答这个问题，首先需要了解中国经济资源的特点。通常认为，我国人口众多，地大物博。实际上，对于现代经济而言，中国确实人口众多，但是地大物不博。对此，我们必须有清醒的认识。

（一）中国的资源优势

中国的自然资源，维持一个农业社会还可以，但要发展现代工业经济，是远远不够的。从最重要的矿产资源的世界分布来看，除了煤之外，我们的矿产资源并不丰富。然而，中国却有一种比其他国家更加优越的资源——人力资源。

现代经济所需要的人力资源有三大特征，即工作勤奋、重视教育、具有商业精神。相关研究表明，英国之所以能在18、19世纪欧洲诸国竞争中脱颖而出，就是因为英国的人力资源具备这三大特点，这是资本主义成功的关键。而中国的人力资源就具备了这三大特点。

中国人民在明清时期就已经造就了吃苦精神、重视教育以及商业才能，所以中国的劳动力成为一种重要的商品：苦力。中国自然资源不足，但劳动力质量很高。在世界经济中要扬长避短，就要弥补资源劣势，发挥人力优势。主要的方法就是通过贸易，用人力来换取资源。也就是说，通过和平贸易的方式，把西方的资源送到中国来，然后把中国的制成品交换到西方。或者说，用西方的资源来换取中国的劳动力加工的产品。今天，我们可以看到过去的情况又开始重现。美国经济学家莫尔说，由于中国的劳动力质量很高，如果中国某种产品成本还高于别国的话，很快就能降低，价格降得比别人更低。中国在学会生产低级收入产品，迅速掌握低成本优势后，明天的高技术产品将具有低成本优势。这就是现在中国出口会势不可当的原因。这种情况不是今天才出现的，而是18、19世纪初期就已出现了。

所以，关于中国经济的变化和外部环境之间变化的关系，我们可以总结为一句话：世界离不开中国，中国也离不开世界。从我们中国自身的情况来看，中国更离不开世界，因为我们资源确实匮乏。如果不通过与外部世界的贸易改善我们的资源匮缺状况，我们的人口不仅不是优势，反而是劣势。任何一笔财富用14亿来除的话，都是微不足道的。

（二）18世纪中国繁荣的基础

清朝以前，中国中部地区的资源，如湖北、湖南等地，开发十分有限，东北则基本上没有开发，仅辽河流域有少数汉人移居，而西南地区开发也很有限。到了清朝，不仅西南以及东北地区大开发，中部地区也得到进一步开发，并在此基础上形成了统一的国内市场。这是18世纪中国繁荣的内部资源基础。外部资源基础与东亚贸易圈的形成有关。关于东亚贸易圈，日本经济史学家滨下武志认为有三个同心圈，第一个圈是中国的东部；第二是中国的内地；第三是中国的边缘，即蒙古，中国新疆、西藏，日本，东南亚。这三个圈的中心都在长江三角洲，苏州是中心点。整个东亚世界整合成为一个以长江下游为中心的经济圈，长江三角洲处于东亚经济圈的中心，可以享有最大的好处，所以长三角在鸦片战争以前是整个东亚最繁华的地区。

在这个贸易圈里，中国国内各地的资源都可以使用，海外的资源也可以利用，如日本的铜、美洲的银，对于促进维持中国金融系统的正常运转具有重要意义。东南亚的粮食、木材、棉花、香料、药材等，美国的皮毛，也对当时中国人的生活有相当意义。珠江三角洲之所以能够在18、19世纪变成中国第二大经济中心，在很大程度上依靠外部资源。珠江三角洲的大量土地都种桑树，本地生产的粮食经常不够吃。在18、19世纪，广东在很大程度上依靠从东南亚输入的粮食。珠三角纺织业的原料，更是严重依靠海外棉花。海外资源进入中国之后，也促进了中国资源的充分利用，当时中国的一些地区如长三角、珠三角、福建、江西景德镇等地，已经出现了我们今天所说的"外向型经济"。如果没有国际市场，中国这些最发达的产业和地区的经济就另当别论了。

（三）19世纪中国衰落的原因

19世纪中期以后到20世纪前半期，中国经济的大幅度衰落也和外部环境的急剧变化非常有关系。东亚市场原来的三个同心圆，使中国成为一个整合很好的东亚经济圈的中心，中国（特别是东部地区）能够享受各种好处。1840年鸦片战争以后，西方列强进入中国，打破了这个格局，破坏了中国的市场网络和原有的经济联系。它们在中国划分势力范围，掠夺中国的资源，而中国缺的是资源，富裕的是人力。西方列强把资源掠夺后，造成大量的人失业，中国的优势就变成劣势。中国逐渐沦为半殖民地半封建社会，中国在国际贸易中处于不利地位。

在20世纪前30年中，外国资本控制了中国最重要的、最稀缺的重工业资源，其中最主要的国家是日本。日本经济整个近代化的过程，同时也是对外掠夺的过程。日本国情与中国类似，一方面是资源贫乏，另一方面是丰富而高质量的人力资源。但是中国与日本不同之处在于，中国有很大的腹地，自身有相当的自然资源，而在日本国内，这样的资源条件并不存在。日本需要资源进行近代化，又竞争不过西方国家，所以就对中国大肆掠夺，使日本经济得到了发展，而中国经济受到重创。

鸦片战争开始后，中国失去关税的保护，使中国在全球化中处于最不利的地位。鸦片战争后，西方列强逼迫中国签订不平等条约，剥夺中国的关税自主权，规定中国的关税仅为 5%，是全世界最低关税。外国商品进入中国，只交 5% 的关税，然后再交 2.5% 的子口半税，就可以在全中国畅销无阻。而中国产品在国内，每到一个地方，都得交厘金和别的附加杂税。所以即使在中国国内市场，中国商品在与洋货的竞争中也处于不利地位，竞争不过外国商品。这就是外国列强用暴力迫使中国处于不平等的竞争地位，使中国在全球化的过程中处于最不利的地位。

西方列强不仅强制剥夺中国的关税保护，而且还通过高额关税来阻挡中国的产品输出。1840 年时，西方棉布还无法和中国棉布竞争，所以它用高额的关税来挡住中国棉布。为了保护工业革命最重要的部门纺织业，法国和英国在 1850 年签订优惠协定，大大降低了关税后，法国对英国的纺织品还要征收 15% 的关税。但是法国对中国的纺织品进口却征收 30% 的关税。美国对中国棉布征收的关税，是中国对美国征收关税的 25 倍。

最大的变化是第二次工业革命后，英国完成了机械化生产，再加上苏伊士运河的开通等，英国布匹的成本大大下降，运到中国后，就把中国传统的棉纺织业打垮了，造成数百万人失业，中国的劳动力就从优势完全变成劣势。清朝买办企业家郑观应在《盛世危言》一书中说，外国的东西进来，中国没有关税的保护，因此中国的传统工农业就完了。大量人员失业，衣食无着，加剧了中国内部的不稳定。鸦片战争以后中国内乱不断，动荡不安，再加上外部如日本发动战争破坏，经济越来越坏，而且在国际分工中总是处于最坏的地位。

1979 年之后，随着中国的改革开放，中国以和平的方式进入世界市场，外贸有了迅速的发展，极大地促进了经济的发展。特别是在加入 WTO 之后，我国的外贸和整个经济更是突飞猛进。加入 WTO 以来，中国经济表现卓越，延续了改革开放后的高增长势头，每年 GDP 增长百分点保持在两位数，增长率位居所有经济大国之首，GDP 从 2001 年的 11 万亿元人民币增至 2010 年的近40 万亿元人民币，年均增长超过 10%，快速成长为世界上第二大经济体。中国入世之后，外贸总额连续大幅度增长，并于 2013 年超越美国成为货物贸易第一大国，进出口总额比美国高出 2500 亿美元，中国的出口额已占到了全球出口的十分之一。同时，中国经济也为世界经济作出重大贡献。世界银行数据显示，2010 年中国经济增长率超过 10%，对世界经济增长的贡献率达到 25%，连续两年成为全球经济增长第一引擎。由此可见，加强和外部世界的联系，是中国保持经济发展和改革速度的最佳选择。

五、以史为鉴：解决今天问题的一个关键

中国改革开放 40 年取得巨大成就，但也出现了许多问题。同时，中国经济的外部环境也发生了很大变化。两者碰在一起，导致了一种较为严重的局面，被西方学者称为"成功的危机"（Crisis of Success）。要克服这种"危机"，唯一的办法是习近平总书记所指出的："必须以更大的政治勇气和智慧，不失时机深化重要领域改革，攻克体制机制上的顽瘴痼疾，突破利益固化的藩篱，进一步解放和发展社会生产力，进一步激发和凝聚社会创造力。"而在这方面，从历史中汲取经验教训是非常必要的。诺贝尔经济学奖得主诺斯（Douglas North）认为："历史总是重要的。它的重要性不仅仅在于我们可以向过去取经，而且还因为现在和未来是通过一个社会制度的连续性与过去连接起来。今天和明天的选择是由过去决定的。"所以，我们今天必须深化改革，必须坚持改革开放，就是由我们过去决定的。如果不进行改革开放，就没有中国的今天；如果不继续改革开放，中国的明天就很难说。中国历史可以为我们提供丰富的经验教训，鲁迅先生曾说："读史，就愈可以觉悟中国改革之不可缓了。"因此，多了解一些

历史，对我们大家都是有益的。正如习近平总书记所说的那样："历史是最好的老师，它忠实记录下每一个国家走过的足迹，也给每一个国家未来的发展提供启示。"

综上所述，在经济全球化的过程中，中国离不开世界，这是一个客观的事实。通过对客观事实的了解，我们可以修正过去对中国经济史上很多重大问题的看法。

（讲座时间　2018 年）

高　洪

日本文明

高　洪

　　高洪，1955年生，辽宁沈阳人。1993年
毕业于中国社会科学院研究生院世界宗教系，
获哲学博士学位。中国社会科学院日本研究
所研究员、博士生导师，中华日本学会常务副
会长，中国中日关系史学会常务理事，日本史
学会常务理事。国家社科基金国际学科评审
专家，享受国务院政府特殊津贴。

　　研究方向为日本政治及中日关系史。独

著、合著及参与编撰《日本当代佛教与政治》《日本政党制度论纲》《日本文明》《日本政府与政治》《日本近现代佛教史》《简明日本百科全书》等。

2018年以来，习近平主席在多个场合都讲到我们要树立平等、互鉴、对话、包容的文明观，以文明交流超越文明隔阂，以文明互鉴超越文明冲突，以文明共存超越文明优越。2019 年 5 月 15 日，在北京举办的亚洲文明对话大会，就是要思考亚洲文明在世界文明当中的地位，努力开创亚洲的新未来，为构建人类命运共同体作贡献。我们今天把目光投向邻国日本，解读日本文明生成、发展，以及在亚洲文明中的存在方式。

从文明研究意义上讲，日本文明既是亚洲文明的组成部分，也是一个比较特殊的存在。古代日本文明是在中华文明的哺育下成长起来的，混合着日本列岛上的原生态，杂糅原始文化要素后成为一个混合的产物。明治维新以后，日本开始接受西方的文明，本质上是夹在东西方之间的。整个精神生活也交错在脱亚入欧、重返亚洲的冲突当中。今天思考日本文明，一般是两种理解。一种认为它属于"模仿文明"，从古代不遗余力地学习隋唐文化、汲取大陆文明，到近代以后全面引进西方制度、跻身列强行列。另一种则认为其本质上属于"自身生成文明"，毕竟岛国在接受大陆文明之前已存在原生文明。即便是近代以后，西化狂飙过后，日本仍然保留了很多东方文化的传统，甚至是第二次世界大战以后，美军实施占领，仍然没能把日本真正改造成一个完整意义的西方国家，这种说法也有一定的道理。所以说，你既可以说它是一种模仿文明，同时它自身的、原生的性质也是很突出的。

一、日本文明溯源

日本文明就是日本列岛上生活的人群在历史长河当中不断学习、创造、传承、延续的物质文明和精神文明成果的总和。但是需要注意的是，日本列岛与日本列岛上的人群，都是经过流变迁移的。尽管我们说日本 37 万平方公里国土，一亿两千万左右的人口，四个大岛，3800 多个小岛，但是日本文明，从远古时期的日本和远古时期的日本人到现在，都是处在变化过程中的。

（一）地理构造变迁与三大人口来源

过去研究日本文明起源，主要是靠考古发掘，还有星星点点的史料来推论。比方说今天的日本岛上是没有大象的，但是列岛上有猛犸象的化石。猛犸象是陆生动物，它远距离渡海是渡不过去的。由此推论出，日本列岛地理上曾经有一个时期并不是列岛，而是一个半岛，和亚洲大陆在某个地方相连的。

借助科技进步，远古研究有了更多的证据和可信的成果。现在可以比较有把握地说，末次冰期的日本列岛地貌和今天是非常不一样的。当时的海平面比现在要低，所以直到两万年前，末次冰期结束，列岛北部就是今天日本列岛所谓北海道，也就是择捉、国后、齿舞、色丹这四个大岛加上一些小岛，当时都不是岛，都是和东西伯利亚陆地相连的。列岛的南

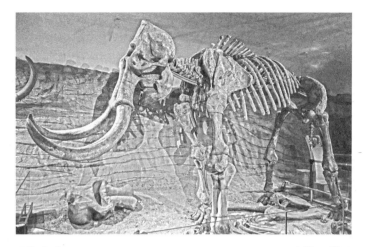

猛犸象化石　　　　　　　　　　　　　　刘朔 / 供图

端很可能与朝鲜半岛接壤为一体，因为我们知道东海还是比较浅的，所以海平面低的时候，几乎和朝鲜半岛也能连上，或者是即使没连上，大型的陆生动物有比较弱的游泳能力的时候也是能以"跳岛方式"游过去的，就像现在航海史上有对景航行一样。所以有可能会有亚洲大陆的人群从不同方向来到今天的日本列岛。

不过，今天的日本政府不愿意承认日本曾经有过大量的人口变迁，因为它的保守派宁愿推崇那个远古神话，说大和民族是天降子孙，是单一民族，甚至有点像希特勒那种观点：我们是高于其他劣等民族的优秀民族，我们大和人是单一人种等等。当然，反对这个声音的进步政治家也是有的。事实上，这种大和单一民族的自我标榜，随着科技进步逐渐在被推翻，因为基因测序提供了新的证据，说明自古以来日本列岛上其实出现过三种外来人口的较大规模迁入。

第一批是在大约35000年前，生活在东南亚的人群，经过今天的冲绳（古代的琉球），来到日本列岛上。这些人创造了日本今天在文化研究意义上的绳文文化。绳文人实际上是从南边过来的，也就是马来人。或者粗略地讲，这些人也是日本人、马来人、菲律宾人的共同祖先。如果你去过日本的冲绳，就会发现冲绳人和普通的日本人长相是不太一样的。个子不太高，脑袋比较大，大眼睛，和日本人非常不一样的就是体毛特别重，有点像欧洲人，很多成年男子带

日本北海道土著阿伊努人
文仕博档馆 / 供图

着浓密的体毛。而今天的大和人实际上是从亚洲大陆过去的蒙古利亚人种，一看就能看出来。当然，早期来自东南亚的后裔已经是相对少数，但毕竟是第一批过去的所谓原生日本人。

第二批就是截止到 15000 年前，从西伯利亚南下的，现在叫作阿伊努人，估计是在大陆桥消失之前陆续来到今天的北海道和本州北部的，也可以说是日本人和东西伯利亚人的共同祖先。阿伊努人的长相和典型的亚洲人也不太一样，当然和欧洲人也不完全一样。一些老妇人多少还是有蒙古人种的长相，但是，男人的眼窝则很深，胡须都特别重，和今天的亚洲人也不完全一样。总之这个民族在日本独具特征，从长相还是可以辨识出来的。

第三批是大约 15000 年到 2500 年前陆续从朝鲜半岛来到日本的大和人，可以说是中国北方民族、朝鲜人、日本人的共同祖先。后来掌握先进技术与文明的大和人在很大程度上同化和消灭了作为原住民的前两者，日本人种分布才成为今天的样子。

（二）万物有灵的原始神道及其演变

同世界上很多地方一样，原始社会中的日本普遍存在着对自然界的精灵崇拜和对祖灵的崇拜。作为一种类似"萨满教"的泛宗教文化现象，可以视为大和民族的祖先在尚无文字的蛮荒时代创造出的原生宗教。其中对后世神道影响最大的是山岳信仰等万物有灵信仰。日本列岛上活跃的火山、频发的地震以及茂密的山林更给巍峨的山岳平添了一层神秘的色彩，成为人们顶礼膜拜的对象。同时，山岳自古以来就被茂盛的林木所覆盖，作为山岳崇拜场所的胜地"磐境"往往就在森林之中。《万叶集》里将"神社"训读为"森"（Maoli），也说明神道祭祀的起点之一是山林。此外，还存在对日月、动物、植物的崇拜以及与之相关的图腾崇拜。在《古事记》《日本书纪》《风土记》《古语拾遗》等文献里，有大量的神话传说涉及太阳。尽管对太阳这种给万物带来光明和生机的主宰力量的膜拜并非日本民族独擅，但日本的"太阳崇拜"后来演化为对"天照大神"的景仰。日本民族的固有信仰自大和朝廷统一为神道以后，经历奈良、平安时期和中世纪武家统治时期，分别繁衍出依附佛教不同宗派的"两部神道"和"山王神道"，以及主张神主佛从的"伊势神道"和以神道为中心结合儒学、佛教的"唯一神道"。

伊势神宫

　　伊势神宫是日本的三大神宫之一。伊势在日本的中部，名古屋三重县有个城市叫伊势，伊势市有个很有名的神社。伊势神宫据说是天照大神下凡的地方，就下到伊势川桥下边的河里。伊势神宫旁边的森林有上千年的大树，边上围着杖子实际是包裹着的树。一棵棵的松树、柏树，都被神道教视为灵境的神物。

　　一般来讲，神社的第一道门是一个"开"字形的高大架子，叫"鸟居"，按照神道理解，它是进入圣境的第一道槛。日本的庙、神社和中国的不一样，它非常崇尚原生的、古朴的感觉。为了文物保护也是要刷漆的，刷透明的漆。尽可能让它显得很古朴，很有历史的感觉。但是伊势神宫有一个特殊的地方，主殿非常新，因为当时的古神道里边有一个规则，神宫每 20 年就会在 0.5 公里的地方重建一次，一千多年来一直延续至今。这是伊势神宫特殊的"迁宫仪式"，要不断地来回迁宫延续神脉，也顺便向信众收取自愿奉献的财物。

后来大和朝廷统一以后，历经奈良、平安时代，一直到武家统治时期，繁衍出了很多个流派。虽然神道原始信仰早于佛教传入，但是佛教传入以后很快就占据正统意识形态的上层建筑的主导部分。然后神道在很长一段时间内是依附于佛教的，是守护佛教寺院用的。后来又逐渐脱离出来，然后有了两部神道、山王一实神道等等。

进入江户时代以后，由于儒学备受统治阶级推崇，"度会神道""理学神道""理当心地神道""垂加神道"等融合大量儒家思想的神道教派如雨后春笋般地发展起来。在近代历史上，明治政府一方面着力向国民灌输日本的神道、神国观念，一方面用行政手段人为地将神道抬高到国教地位，借此为新政权寻找宗教意义上的合法性。

今天，普通中国人印象最深的大概是供奉着战争罪犯牌位的靖国神社。不过，它其实在日本的将近 20 万个神社当中，是一个非常特殊的存在。普通的日本神社，实际上就是它那个教派的祭祀场所，没有什么特别的。而靖国神社和普通的日本神社是不一样的，它完全是日本在近代历史上走向军国主义疯狂扩张的一个精神场所。因为按照神道的概念，山川草木，更不用说人了，都是祭祀崇拜的对象。那么，如果是祭祀战争亡灵，一般神社或者古神道是要求祭祀双方的战死者，因为怨灵是需要慰灵的。

靖国神社在明治维新以后，是早期的国内评判的一个官军亡灵的祭祀场所，叫东京招魂社。这个东京招魂社随着日本越来越法西斯化，后来就改称靖国神社，成为"镇护国家英灵"的供奉场所。

显然，这个被军国主义抬高的所谓国家神道和靖国神社都是为今天的和平宪法精神所不容的。第二次世界大战结束以后，盟军最高司令官总司令部（GHQ）发的很多指令里边，其中一号令就是美国战后对日政策一号公告，明令为了铲除滋生法西斯主义的温床，必须杜绝军国主义和超国家主义的意识形态，禁止传播流布，让国家神道随之瓦解。还有一点需要说明的是，日本并没有一个教派叫国家神道，前述神道教派都是普通的神道教派，但是走上法西斯军国主义道路以后，军国主义帝国刻意人为地把神道抬高，用靖国神社这套体系造了一个国家的神道，没有这个教派但是有这个名称，可见这个东西完全是为侵略战争服务的。所以第二次世界大战结束以后盟军总部在精神上铲除军国主义土壤的时候，就特别强调了必须把它搞掉。

当时靖国神社采取了一个非常狡猾的方式，它说我们不作为国家神道，不作为国家祭祀场所，我们归入普通的神道本厅，借此逃脱了惩戒，一直保存到现在。但需要注意的是，今天的靖国神社和普通的日本神社仍然不是同一个概念。

简言之，神道自古就有，历史上曾经低于佛教，近代以后被政府人为地抬高，出现了国家神道，成为法西斯的精神支柱。到了战后，一般的神道归神社本厅，就是古代的信仰体系。日本人生出来就是神社的，得挂个名登记，就是神道信仰者。

所以今天日本神道分为神社本厅、神社神道和教派神道三个大的体系，有大小神社，还有祭祀场所 18 万个，信徒号称是 11000 多万人，位居各个宗教之首。

二、大陆文明传入与全面引入西方文明

（一）佛教传入与发展

佛教是在公元 6 世纪传到日本的。原始佛教是古印度（今尼泊尔）迦毗罗卫国的释迦牟尼创立的一个宗派，后来在印度衰落了，然后南传到东南亚，北传到中国。后来从中国传到朝鲜半岛，从朝鲜半岛传到日本。中国还有一支佛教，是反过来往回走传到西藏的，这就是现在的喇嘛教黄教，是和西藏当时的苯教融合到一起的。

公元 6 世纪佛教作为大陆文明的载体，经过朝鲜半岛传入日本。佛教是在什么时候传到日本的呢？主要有两个说法，一个是日本钦明天皇十三年，也就

是公元 552 年，这个算"公传"，即官方路径传过去的。还有一个是日本继体天皇十六年，这个是 522 年，民间传的，这个算"私传"。公传和私传中间差了 30 年，所以对史家，无论是研究历史还是作为宗教史、佛教史研究，就有一个问题：到底什么时候传过去的呢？

先说公传说。公传说有多个文本记录，比如说《日本书纪》卷十九里边说，佛教最初传到日本是在钦明天皇十三年冬十月，百济圣明王遣西部姬氏，献释迦佛金铜像一躯、幡盖若干、经论若干卷，这个写得很清楚。而且相同的内容还可以在《上宫圣德》《法王帝说》《元兴寺伽蓝缘起》等好多史料里边找到。

在公传之外的私传也有记录，私传在《法华验记》中有记载。《法华验记》这本书现在找不到了，但是《扶桑略记》中引用了《法华验记》的内容。书中说，比官方早几十年就有佛教传到日本，具体讲是继体天皇十六年，也就是 522 年，有中国移民将佛像带入日本，自行礼拜活动。

当然，在神道、佛教之外，日本也有西方宗教，但传入时间上晚得多。众所周知，日本江户时代德川幕府也是锁国的。日本在长崎留了一个口岸，对于西方人只允许荷兰人到这里做生意。因为当时基督教传到日本以后，挑战了世俗权威，所以将军就开始残酷地镇压基督教。当时将军幕府想出一个辙，叫"踏绘"。他把圣母玛丽亚抱着婴儿的像，做成一个铸铁板放在地面上，告诉所有老百姓从上面踩过去，踩过去的都没事，没踩过去的全部抓起来。男人直接割掉五官，拿古代那种扎枪，从肋条上穿过去。女人是拿稻草捆到一起浇上油，点着了，让她们自己往河里跳，非常残酷的禁教。

残酷禁绝西方宗教的结果引发了当地居民的反抗，就有了名为"岛原天朝起义"的武装反抗。起义者当时占领了岛原城，奋力抵抗幕府军的进攻。荷兰人本来也是信洋教的，但荷兰人非常精明，说他们信仰的是新教，它和旧教不一样，并且愿意帮助幕府镇压天主教徒。所以后来实行锁国政策的江户幕府赶走了信奉基督教的所有外国人，唯独留下了荷兰人做生意。当时荷兰东印度公司到东南亚、到日本、到中国东南沿海绕着圈做生意，江户幕府在出岛上给荷兰人留了一块地方建立荷兰商馆，在幕府派驻的长崎奉行监控下，通过岛与陆地相连的栈桥做限量生意，以便获取日本需要的海外商品、技术，以及重要情报信息。但是中国人当时是可以在长崎登岸的。现在有一个遗址叫"长崎唐人屋敷"，"唐人"指的就是中国人。当时中国人把自己的信仰，清朝以前历史上的全部信仰给带过去了，包括妈祖信仰。从这个反推佛教最早传入日本的方式，私传可能性相对更大，毕竟当时有了好多民间交流，肯定能把中国的礼拜活动、佛教信仰带过去。

事实上，佛教传到日本后曾在上层社会中引起剧烈振荡。因为当时氏族社会已经有了原生宗教的崇拜体系，宫廷也是供奉神的。所以佛教来了，到底该信谁，就成为一个高度敏感的政治问题，并因此引发了很多与"皈依"相关的冲突。冲突中就形成了反对异域神的"排佛派"和支持佛教传入的"崇佛派"。崇佛派主要是管外交事务和移民部落的，就是接触大陆文明的这些官员，以大伴氏和苏我氏两大家族为代表，认为中国先进，所以就主张更多地了解中国大陆文化，主张接受佛教。相反，以中臣氏和物部氏为代表的"排佛派"这些人，是管原来宫中祭祀和执掌军事内政的，他们就是要坚持拜天地社稷八百神。两

日本奈良唐招提寺   张奋泉 / 供图

边贵族斗得很厉害，开始是排佛一派势力大，说服天皇，把佛教轰出去，把佛像砸了扔河里等等。但是当时中国大陆文明很先进，先进生产力有巨大的后劲，很快一点一点就占据主导。到了公元 593 年日本圣德太子执政的时候，就正式定了日本上层社会接受佛教，主要是为了接受中国大陆的文明。

到了 7 世纪中叶，也就是 645 年大化革新的时候，正式确立了佛教在宫廷贵族中的地位，当时中国的各个佛教宗派，几乎都传到了日本。不过，日本佛教和中国佛教不大一样，虽然同样是北传佛教，用汉文经典，中国佛教在经过朝鲜半岛，传到日本以后仍然有一个再度世俗化的过程。所以日本和尚和中国和尚不太一样。首先日本和尚大部分都是娶妻生子的，和尚好多是职业化的。

到了日本武家政治时代，12 世纪末，也就是 1192 年，源赖朝建立镰仓幕府以后，一直到明治维新，中间很长一大段历史时期是武家执掌政权。佛教在日本到了武家时代，又生成了中国没有的好多佛教新宗派。例如，今天在日本社会上比较有名的净土宗、净土真宗、时宗、日莲宗，都是日本人自己造出来的宗派。中国佛教从"三武一宗"灭佛事件以后，佛教就不分宗派了，净土宗思想和禅宗思想糅到一起了，禅净合一的佛教。然而，日本佛教至今还是分宗派，宗派下面又有好多自创的宗派，也是非常繁盛的。

日本现在有一个非常大的新兴宗教团体叫创价学会，创价学会跟中国关系不错，1972 年中日邦交正常化的时候，时任名誉会长池田大作发挥过很大作用，而且周总理亲自将创价学会定义为"对华友好宗教文化团体"，它和中国的交往主要是在文化方面，我们不允许它在中国大陆传教。这个创价学会其实就是日本佛教系统的日莲宗的支派，日莲正宗外挂的一个新兴宗教团体，号称有 800 万户信仰者，是比较大的一股势力。现在公明党和自民党联合执政，就是因为公明党的背景就是创价学会。这个创价学会就是日本近现代社会中吸收了佛教的思想体系和传播脉络的一个较为成功的案例。

（二）汉字儒学在日本的传播

中国文化在日本传播肯定离不开载体，首先是汉字，但是汉字传入日本的时间仍然是不可考的。但《三国志·魏志·倭人传》中已经出现了邪马台国女王卑弥呼向魏明帝上表致谢的记述。由此可以推知，早在 2000 多年前，从大陆渡海来到列岛的人们已经将汉字文明带到日本。日本古代史传说是王仁在 5 世纪初把《论语》和《千字文》从朝鲜半岛的百济国带到日本，献给了日本皇子，并且开始教皇子学习汉字，几乎同一时期也留有汉字铭文的器物证据。

现在保存在日本奈良县石上神宫的百济七支刀，是一把剑，带叉的，估计是个礼器。上边有很多汉字。

不仅如此，日本还通过汉字文化吸收中国的思想

日本奈良县天理市石上神宫的百济七支刀

文化、典章制度、学术成果。汉字传入日本的另一个文化产品，是催生出独创的"假名"。

虽然日本上层社会接触汉字较早，但列岛上毕竟早已存在原生的语言，在使用汉字写作各类公文的过程中，由于日语结构和汉语结构不同，加之有些日语的固有名词，汉语也难以完全表达其意义，因而只好用汉字来表音。久而久之，"假名"的标音方式应运而生。

（三）明治维新前后吸纳西方文明

明治维新后，政府发布《五条誓文》，大力引进西方先进的技术和人才，直接吸收了两次工业革命的成果，推动了日本的工业革命，促进了资本主义经济的迅速发展。

政治上"废藩置县"，加强中央集权，颁布宪法，走向近代资本主义国家。经济上"殖产兴业"，发展近代工业，承认土地私有，允许土地买卖，引进西方先进科技。思想上打破了传统的身份等级制度，在政府"求知识于世界"的

明治维新后的日本城市街景（模型）　　　　　　　　　　　张奋泉 / 供图

开放政策下，掀起了传播启蒙思想的热潮。同时，日本是亚洲第一个接受了西方先进制度走向近代国家的范例，有了制宪会议，有了宪法。尽管《明治宪法》今天看来还是相当落后和极端的，至高无上的天皇制导致了后来的军国主义，但是毕竟相比于封建制度还是向前走了，所以还是有值得肯定的一面的。文化上不断地推动新文化、新教育体系的发展；派遣留学生到欧美国家学习，效仿西方建立从小学到大学完整的学校教育体系，向学生灌输忠君爱国思想。军事上改革封建军制，建立近代化军队。同时对日本军人进行武士道精神灌输，打造绝对效忠天皇的军队，以确立天皇的绝对主义地位，其结果是保留了大量的封建残余，最终走上了一条对外殖民扩张的道路，成为亚洲和世界的敌人。

　　总之，明治维新给日本社会带来非常大的冲击，但是明治维新的不彻底性，也使日本社会保留了浓重的封建专制色彩。最后在帝国主义列强争霸的过程中，日本作为一个后发后起的列强国家，就展示出了非常凶残和对外侵略扩张的一面。这是对日本在古代学习中国大陆文明，近代学习西方文明过程中，日本文明的两次混合了外来成分走到今天的一个粗线条的梳理。

三、日本文明特色举要

（一）独具日本特色的"道器观"

日本人对"道"与"器"的理解明显有别于中国。毋宁说，在日本人的"道器观"中包含着大量日本民族思想方法酿就的精神产品。简单地讲，在中国文化中所谓的"道"是超言绝象而不可言说的宇宙万物的根本规律或终极存在。通行的观念认为"形而上者谓之道，形而下者谓之器"，对于形而上的道几乎是常人不可轻易达到的境界。然而，日本文化认为，生产活动中的各种具体的技法，一经进入炉火纯青的境地，便可以升华为精神层面的东西，进而认为达到某种"道"的境界。因此，古代日本从中国引进了各种艺术和艺能，这些艺术和艺能在长期的演进中，受到了日本本土的风俗习惯的影响，也就衍生出形形色色的"某某道"。譬如中国称之为"书法"，日本则叫"书道"；中国称之为"茶艺"，日本则叫作"茶道"；中国称之为"剑术"，日本则叫"剑道"，进而中国的"武术"，在日本则被称为"武士道"……凡此种种，不一而足。仅以日本艺道为例，就有画道、香道、音曲道、陶艺道、狂言道、歌舞伎道、俳谐道等，其中真正有代表性的却是书道、歌道、连歌道、能乐道、花道、茶道，又被称为"六艺道"，即六种最受推崇的艺道。较之中国人对"道"的至高无上的理解，日本人对"道"的宽松理解与泛化，终于使"道"到了泛滥成灾的程度。

（二）暧昧的语言与褒贬不一的"耻文化"

美国早年驻日大使、《日本人》一书作者赖肖尔曾说过："日语是魔鬼的语言。"据说，暧昧的表达方式与封建制度下，尤其是武家等级制度下的纵向结构很适应。今天，人们观察岛国文化中的很多思想方法，以及种种文化的语码载体，暧昧的确是日本文明内在的特征之一。此外，日本武家封建社会培养出的特殊的社会意识中，有一种"惜名知耻"的道德规范。作为日本特有的武士阶层的消亡，并不意味着武士文化的彻底消亡。武士道的精神依然延续在当今社会的某个难以察觉的深处。诚如新渡户稻造在《武士道》里所言："即使是具有最先进思想的日本人，如果在他的皮肤上划上一道伤痕的话，伤痕下就会出现一个武士的影子。"今天，仍有许多人以自杀来逃避失败，避免给家人丢脸或蒙受财产损失。战后，美国人类学家鲁思·本尼迪克特的《菊与刀》里首次提出了"罪感文化"和"耻感文化"的概念，来区分西方文化与日本文化。《菊与刀》被翻译成日文。她对情分的分析给日本学者、知识分子以很大的冲击。日本人很有"耻感"，与法律、制度等刚性限制作用不同，"可耻"或"耻辱""羞耻"在日本民族文化中的确发挥着主要的道德作用。不过，日本文明的特点之一是民族文化中的很多标准的适用范围仅限于民族之内，即便迫于国际公理和外交需要进行"道歉"也常常是轻描淡写，以至于温文尔雅的周恩来总理对田中角荣把侵略战争中"日本给中国添了麻烦"这一轻描淡写的说法大为光火。日本政治家才察觉出不可用自己的尺度去度量国际事务，应有足够的勇气承认自己不光彩的历史，并在取得受害者宽恕的前提下把历史的一页翻过去。可惜，以"耻文化"为特征之一的日本偏偏就在这样的重大原则问题上走不出缠绕自己的怪圈，并不断为此付出高昂的政治成本。

结语

时至今日，日本的文明仍同时具有东方传统内涵与某些西方色彩。例如，日本实行议会内阁制，但按照宪法："天皇是日本国的象征，是日本国民整体的象征，其地位以主权所在的全体日本国民的意志为依据。"日本文明与世界上的一切文明一样，既有其特色与优点，也带有糟粕和局限。今天，我们面对百年未有之大变局，需要新理念、新文明，需要深入思考整个东方文明在推动世界和平、合作、发展方面的积极价值，并在此意义上求同存异，以历史的眼光和前瞻的视野去构建人类命运共同体。这就是学习、了解日本文明的价值和意义所在。

（讲座时间　2019 年）

黄　洋

古代希腊城邦文明

黄　洋

黄洋，1965 年生。英国伦敦大学古典学博士，复旦大学历史学系系主任、教授，中国世界古代中世纪史研究会古代史专业委员会理事长。2007—2008 年，美国哈佛大学富布莱特访问学者。2009—2012 年，任北京大学历史学系教授。2013 年，入选教育部"长江学者"特聘教授。2013—2014 年，任美国哈佛大学希腊研究中心研究员。2017 年，任法国巴黎高级研究所研究员。

主要研究领域为古希腊史。著有《古代希腊土地制度研究》《古代希腊政治与社会初探》《希腊史研究入门》等。

希腊历史悠久，同样可以位列文明古国。我们通常所说的四大文明古国不包括希腊，但我个人觉得，文明古国不能是一个排他性的俱乐部，我们应该以一种更加开放的心态来对待。人类早期文明从世界多个地区兴起。除了两河流域、尼罗河流域、印度河流域和黄河流域以外，人类早期文明还在希腊和中美洲兴起。尽管中美洲文明出现的时间较晚，但也是独立兴起并自成一体的文明体系。因此，在我看来，希腊和中美洲的墨西哥等国也可列入文明古国。此外，像波斯文明传统深厚的伊朗、希伯来文明的发源地以色列，其实都具有悠久的文明传统，它们也应该被列入文明古国之中。

希腊从文明的兴起到发展成为现代国家，主要经历了以下几个阶段：

公元前 3000 年到公元前 1200 年是希腊文明兴起的阶段，考古学界和历史学界称其为希腊的"青铜时代"。具体而言，从公元前 2000 年左右希腊进入文明阶段，学术界把早期希腊文明称为"爱琴文明"。

公元前 1200 年左右，特洛伊战争爆发。战争之后，希腊文明衰落，出现了所谓的"黑暗时期"。

公元前 800 年左右，希腊城邦文明兴起，从公元前 800 年到公元前 338 年，这 400 多年的时间也是古代希腊文明最辉煌的时期。这个时期恰好与中国的春秋战国时代相对应，如果从更广阔的视野来看，这一时期古代希腊、中国、印度、以色列和波斯均出现了思想的创新，建立起各具特色、同时影响后世两千多年的思想和精神体系，因此而构成了所谓的"轴心时代"。

到公元前 338 年，马其顿国王腓力浦二世率领军队征服了希腊，紧接着其

描绘特洛伊人拖着木马进城情景的绘画　　　　　　　　　　　　　　文化传播 / 供图

子亚历山大大帝东征，并建立起一个庞大的帝国，帝国包括现在的埃及、西亚一直到印度西北部以及巴基斯坦、阿富汗一带，希腊的文化也随之被带到西亚和埃及的广大地区，因此这一时期被称为希腊化时代，也就是说，希腊文化在那些区域植根下来。

亚历山大死后，帝国一分为三并逐渐被罗马人兼并，到公元前30年，希腊化世界全部并入罗马帝国统治之下。其实早在公元前146年，罗马就已经征服了希腊本土，也就是现在的巴尔干半岛南部，因此从公元前146年到公元395年，希腊处于罗马帝国统治阶段。

公元395年，罗马帝国分裂成西罗马帝国和东罗马帝国，从395年到1453年，希腊成为东罗马帝国也就是拜占庭帝国的腹地。到1453年，奥斯曼土耳其帝国，也就是现在土耳其的前身，兼并了拜占庭，相应地，希腊也就进入奥斯曼土耳其帝国的统治时期。直到1821年，希腊人发动独立战争，标志着现代希腊国家的开端，自此才有了现代希腊国家。

以上是整个希腊地区发展的历史轨迹。本文以城邦文明为重点，对古希腊文明的总体面貌和重要特征作一个粗略的介绍。

一、希腊城邦文明的兴起

公元前3000年后，希腊地区开始出现史前文化。希腊最早的史前文化是从爱琴海的库克拉底群岛上兴起的，考古学家发现了大量遗迹和文物，包括极具现代感的抽象的女性大理石雕塑、陶制器皿和黄金饰品。在这之中，有一

竖琴演奏家雕塑

些雕塑非常重要，比如竖琴演奏家。希腊主要的传统乐器是竖琴，在公元前 2500 年到公元前 2300 年就已经出现。

到公元前 2000 年前后，即与我国夏王朝兴起的同时，克里特岛率先进入文明阶段，出现了一系列大型宫殿中心，其中以克诺索斯为代表。克诺索斯王宫遗址有大小 1300 多个房间，是在 1900 年到 1905 年由牛津大学的学者埃文斯主持发掘的。他认为这一复杂、大型的宫殿遗址与希腊传说中关于米诺斯迷宫的描述相吻合，因此，他将克里特岛的文明称为米诺斯文明。

而克里特岛一共有七八个这样的宫殿中心，说明当时克里特岛分成若干个王国。克里特文明也出现了使用文字的证据，但这些文字至今仍无法识读。

在特拉岛发掘的壁画

在特拉岛（Thera，今称圣托里尼岛）上，曾有一座米诺斯文明的小镇，在公元前 1627 年火山爆发时被淹没，后来考古学家从中发掘出很多精美的壁画，壁画描绘了当时人们的生活情形。比如，最早的拳击证据是在那里发现的。

在米诺斯文明兴起的同时，说希腊语的民族进入巴尔干半岛。公元前 1600 年左右，他们在希腊西南部的伯罗奔尼撒半岛创造了一个发达的文明，称为"迈锡尼文明"，其标志同样是一系列大型王宫。但不同于米诺斯文明，迈锡尼的王宫都用巨石建造的军事堡垒护卫起来。米诺斯文明没有军事堡垒、没有城墙，说明它没有受到太严重的战争威胁，而到了迈锡尼文明，战争的威胁就成为一个实实在在的问题。

迈锡尼城堡的狮子门，是用几吨重的石块砌成的城墙；再如提林斯，甚至有用石块砌成的防御工事。

迈锡尼城堡狮子门

提林斯石砌防御工事

在迈锡尼文明时期，统治者为自己修建巨大的穹顶墓，用大量的黄金制品和宝剑作为陪葬品。其中最为著名的黄金制品是一个金面罩，由德国考古学家施里曼发掘。他认为自己找到了特洛伊战争中希腊盟军的首领阿伽门农的墓，因此称之为"阿伽门农金面罩"。

后来经研究证明，该面罩比阿伽门农还要早 300 年。

金面罩

迈锡尼文明的文字称为线形文字 B，已经被成功翻译和解读，因此我们不仅能通过考古资料，也能通过相应的文献资料来了解这一时期的历史和文化。公元前 1400 年左右，迈锡尼文明达到鼎盛时期，扩张到克里特岛和爱琴海其他岛屿之上，影响远达塞浦路斯岛。

到公元前 1200 年左右，爆发了希腊人远征特洛伊的著名战争，即特洛伊战争。希腊最早的文献《荷马史诗》记载了这场战争的部分经过。战争之后不久，迈锡尼文明遭到破坏，各地的王宫先后被大火烧毁，迈锡尼文明衰落。之后，希腊的历史经历了 400 年的"黑暗时期"。

到公元前 8 世纪，希腊文明复苏，希腊地区再次出现国家。这时候出现的却不再是以大型宫殿为中心的王国，而是一个个城市国家，即城邦。新出现的城邦总共约 1500 个，规模一般都不是很大，最大的城邦人口也仅为 20 万人左右，小的可能只有几万人。这些城邦抛弃了王权，代之以贵族的集体统治，城邦主要的大型建筑和标志是神庙和中心广场，而不是王宫。相较于中国古代文明的主旋律一直是大一统，希腊 400 多年城邦文明的历史，一直处于小国林立的状态，直到公元前 338 年被马其顿征服。

另外古代希腊世界和现代希腊的范围是非常不同的，现代希腊包括巴尔干半岛的南部及爱琴海的一些岛屿。可是古代希腊包含地中海沿海的很多地方。

它包括今意大利南部，西西里岛南部和东部，撒丁岛、科西嘉岛东部，法国东南部，西班牙东部，利比亚沿海，土耳其沿海地区以及黑海沿岸。这些都是古代希腊人生活的世界。

同时，希腊文明还具有如下的一些特征：第一，古代希腊文明是散落在地中海和黑海沿岸，东西相隔几千公里，非常分散，它与中国古代文明不同，中国古代文明的地域是在一块广袤的大陆上，连成一片；第二，希腊城邦在兴起之后有向外扩张的过程，往西到今西班牙东部，往东北扩张到黑海一带，往南扩张到非洲，但在此过程中，他们只在海边建城，不深入到任何地区的内陆腹地。究其原因，首先希腊人擅于航海，并且在古代世界，水上的交通比陆上交通更为便利，因此古代人（包括我们中国人）都依赖于水上交通，这也是隋炀帝时修建京杭大运河的原因。同时，希腊文明与海洋有着非常密切的关系，海洋是希腊人生活的一部分，他们在海上从事渔猎、贸易，并同其他文明进行交流。希腊文明之所以深受其他文明的影响，就是因为其处于地中海，具有便利的交通条件。

二、希腊城邦及其创造

希腊城邦体系维系了 400 多年，恰恰在这 400 多年的时间里，古代希腊文明达到鼎盛，不仅希腊诸邦联合起来，打败了意图征服希腊的强大的波斯帝国，而且希腊人在政治、思想文化和艺术领域都迸发出惊人的创造力，他们开创的传统对后世西方文明，乃至整个世界都产生了深远影响。

（一）城邦文明的政治创造

1. 希腊城邦确立了以公民和公民权立国的原则

所谓城邦，亚里士多德在《政治学》中有一个定义：城邦是处在特定政体之下的公民共同体。这表明城邦不是领土而是人，是公民共同体，也就是说，城邦不是一个人或几个人拥有，而是公民共同拥有的国家。因此，在公元前 6 世纪，古代希腊明确的公民权已经确立起来，并且划定了公民群体的范围：首先只有成年的男性才有全权公民权；女性有公民权但是没有政治参与权；人数众多的奴隶没有参与政治的权利；侨居的外邦人也没有政治权利。那些拥有公民权的人就可以参与到国家的政治生活及城邦管理中，这是希腊城邦的独特性之所在，并对现代世界产生了深远影响。我们现代世界所有国家都是以公民和公民权立国，其基本观念就来源于古代希腊的城邦制度。

城邦的基本管理方式是由公民参与国家大事的讨论和投票，所有城邦都设有主要的管理机构公民大会和议事会。公民大会是由全权公民参与，就国家大事进行讨论，并在讨论之后进行投票。但公民大会并不一定是最终决策机构，由于制度不同，公民大会的权力、参与的公民范围都有所区别。除此之外，城邦还设有议事会，议事会人数较少，而且不同城邦议事会的建立方法、成员产生方式及任期都不尽相同。

希腊城邦制与现代国家不同，虽然它有议事会和公民大会，但没有国家元首和内阁，所以公民参与国家事务的方式有三种：参与公民大会、当选为议事会议员或担任官职。而现代国家通常有国家元首、内阁和立法机关，这与罗马共和制度较为接近。罗马共和制的政治机制主要包括执政官、元老院、平民保民官和公民大会。执政官设两名，其权力相等，相当于国家的元首；元老院名义上是国家元首的咨询机构，但实际上是一个决策机构；公民大会负责制定法律、选举官员。平民保民官并没有任何行政权力，但有权召集并向公民大会提出法案，若获公民大会投票通过即成为法律。平民保民官的另一项重要权力是否决权，可以否决行政长官，这是罗马人的一个发明，两名执政官也互有否决权。否决权的引入实际上建立了权力的制衡机制。所以现代世界上多数国家政治制度的源头是罗马共和制，这一点在名称上也有所体现，如美国的参议院叫作"Senate House"，直接来源于罗马元老院的拉丁文名称 Senatus。

2. 希腊城邦创立了制度化方式管理国家的传统

《汉谟拉比法典》石柱（局部）

文化传播／供图

希腊城邦的制度是通过立法的方式来确立的。从公元前 7 世纪到公元前 6 世纪，希腊的城邦纷纷制定成文法，这些成文法和之前其他民族的立法不同。古代其他民族的立法，如公元前 18 世纪两河流域的《汉谟拉比法典》，纯粹是现代刑法和民法的内容，并没有关于国家政治制度的规定。而希腊的立法，如斯巴达的莱库古立法，雅典的梭伦立法，到后来的克里斯提尼改革，都确定了国家的政治制度，相当于我们现在所说的宪法。

（1）贵族制

不同的城邦确定的制度是不一样的。斯巴达的莱库古立法，确立的是贵族政治。贵族政治与民主政治的区别在于最高权力的归属不同。斯巴达主要的权力机关有公民大会和长老会议。长老会议由 30 人组成，其中有两位是世袭国王，但他们其实与其他人的权力相当，并不是真正意义上掌握国家大权的君主，只是沿用了国王（Basileus）这一古老称谓；另外28位长老会议成员是从年满60岁的公民中选举产生的，任期则是终身制的。

在斯巴达的立法中，公民大会有权讨论国家大事并对国家大事进行议决，但长老会议可以推翻公民大会的决议，这就意味着30人组成的长老会议掌握最高权力。贵族政治在希腊文中代表最优秀的人的统治，而选举出的人无疑是最优秀的，因此斯巴达是贵族政治。

（2）寡头制

城邦传统的政体中，有一种被称为"寡头制"的制度。所谓寡头制，是指将政治参与权建立在财产资格的限制之上。在寡头制下，并非所有的成年男性公民都拥有实际的政治参与权。比如说，规定拥有多少土地以上的公民才能够参与政治活动。其实现代西方建立起来的所谓民主制也是如此，美国在1787年宪法制定之后规定，拥有投票权的人也是拥有土地的人。

由此也可说明，古代希腊城邦的立国之本仍是农业。因为在希腊，土地所有权是与公民政治参与权联系在一起的，并非我们通常认为的，古代希腊是工商业文明，而中国是农业文明。但是和中国历史上重农抑商的传统不同，古希腊城邦重农不抑商，因而其商业也很发达。

（3）民主制

到公元前6世纪末，以雅典为代表的一些城邦建立起民主制，取消财产资格的限制，由普通公民集体直接掌握国家决策权。这就意味着，公民大会成为国家的最高决策机关，全城邦年满20岁以上的男性公民均可以参加公民大会，以投票方式直接决定国家大事。这是希腊城邦制中非常独特的一点。

希腊人创造的民主政治这一观念，成为近代以来形形色色的民主制的源头，但在实际做法中有很多不同，以雅典民主政治为例，民主政治的最高决策机关是公民大会，由公民讨论投票决定国家大事，这就相当于公民直接参与。公民大会每隔9天左右召开一次常规会议，每年开会40次，因此公民参与国家大事决策的频率非常高。而现代任何一个国家，公民都不能直接参与国家的决策。

现代民主政治的标志是选举，可是在古代希腊民主政治却并非如此。因为选举是选出最优秀的人，而最优秀的人的统治是贵族政治。在雅典，绝大部分的官职是用抽签的方式从年满 30 岁以上的男性公民中选出的，任期一年，不得连任。只有少数需要具备专门技能的官职是由选举产生并可以连任的，比如带兵打仗的将军、掌管国家财务的官员。因为民主政治强调参与机会的绝对平等，而选举无法做到。同时它也不对受教育程度、能力大小等进行区分。之所以规定参加公民大会须年满 20 岁，而担任官职须年满 30 岁，是因为当时没有正式的教育，公民要担任官职需要有一定的社会阅历，因而从开始参加公民大会到可以担任官职，其间有 10 年时间积累经验。我们可能会认为，抽签选拔官员是荒唐的，但雅典民主政治的制度使这种做法行之有效。所有拥有实际权力的官职一般都由 10 人来担任，并由这 10 位公民集体讨论决定，如此就可以避免抽签方式导致决策上出现严重问题。

　　这套制度之所以能够有效推行，也与希腊城邦社会的特性有关，政治参与对古代希腊人来说都是非专业性的。正因如此，每个人的能力差别相对而言不是很大，所以这样的做法才能推行。而现代的情况有所不同，现代的政治管理都是职业性的，因为现代国家的复杂程度相较于古代要高很多。同时在现代社会，对于任何一个专业而言，专职人员和非专职人员的能力差别很大。

　　在希腊民主制中没有分权和权力制衡的概念，公民大会对行政决策、立法、审判都有最高决策权。这也是从柏拉图开始把古代希腊和雅典的民主政治说成是暴民政治的一个原因。对此我认为，说它是暴民政治是有偏颇的。分权和权力制衡是罗马人的创造，后来由政治思想家如孟德斯鸠总结提炼，到近代西方被普遍采纳。在罗马共和政治中，执政官掌握行政权力，元老院掌握实际的决策权，公民大会掌握实际的立法权。罗马人还创立了保民官一职。保民官没有行政权力，不能作行政决定，但拥有否决权，可以否决所有的行政决议。这也说明，现代的国家制度、政治制度的来源是多样性的。

　　在雅典，从梭伦改革开始就建立了人民法庭，这是现代陪审制度的来源。在人民法庭中，所有的诉讼都是由普通公民组成的审判团来裁定的。梭伦立法中还规定，任何公民都可以对伤害城邦共同体利益的事情提起诉讼，这就意味着公民可以对官员提起诉讼，如此就形成了一种全民监督的机制。同时公民的起诉权，也是现代公诉人制度的来源。在古代其他文明中，只有受害人或受害人家属能够提起诉讼，而其他人不能。但在古代雅典，公民可以代表集体、代表其他人提起诉讼。这也是公元前399年苏格拉底以毒害青少年、不信城邦之神而发明新神的罪名被审判的原因。有公民认为苏格拉底的言论伤害了城邦的集体利益，因此就对他依法提起了诉讼，导致他最后被判死刑。

但雅典的审判团裁决和现代的陪审制度相比也有所不同，它更为激进，表现在其没有法官。现代陪审制度比如美国的陪审制度，由陪审团来裁定被告是否有罪，再由法官来量刑。而雅典人民法庭不设法官，判定有罪与否与量刑都是由公民审判团完成。同时审判团的规模也有所不同，雅典的审判团不是12人或24人，而是至少200人，规模要大得多。这既体现了公民的广泛参与，又可以防止贿赂。

民主制度建立后也形成一套基本的民主观念，关于这一观念最清晰的表达是公元前431年伯里克利的葬礼演说，他说："我们的政体称为民主政体，因为权力不是在少数人手中而是在多数人手中。在处理私人争端的时候，所有人在法律面前平等……正如我们在政治生活中是自由和开放的，我们在日常生活中的相互关系也是如此。"这其中提到的很多基本理念，比如民主、平等、自由，也出现在我们社会主义核心价值观中，说明这些是人类优秀的思想财富，现代国家也会吸收这些思想观念来建设自己。

从观念上来看，现代西方的很多理念深受希腊影响，比如政府要对人民负责等等，这和古希腊民主政治是一脉相承的。但在实际制度上却有很大差异，没有哪个国家完全采用古希腊的民主制度，因为现代国家管理需要专业化的人员，基本都是由精英来管理国家的。现代西方所谓的民主制度，如间接民主，是将古希腊民主政治的概念搬过来，而后进行重新定义。按照古代希腊的标准，这实际上并不属于民主制度而是贵族制或者寡头制。简而言之，就是普通公民并不能直接参与到国家事务的讨论与决策中。

当然，古希腊的民主政治中，其公民群体也包括精英，同时精英在其中起到了非常重要的作用。据研究，雅典民主政治中方针政策的提出者一般都为精英，而公民在精英提出的方案中进行投票选择。精英只是不直接掌握决策权，但是如果没有精英的参与是万万不能的，因为普通民众并不具备提出方针政策并在公民大会上进行阐述的能力。所以我理解，这一制度之所以能推行将近200年，而且这200年恰恰是雅典文化创造达到高峰的时期，就是因为它是精英与民众合作的结果。

3. 城邦是天然的存在

希腊人城邦制度之所以兴起，是有其深层次原因的。迈锡尼文明衰落之后，长期的地方割据与分立的历史经验积淀在他们的观念中，就形成了一个根深蒂固的思想传统，使他们认为，国家就应该是城邦，就应该是小国寡民的状态。

公元前5世纪，经过波希战争，希腊人知道有大帝国的存在，但他们认为，大帝国并不可取，唯一可行的国家是城邦。所以亚里士多德有一句名言，中文通常译为："人是政治的动物。"但在古希腊文中，这句话的意思其实是说："人在天性上是属于城邦的动物。"亚里士多德认为，所有人都属于城邦，不属于城邦的要么是鬼神，要么是野兽。他在《政治学》中还提到，一个城邦不能太小，因为城邦是自给自足的；也不能太大，城邦如果太大，难有真正的政体。因为谁的嗓门能洪亮到像斯屯托尔（Stentor）那样，能够担任传令官呢？所谓真正的政体，是指公民大会，古代希腊人召开公民大会是在露天场所中，政治参与是面对面的口头交流，但没有扩音设备，一定要大家都听得见，因此其规模必须要有限。柏拉图在他最后一部著作《法律篇》中提出，理想的国家应由5040个公民组成，这也是一个小国寡民的状态。这是希腊人的逻辑。

同时在希腊城邦文明400多年的历史中，存在军事力量很强大的国家如斯巴达、雅典，也存在很多军事力量很弱小的城邦，但几乎没有发生兼并的情况。即使发生战争，战胜的一方也不会兼并战败一方的领土。如伯罗奔尼撒战争，公元前431年到公元前404年，以斯巴达为首的伯罗奔尼撒阵营和以雅典为首的提洛同盟阵营进行了长达27年的战争，最终雅典失败，斯巴达军队占领雅典。但斯巴达人在雅典扶植起一个寡头政府后，就撤回国了，并没有兼并雅典，也没有要求其割地赔款。这也是因为，在他们的观念中，城邦就应该是独立的国家。

这与中国人的观念很不一样。在我们的观念中，中国就是一个大一统的国家，古代伟大的政治家们也都致力于建立大一统的功业。我们一般会认为，中国历史上的分裂时期是较为黯淡的时期，而把大一统的时期认为是历史上的兴盛时期。这说明，一个国家的历史会积淀为一种强大的观念，这个观念将对后世的人们产生持久的影响。

（二）城邦文明的思想创造

在思想上，希腊人开创了哲学和科学的传统。通常认为，哲学兴起于希腊。公元前 6 世纪早期，米利都的思想家们提出了世界的本源是什么的问题，并且纯粹从经验观察和理性思考作答，而不是依据神力或者超自然的力量予以解释。泰勒斯提出万物源自于水，阿那克西曼德则提出万物源自于"无限"，阿那克西美尼又提出万物出于气。哲学和科学由此开端。这些命题在今天看来不一定成立，但他们开创了一种思想传统，后来希腊的哲学家在这一思想传统中不断推进。毕达哥拉斯提出，世界是由数组成的，德谟克利特又提出世界是由原子构成的。正是因为希腊人对毫无实用价值的、却是本源的问题的探讨，科学才得以诞生。科学思想根本上是以人为中心进行观察、思考，当然到近代科学还发展了实验的方法，希腊人没有开创实验的传统，但另外两种传统，一是观察，二是完全用人的理性来思考，是由希腊人开创的。

贯穿希腊思想的一个显著特征是，思想家们并不遵奉一个权威的思想家和思想体系，而是不断反思与批评，试图推翻前贤的思想，树立新说。比如，赫拉克利特认为万物是运动的。他有一句名言：人不能两次踏进同一条河流。因为第二次踏进那条河时，河已经发生改变。而巴门尼德则认为万物是静止的，他试图去论证为什么运动是不可能的，由此可以看出他们思想的交锋。对于这些问题不存在任何权威，也没有正统思想。亚里士多德的名言"吾爱吾师，吾更爱真理"，正是这种批评性思考方式的写照。文艺复兴之后，西方文明继承了希腊思想和科学的这个传统，不断推陈出新，从而不断发展。在这一点上，我认为其他文明都有所不及。现在中国正在迎头赶上，但是在我们的学术传承中，仍鲜有学生观点与老师相左的情况，这一方面是值得我们学习的。

至古典时期，希腊的哲学家和思想家把注意力转向人自身和人类社会，探讨真理、善、正义、社会秩序乃至政治制度等问题，出现了智者学派、苏格拉底、柏拉图和亚里士多德等一批哲学派别与哲学大师。他们创立的思想体系成为后世西方科学和思想发展的最根本源泉。

从更广阔的人类古代文明视野来看，公元前 500 年前后，在中国文明、印度文明、希腊文明、希伯来文明、波斯（伊朗）文明中先后出现了一批伟大的思想家，开创了影响至今的思想和精神体系。

比如中国的诸子百家，尤其是孔子为首的儒家和老子为首的道家；印度佛教的创始人释迦牟尼，他的生卒年代与孔子相当；波斯的琐罗亚斯德教的创始人琐罗亚斯德；希腊的苏格拉底、柏拉图、亚里士多德；以色列建构《圣经》传统的先知，这些伟大思想家创立的思想和精神传统拥有跨民族、跨国界的影响力。比如儒家的思想，影响到周围的日本、朝鲜、越南等。直至今日，它们的影响也不曾消失。但不是所有的古代文明都有这样的创造，像两河流域文明、古代埃及文明、美洲文明，它们的精神和思想体系就没有传承下来，也未对今天的人类产生如此大的影响。

因为这样的缘故，德国哲学家卡尔·雅斯贝斯把人类历史上这个大师辈出的时代称为"轴心时代"。之后学者们进一步将创造影响至今的思想和精神体系的文明称之为"轴心文明"。

对于我们而言，即使没有读过《论语》，但我们的基本观念、行为方式都深受其影响，因为《论语》产生的思想观念在几千年的传承中，已经通过我们的教育体系渗透到每个人的生活里，渗透到民族文化的每个角落，这就是思想的力量。哪怕我们生活在信息时代，这种影响也没有消失，或者说我们还没有创造出新的思想体系来取代它。即使到了后世，人类试图进行新的思想突破，也须首先了解最原本的思想体系，了解其核心，并在此基础上进行新的创造。因此我们研究古代文明是具有根本性意义的。

（三）城邦文明的艺术创造

18世纪德国的艺术史家温克尔曼对希腊艺术有一个经典的概括："高贵的单纯，静穆的伟大。"希腊的艺术创造，在很多方面都保留下来，主要有雕塑、彩陶、绘画和建筑。

雕塑以人体雕塑最为独特，雕刻得非常逼真。需要说明的是，由于罗马人特别推崇希腊的雕塑，曾经大量复制。我们现在看到的很多大理石的古希腊雕塑，其实是罗马的复制品，而古典时代留下来的希腊原作已经不多了。这些原作并非都是大理石雕塑，相当一部分是青铜雕塑。但青铜可以反复利用，如打仗时将青铜雕像重铸成武器，因此只有极少数青铜雕像保留了下来。这其中非常著名的一件是收藏在雅典国立博物馆中的宙斯像。希腊人用裸体来呈现代表崇高的、神圣的人物，所以希腊的裸体雕塑要么是神，要么是英雄，要么是理想化的人物。

在建筑方面，雅典卫城上的巴特农神庙，是古代希腊保留下来的最大单体

希腊雅典巴特农神庙遗址

建筑，由此可以看出古代希腊神庙的形制。希腊神庙的建筑形制成为西方建筑传统里影响最悠久、最基本的一个样式。

后来，西方凡是典雅庄重的建筑，都采用这种建筑形制，顶部是一个山形墙，下面是柱廊式的建筑，如法兰西议会大厦、德意志的帝国议会大厦、美国的国会大厦等等。其实希腊的建筑样式不仅影响西方，它也影响了其他文明，比如人民大会堂正面的柱式，我理解这可能是我们对希腊建筑样式的一种创造性借鉴。

三、公共生活与神明崇拜

希腊地处地中海气候带，气候温暖干燥，适于户外活动，因此从古至今希腊人都热衷于公共活动。公共活动成为一种长期的生活习惯，这是理解希腊城邦制度的关键。其中最重要的是神明崇拜。

如果说我们中国人一年特有的生活节奏，是农业生产周期和祖先祭祀所规定的，那么希腊人的生活节奏则是由祭祀神明的节日规定的。希腊人崇拜神明的方式是定期聚集到特定的地点，举行祭祀某个神明的集体活动。久而久之，这些地方就形成了圣地。圣地主要包括神庙、祭坛以及举行集体崇拜活动的设施。

集体活动既有男女老少都参加的游行式，也有各种竞技活动，如体育竞技、音乐竞技、诗歌竞技，这些都是祭神的一部分，是娱乐与神圣宗教活动的结合。这种结合也是希腊宗教的一个特色，它与基督教、伊斯兰教等一神教不同，后者主要是以礼拜和祈祷为主，完全是神圣的活动而没有娱乐性活动，前者则兼而有之。

由于希腊人崇拜的神明众多，圣地也就比比皆是。每个圣地祭神活动的日子相对固定，就形成了祭神的节日，这些节日贯穿了希腊人年复一年的生活。

希腊人祭神的活动分成两类，一类是全体希腊人都参加的，我们称之为泛希腊的祭神节日。其中有两个节日尤为重要。

　　一个是奥林匹亚节。奥林匹亚是众神之王宙斯的圣地，每年希腊人在这里
举办奥林匹亚节，隆重举行祭祀宙斯的仪式。每隔四年，奥林匹亚节上还举行
全希腊运动员都可参加的体育竞赛，以这种方式崇拜宙斯，这就是古代奥运会。
通过其复原模型，我们可以看到奥林匹亚圣地的中心是宙斯的神殿，后面还有
天后赫拉的神庙，旁边有一系列的体育馆及运动员、官员的宿舍等等。

古代奥林匹亚圣地复原模型

　　奥运会是希腊人生活中的大事，从公元前 776 年创办，一直到公元 393 年
罗马皇帝提奥多西下令废止，奥运会连续举办了 293 届，跨越 1000 多年。奥运
会举行期间，希腊人停止打仗，确保运动会顺利进行。而奥运会之所以会被废
止，是因为当时基督教已经成为罗马帝国的国教。基督教是排他性的，它反对
任何其他形式的神明崇拜。由此也可看出，古代奥运会不仅是一项娱乐活动，
更充满了宗教意味，这与现代奥运会非常不同。现代奥运会是一项国际关系的
活动，是一个商业性、娱乐性的活动。

　　另一个是德尔斐的庇底亚节。德尔斐是崇拜预言之神阿波罗的圣地，是著
名的阿波罗神谕的所在地。上至国家、下至家庭，逢有大事，希腊乃至希腊以

外的人都会到这里来祈求神谕，以获得神的指点。每年希腊人还在这里举办祭祀阿波罗神的庇底亚节，每隔四年举办更隆重的祭祀活动，举行泛希腊的运动会以及诗歌与音乐竞赛。

神明崇拜是希腊人民族意识的纽带，奥林匹亚的宙斯崇拜和德尔斐的阿波罗崇拜，成为维系希腊民族认同的重要机制。在政治上，希腊被分为1500个大大小小的城邦，但在文化上它们属于同一文化体系。

除上述两个节日外，古希腊更多祭神的节日是以城邦为单位进行的。城邦祭神的节日里，人们暂时放下日常活动，包括政治活动，前来参与祭神活动。城邦里的节日非常多，像雅典一年中祭神的节日多达144天，其中最隆重的是祭祀其城邦保护神雅典娜的节日。因为雅典卫城既是城邦的军事堡垒，也是雅典娜的圣地，所以雅典娜主要的神庙都在雅典卫城中。这其中最大的一座是巴

巴特农神庙浮雕局部（一）

巴特农神庙浮雕局部（二）

巴特农神庙浮雕局部（三）

巴特农神庙浮雕局部（四）

特农神庙，更为古老的一座是伊瑞克提翁神庙。

每年雅典人都会举行隆重的祭祀雅典娜的节日——泛雅典人节，这相当于我们的春节，标志着一年的结束和新年的开端。节日期间举行大规模的游行式。人们将雅典娜的神像迎进雅典，再送到卫城的伊瑞克提翁神庙里。

巴特农神庙的浮雕上，展示了泛雅典人节游行式的情况。虽然浮雕所绘有一些理想化的情况，如游行式一般没有骑兵而浮雕上却对骑兵有所展现，但我们仍能从中对当时的情况管窥一二。

我们可以看到，人们将公牛作为牺牲品。隆重的祭神活动中宰杀的公牛多达上百头，称为"百牛大祭"。据记载，最多的一次宰杀了 300 头牛。被宰杀的牺牲品的骨头、肥肉和皮会放置在祭坛上烧掉，献给神明，而瘦肉和祭祀用的葡萄酒则由参与祭祀的人集体食用。

由于公共活动是生活的重要部分，因此城邦的建筑和空间格局以公共空间为主，却没有王宫和私宅大院。最为显耀的建筑是神庙、市政公共建筑、露天剧场、体育场、体育馆，最重要的空间是中心广场、公民大会会场、体育场、体育馆等向普通民众开放的公共空间。在祭神的节日，圣地也向公民开放。可

公元前 5 世纪的雅典城邦复原图

以说，公共生活是城邦制度的基石。

以雅典城邦为例来看，遗址是从雅典卫城的北面拍摄的，其保留的建筑只有工匠之神赫菲斯托斯的神庙，其心脏地带，希腊人称之为 Agora，在希腊文中代表众人聚会的地方，我们称其为广场或市政广场。直到现在，希腊的村镇中也会有一个公共场所较为集中的地方，同样被称为 Agora，这说明几千年来这一传统并没有发生根本性的改变。

如果将雅典城邦复原到公元前 5 世纪，是雅典城邦复原图所示的情况，它包含一个很大的集会场所，周围是一些神庙、圣殿，以及其他的一些市政建筑、公共建筑，这些建筑大家都可以自由出入，人们经常赶完集后去开公民大会。在希腊人的观念中，有无公共建筑是判断其能否被称为国家的重要标志。

四、城邦国际体系

希腊世界尽管分成一千多个独立的城邦，但由于同属于一个文化体系，遵守同样的习俗，其内部就形成了一个国际体系。城邦之间在政治制度和生活方式等方面呈现出多样性和竞争的局面，也保持着密切的联系；同时，希腊人和外部世界也交往频繁。多样性、竞争以及频繁交往和交流促进了希腊经济的繁荣，以及思想和制度的创新。

一方面，在遇到外部威胁时，希腊各邦会联合起来，同仇敌忾。公元前480—前479年，波斯国王御驾亲征，率大军进犯希腊，意欲一举征服和兼并希腊。但希腊人结成盟军，以弱胜强，赶走了侵略者，保全了希腊世界的自由，史称希波战争。

另一方面，希腊城邦世界内部的竞争也经常以战争的形式表现出来。公元前431年，希腊世界内部爆发了最大规模的一场战争，史称伯罗奔尼撒战争。战争的一方是希腊世界传统的强国斯巴达所领导的伯罗奔尼撒同盟，另一方是希波战争之后新近崛起的雅典所领导的提洛同盟。这场战争持续长达27年之久，最终伯罗奔尼撒同盟击败提洛同盟，雅典在公元前404年无条件投降。

　　我们了解这场战争，是因为希腊最伟大的历史学家之一修昔底德写的一本书——《伯罗奔尼撒战争史》。在战争开始的六七年，修昔底德本人作为将军曾参与其中。由于其没有完成任务，而遭到流放，流放之后他开始书写这部著作。从某种意义上说，这部书的影响力远远超过战争本身。这种影响表现在，现代西方人常常通过这部书的记载，回顾这两大阵营的对立和冲突，并用它来理解现当代世界的国际关系。

　　冷战爆发后，西方人就敏锐地感觉到，当下这种国际体系，与古希腊伯罗奔尼撒战争时期的情况类似。西方人将斯巴达比作专制的阵营、将雅典比作民主的阵营，这其实是把现代意识形态的对立投射到古代希腊历史上。然而雅典和斯巴达的对立并非所谓民主与专制的对立。斯巴达的政治制度虽然不是民主制，但也有相当大的民主色彩。比如它设有公民大会，城邦的重大事务也要提交公民大会讨论投票。把斯巴达说成是所谓的专制阵营，是现代西方人的偏见。但是在西方人的思维中就是如此。

　　无论如何，政治家们往往会从历史书中来吸取经验。在冷战初期的 1947 年，时任美国国务卿乔治·马歇尔在普林斯顿大学的一次演讲中就曾说道："如果一个人至少在他心里没有思考过伯罗奔尼撒战争这个时期以及雅典的失败，我真的怀疑他是否能够用完全的智慧和深刻的洞见思考当今基本国际事务中的某些东西。"

　　另一方面，与西方根深蒂固的二元对立思想传统有关，在他们深层的观念中，总会树立一个敌人，这使他们认为世界充满你死我活的斗争。这也是长期以来，他们对中国不信任的一个根本性因素。

　　近些年来，随着中国国力的日益增强，一些美国人又用雅典和斯巴达的对立与冲突来比喻中美关系，从而出现了"修昔底德陷阱"的说法。其实修昔底德本人并没有提出这个理论，作为历史学家，他只是解释了伯罗奔尼撒战争爆发的原因："战争之所以不可避免，是因为雅典力量的增强及其在斯巴达引起的担忧。"因为雅典是在希波战争之后崛起的一个大国，在雅典崛起之前希腊世界的超级大国只有斯巴达，因此他认为这是一个根本性的因素。

而哈佛大学政治学及国际关系教授格拉姆·艾利森则把修昔底德对一场战争的具体解释归纳为一个国际关系的一般准则，即新崛起的强国必定引起守成强国的担忧，从而引发战争。在 2017 年出版的《注定一战：中美能够避免修昔底德陷阱吗？》一书中，他从历史角度进行分析，认为两国发生冲突的可能性非常大，当然他也不希望爆发冲突，也在思考如何才能避免冲突。

国内的学者有时会说，"修昔底德陷阱"并不存在，是西方人的杜撰。但其实它并非完全杜撰，至少能反映出西方人的某种思维，需要引起我们的重视和思考。对此，我还是持比较乐观的态度。我认为政治家们是有智慧来避免这种极端冲突的，因为通过理性的思考大家都明白，一旦发生冲突，不仅对两个国家造成影响，对全人类来说都将是一场灾难。

五、城邦体系的崩溃

古代希腊的城邦体系激发了创新，但同时也存在很多问题，比如冲突和战争。长期和平的秩序在小国林立的状态下很难维系，常常是通过帝国来维持的。如罗马帝国统一地中海世界后，就维持了几个世纪的和平，因此被称为"罗马的和平"（Pax Romana）；我们中国历史上，老百姓真正安居乐业的时期也往往是在大一统时期。

小国林立下，抵御外来入侵的能力也是很有限的。在希波战争中，面对强大的波斯帝国，希腊人能够成功，有幸运的成分。波斯帝国是世界历史上第一个横跨亚欧非三大洲的大帝国，希腊本土与之相比就是弹丸之地，而最终希腊人取胜，某种意义上是因为波斯没有全力以赴，因为波斯的失败对波斯帝国而言并没有伤筋动骨。在希波战争之后，波斯人利用金钱和外交策略，不断地削弱希腊各邦，最后导致希腊人在很多方面都不得不屈从于它。从这一点来讲，波斯帝国其实又是很成功的。

城邦体系由盛而衰的分水岭是伯罗奔尼撒战争。战争严重削弱了希腊各邦的力量，战后希腊各邦陷入长期纷争。这给了希腊北部逐渐强大起来的马其顿王国可乘之机。野心勃勃的马其顿国王腓力浦二世乘虚而入，逐个击破希腊北部城邦，并于公元前338年击败雅典和忒拜联军，征服了希腊本土。各城邦丧失独立性，希腊城邦体系宣告瓦解。

腓力浦二世征服希腊之后，又计划东征波斯帝国，但于公元前336年遇刺身亡，其年仅20岁的儿子亚历山大继位。两年之后，亚历山大发动东征，在短短数年之内征服了整个波斯帝国，率军一直东进到今印度西部和阿富汗一带，形成一个横跨亚欧非三大洲的大帝国。在征服的过程中，亚历山大和他率领的由马其顿人和希腊人组成的希腊军队把希腊文化带到埃及、西亚直至今天印度西部和阿富汗的广大地区，希腊世界的历史进入所谓"希腊化时代"，即亚历山大所征服的地区逐渐希腊化的时期。公元前323年，亚历山大病死，其手下大将展开激烈争夺，最终三分帝国，形成马其顿王国、埃及托勒密王国和西亚塞琉古王国三大希腊化王国并立的局面。

之后，罗马逐渐强大起来，并且迅速向外扩张，于公元前2世纪开始渐次吞并了三大希腊化王国。公元前30年，恺撒的继承人屋大维，也就是后来罗马帝制的创建者奥古斯都，打败了安东尼的军队，并一直追击到埃及，安东尼和托勒密王朝的末代君主克利奥帕特拉双双自杀，于是屋大维占领了埃及，埃及成为罗马帝国的一部分，古代希腊文明就此结束。

余论

历史与现实密切相连，现实中一些事情的发生往往有其历史因素。众所周知，马其顿共和国在1991年从前南斯拉夫独立后就建立了马其顿共和国，但是希腊一直不予承认，原因在于，马其顿在历史上是希腊的一部分，希腊人认为用马其顿命名国名，有分裂希腊民族、剥夺希腊民族历史遗产的嫌疑。

在2011年，马其顿人在其首都斯科普里建了一个雕像，叫作"骑马武士像"或者"骑士像"，但这个雕像的人物形象是模仿亚历山大的肖像而建。希腊人对此表示非常愤怒，认为亚历山大是希腊文明历史上的英雄，马其顿共和国的行为是想要剥夺希腊民族的历史遗产、文化遗产。

直到 2018 年，马其顿共和国改名为北马其顿共和国，希腊才正式承认了它。武士像虽没有拆除，但马其顿人对它的解释发生了变化，他们说，雕塑表示希腊民族和马其顿民族的友谊。至此，这场历史的悬案才最终结束。

（讲座时间　2019 年）

张维为

文明型国家视角下的
中国道路

张维为

张维为，1957 年生，祖籍江苏南通。复旦大学外文系毕业，获瑞士日内瓦大学国际关系硕士、博士学位。曾任英国牛津大学访问学者、瑞士日内瓦外交与国际关系学院教授、瑞士日内瓦大学亚洲研究中心高级研究员和国内多所大学的兼职教授。曾担任邓小平和中国其他领导人的英文翻译。现任复旦大学特聘教授、复旦大学中国研究院院长、博士生导师，国家高端智库理事会理事，上海春秋发展战略研究院高级研究员。被《光明日报》评为2016年中国智库十大人物。

以中英文发表过大量关于中国政治与经济改革、中国发展模式、比较政治制度、文明型国家、中国外交政策以及两岸关系的文章，并出版多部著作，影响广泛。

引言——从高铁之争谈起

2011年前后，随着互联网的兴起，网上抹黑中国的言论铺天盖地。我的作品《中国震撼：一个文明型国家的崛起》出版后引起比较热烈的反响。记得在一次讲座中，有记者就对我的观点提出质疑："难道'7·23'高铁事故也算是中国震撼吗？"我当时回答说："这个事故是一个悲剧，我们需要调查清楚，严肃处理。但是要说明两点，首先，这不是高铁事故，是动车事故，二者以时速

250 公里为区分。其次，动车在中国已经安全运行了五年多，计算火车的安全记录，不能只看一次事故，而应该考虑其载客人数。比如中国每年的春运都是 30 来亿人次，可能我们一次春运的载客量，就比德国十年火车载客量还多。因此，不能用这一个事故就来否定中国铁路人为中国现代化事业作出的巨大贡献，实事求是地讲，我们的高铁处于世界领先水平。"当时网上流行的话语是政府不好，国有企业不好，所以国有企业生产的高铁肯定也不好。

讲这个故事是想说明中国话语的重要性，我们不仅要能做好，而且一定要说好，还要传播好。如果我们自己无法讲好，就会被敌对势力歪曲，使我们像高铁这样的巨大的正资产变成巨大的负资产。所以建设中国话语非常重要，这需要发自内心的道路自信，要用自己的话语将事情说清，不回避任何问题。目前，我们已完成了对西方主流政治话语的初步解构，以及中国政治话语的初步建构，我们要努力打好官方话语、学术话语、大众话语、国际话语的组合拳。

九年前，我与《历史终结论》的作者——日裔美籍政治学者福山有过一场辩论，当时"阿拉伯之春"刚刚爆发，埃及总统穆巴拉克下台。福山到上海之后，我们进行了对话。他认为中国可能也要经历"阿拉伯之春"，我通过分析埃及存在的问题，认为中国不会出现"阿拉伯之春"，而且"阿拉伯之春"不久会变成"阿拉伯之冬"，后来这个判断得到了证实。"阿拉伯之冬"说明西方模式在非西方国家是难以成功的，甚至会带来悲剧。当时我们还辩论了一个问题，他认为中国需要政治改革，要变为多党制，一人一票进行选举。我告诉他中国的制度在不断改革完善之中，但总体上是适合中国国情的。相比之下，我认为美国政治制度改革比中国还要迫切，因为美国的制度是前

经过多年发展，中国高铁成为一张走向世界的亮丽名片。图为航拍中国铁路成都局集团有限
公司成都动车段存车场一排排列车整齐停靠在停车场，犹如万箭待发   刘国兴 / 摄

工业革命时代的设计，已远远不适应当下社会发展，如果再不进行实质性的改革，美国很可能会选出比小布什更为糟糕的总统，这个预测也被后来美国选出特朗普而得到证实。

新中国波澜壮阔的 70 年历史，可以界定为前 30 年与后 40 年。前 30 年我称其为三十而立，我们建设了符合国情且较为完整的政治制度、全面的国民经济体系，通过一场场的社会革命，包括土地改革、妇女解放、识字教育等等，为中国的崛起奠定了基础。但是也应该承认，到 1978 年时，中国仍是一个非常贫穷的国家，如果用人均 GDP 来算，当时中国的人均 GDP 低于大多数的非洲国家。后 40 年我称其为四十而不惑，我们通过改革开放，找到了自己的成功之路。

我把中国的崛起称为集四次工业革命为一体的崛起，也就是说绝大多数 30 岁以上的中国人，几乎都完整地经历了从农业文明到工业文明再到信息文明的过程。总的来说，1978—1995 年左右，我国完成了第一次工业革命，标志是中国成为世界上最大的纺织品生产国和贸易国，乡镇企业异军突起，沿海发展战略大放异彩，取得很多成绩。1992—2010 年，我国完成了第二次工业革命。1992 年，邓小平同志南方谈话，明确了市场可以为社会主义服务；2010 年，中国的制造业规模超过了美国。我认为第二次工业革命最精彩之处就在于我国制造业、基础设施的全面提升，在此期间，我国还加入了世贸组织，带来了生产要素和产品在世界范围内相对自由的流动。与此同时，从 1994 年至今，中国经历了第三次工业革命。中国自 1994 年加入互联网以来正迅速发展，以通讯业为例，从 2G 到以华为为代表的 5G，我们实现了技术上从落后追赶到赶超，再到局部领先的跨越。此外，以人工智能、大数据、量子通信等为代表的第四次工业革命也正在展开，在这次工业革命中，我认为中国和美国是处于第一方阵的，而中国的势头更猛，因为第四次工业革命的能源是大数据，中国的大数据更多，今天我国互联网企业已与美国企业势力相当，在世界最大的 20 家互联网公司中，中国占有 8 家，其他是美国的，欧洲一家都没有。

在此基础上，我认为中国形成了一种突破。中国的崛起，突破了第二次世界大战以后形成的外围—中心体系（以往，西方国家是中心国家，发展中国家是外围国家，只是一种外围供养中心的体系），中国成为单独的一极。这意味着，中国同时是中心国家和外围国家的最大的投资伙伴、贸易伙伴、技术伙伴。加之我们现在倡导"一带一路"，共商共建共享，采取合作共赢的模式，使越来越多的国家与中国合作，我觉得这已经并将继续影响整个世界格局和国际秩序的演变。

一、文明型国家的概念

何谓"文明型国家"？"文明型国家"指的是一个延绵不断长达数千年的古老文明与一个超大型现代国家几乎完全重合的国家。今天的世界上，这样的国家只有一个，那就是中国。如果历史上的古埃及文明、古两河流域文明、古印度文明都能够延续至今，并实现现代国家的转型，那么它们今天也可能是文明型国家，但这种机会已经不复存在。如果当初古罗马帝国没有四分五裂，并能通过现代国家的转型，那么欧洲也可能是一个相当规模的文明型国家，但这只能是一种假设。如果今天数十个国家组成的伊斯兰世界，能完成传统与现代的结合，并整合成一个统一的国家而崛起，那么也可能是一个十亿人口规模的文明型国家，但今天看来这也是无法实现的愿景。

为了帮助大家理解"文明型国家"这个概念，我想先说明"民族国家"的含义。"民族国家"这个概念，在西方政治话语中几乎就等同于"现代国家"。它包含了我们现在熟知的，比方说国家主权、领土完整、主权平等、民族认同、服兵役制、清晰划分的边界、国歌、国旗、国徽等等，现代国家这些标志性的东西在民族国家得到体现。但是民族和民族国家的意识往往不是天生的，它是需要建构的。欧洲最早形成"民族国家"的是法国，法国通过皇权统一了国家的税收，统一了军队，以此推动法兰西民族国家意识的形成，形成非常强大的战争动员能力，所以很快就击败了普鲁士。德国统一之前的状况是普鲁士和"一盘散沙"式的 300 来个日耳曼小邦国。

现代国家建构过程也是波澜壮阔的，在此，我引用美籍华人学者黄仁宇的观点。他认为中国现代国家建构是三层结构：辛亥革命后的中华民国完成了上层结构的建构，也就是建立了西方意义上民族国家的上层机构，比如外交部、教育部、中央银行、财政部等等，但当时的上层结构与底层是脱节的。中国共产党将中国社会基层组织起来，通过农会支援前线，通过农民开展运动，对基层进行有效的治理，重塑了中国的底层结构。此外，中国的改革开放，又创立了一个中层结构，也就是和现代市场经济、现代社会、现代国家相配套的司法、监察、税收、物流等等系统，即一个支撑体系。这样三层结构建立之后，中国就成为一个真正的现代（民族）国家了。

接下来简单谈一谈"文明型国家"。西方不少学者早就提出过中国是一个"文明国家"（Civilization State）。他们认为，中国"民族国家"尚在形成之中，而"文明形态的国家"在中国却有数千年的历史。如美国政治学者白鲁恂（Lucian Pye）认为，今天的中国是一个佯装出现代国家的古文明，中国不可能建立现代经济制度、现代政治制度、现代法律制度、现代军事制度。他将中国数千年"文明形态的国家"看作是中国建设现代国家的障碍和包袱。英国学者马丁·雅克（Martin Jacques）对中国"文明国家"的概念作了比较正面的阐述，他认为"世界上有许多种文明，比如西方文明，但中国是唯一的文明国家。中国人视国家为文明的监护者和管理者的化身，其职责是保护统一。中国国家的合法性深藏于中国的历史中。这完全不同于西方人眼里的国家"。他认为，中国一定会形成自己的政治制度、经济制度、社会制度，他将"文明国家"的概念中性化。然而马丁·雅克亦认为中国的"民族国家"和"文明国家"两种特性之间会有冲突，比如中国历史上与周边国家的朝贡体系等等，这使今日中国存在重复旧日制度的风险，这种冲突"可能把中国拉向不同的方向"。

　　依我之见，今天的中国已经是一个把"民族国家"与"文明国家"融为一体的"文明型国家"（Civilizational State）、一个把"民族国家"和"文明国家"的长处结合起来的国家。我认为，中国首先是一个现代国家，我们接受现代国际关系中的主权理论、民族国家理念、人权理念，所以我们不会搞朝贡体系，不会搞种族主义。而中华文明的种种特质又使它与众不同，我们有不同的政治制度、经济制度、社会制度。这就是"文明型国家"与"文明国家"在概念上的差别。前者融"文明"与"（现代）国家"为一体，而后者中的"文明"和"（现代）国家"则常常是一个矛盾体。

　　之所以使用"文明型国家"的概念，是因为首先它是事实陈述，世界上只有中国数千年文明没有中断、延续至今，同时也是一个超大型的现代国家；第二，我认为在进行国际交流时，需要使用简明扼要的语言来说明自己的国家。比如介绍美国时，一般会说政治上是民主国家，经济上是市场经济；在介绍中国时可以说政治上是文明型国家，经济上是混合型经济，之后再进行解释，易于理解。此外，我认为"文明型国家"有能力汲取其他文明的一切长处而不失去自我，我多次讲过这样的一个比喻：就像汉语扩大自己的影响，不需要理会英语的偏好；就像《孙子兵法》不需要克劳塞维茨来认可；就像孔夫子不需要柏拉图来认可；就像中国的宏观调控不需要美联储来认可；就像中国特色社会主义不需要美国资本主义来认可。这是发自内心的文化自信，正如习近平主席所说:"经历了 5000 多年的艰难困苦,中国依旧在这儿;面向未来,中国将永远在这儿。"①

二、文明型国家的特征

文明型国家具有"四超"的特征:

第一,超大型的人口规模。中国拥有 14 亿人口,是世界上人口最多的国家,和欧洲相比,一个欧洲普通国家的人口只有 1400 万左右,所以中国的人口约等于 100 个欧洲普通国家的人口之和。如此规模的人口是非常令人震撼的,它既是对中国国家治理最大的挑战,同时也是最大的机遇。

其中,挑战在于人口与资源的不平衡。以"胡焕庸线"为界,我国大致四分之三的人口,生活在这条线以东,四分之一在这条线以西,但自然资源恰恰相反。这就说明,中国是一个人均资源高度紧运行的社会,因而就会带来一系列问题。比较中美两国,1848 年,美国打败了墨西哥,吞并了加利福尼亚州,大致形成现在的版图,当时美国的人口是 2000 万,而那时中国的人口是将近 4 个亿。人口的差异导致人均资源的巨大差别,美国的资源比我们丰富数倍。一方水土养一方人,因此,美国的特点是讲自由、讲权利,而中国的传统是讲孔融让梨、讲"国不可一日无君"、讲权利义务的平衡,这是由于资源较少容易导致分配时的混乱,因此需要一种能够主持公道的力量来保证分配的秩序。

当然人均资源紧运行,也使我们形成了自己的特点,比如数千年大家生活在一起,形成了传统语言中的"人气";比如由于人均资源紧张,形成了丰富的餐饮

"胡焕庸线"雕塑　　　　　　　　　　　　孙自法 / 摄

文化等等。我们也正在将挑战逐步转化为机遇，在国家治理方面，由于人口多资源少，人与人之间的竞争激烈，这促使我们形成了通过科举考试选拔治国人才的制度，现在又发展成"选拔＋选举"的选贤任能模式，其中选拔是放在第一位的，要通过某种形式对人才进行考核，我认为这是中国的比较优势。同样，人员众多、竞争激烈的情况也使我们在决策时需要有"一锤定音"的领导，即民主基础上的集中，如此，各方资源才能各尽其用，而非一盘散沙。同时，随着现代国家的建立，特别是现代教育体系的建立，受过教育和培训的人民也逐渐成为文明型国家的最大财富。由于人口效应，中国一旦改变自己，往往就能产生改变世界的效应，甚至引领有关国际标准和规则的改变。

第二，超广阔的疆域国土。中国幅员辽阔的疆土也是在漫长的历史中逐步由"百国之合"而形成的。辽阔而统一的疆域使中国获得了绝大多数国家难以比拟的地缘优势和战略纵深。中国可以在超大规模的国土内进行战略布局，可以实现"西气东输"、高铁"八纵四横"等人类历史上罕见的现代化工程。文明型国家所形成的地缘优势也使我们具有其他国家难以企及的地缘辐射力。

人口和地域是关键词。我认为如果能够解决类似中国这样的超大型规模人口和超大型疆土的挑战，那么它一定是世界上最成功的，或者最成功的之一。比如高铁，中国春运，30 亿人次，要从一地到另一地，人员数相当于整个北美洲、南美洲、欧洲、俄罗斯、日本、非洲的人口之和。同时，高铁还要能够应对北方的冻土、江南密集的河网、云贵高原和四川盆地等等的挑战，因此能够应对这样的人口和地域的挑战，那么这样的高铁一定是世界一流的。其实，政治上也是一样，中国共产党在治国理政中有效地应对了人口和地域的挑战，我们的制度一定是世界最好的之一，我们应该更自信一点。

第三，超悠久的历史传统。5000 年延绵不断的历史使中国在人类知识的所有领域几乎都形成了自己的知识体系和实践传统。我们在政治、哲学、宗教、语言、教育、艺术、音乐、戏剧、文学、建筑、军事、体育、医学、饮食等领域内都有博大精深、自成体系的东西。这种传统的丰富性、内源性、原创性和连续性都是其他民族所难以望其项背的。中国今天选择了社会主义道路并取得

景色壮观的黄河乾坤湾   武俊杰 / 摄

了巨大的成功，背后也离不开中国传统中的许多朴素社会主义的元素，如民本主义和平等精神等。

　　政府治理也是一样，在中国历史上，中央政府往往相对比较强势，这有其历史渊源。历史上我们的文明是由长江、黄河两大水系产生的复合式文明，这两大水系一方面养育了中国人民，同时也带来很多水患。因此治理水患就成了政府是否具有合法性的标志，如果遇到大灾大难，而政府无法有效治理，百姓就要造反。治理这样的灾难往往需要跨区域协调，仅靠地方政府难以做到，久而久之，一个比较强势的中央政府就应运而生了。这也是中国自秦始皇统一以来，大一统就一直是中国主导思想的原因，因为百姓认为，统一可以带来稳定，反之则会发生战乱，产生很多问题。所以基于这样的历史传统，我们应该实事求是，发挥好我们有利的一面，充分发挥政府的优势，减少乃至逐步消除政府作用中的不利因素。

　　第四，超丰富的文化积淀。数千年绵延不断的历史也为我们提供了世界上最博大精深的文化资源。中华民族在 5000 年绵延不断的文明历史进程中，创造了气势恢宏、内涵丰富、延绵不断的文化成就。这些成就包括中国人崇尚"天人合一"和整体主义，包括儒、道、释互补，儒、法、墨共存。这对于今天这个充满宗教冲突和对抗的世界仍有启发意义。随着中国的迅速崛起，中国文化也开始进入了前所未有的繁荣和复兴时代。

三、文明型国家与中国道路

我们可以从党的领导、协商民主和混合经济等中国道路的主要特点来探讨文明型国家与中国道路的关系，可以说，中国文明型国家的特质大致决定了中国道路的特点以及许多制度安排的深层合理性。

第一是党的领导。党的领导是中国特色社会主义道路最鲜明的特征。中国共产党和西方政党虽然都用"党"这个概念，但其内涵是完全不一样的。西方政党是公开的"部分利益党"，"党"的英文是 Party，它的词根是 Part，表示部分，所以西方政党理论简单来说，就是社会不同的一个个的部分利益团体，每个利益团体有自己的代表，通过票决进行选举。而中国共产党是"整体利益党"。作为"文明型国家"，中国的治国理政有着与西方完全不同的历史传承。在过去两千多年的历史长河中，中国在绝大多数时期都是统一的执政集团执政。"文明型国家"本质上是"百国之合"，也就是历史上成百上千个国家慢慢整合而形成的国家，领导这样国家的执政团体如果也是"部分利益党"，整个国家必然陷入四分五裂。

中国共产党是中国历史上统一的执政集团的继续和发展，也是马克思列宁主义政党传统的继承和发展。中国共产党把自己定性为中华民族复兴的先锋队，也随着改革开放的深入而与时俱进。今天的中国共产党应该是世界上组织规模最大、组织能力最强的政党。

反观西方，当前各国都在进行改革，但改革是要克服既得利益的，需要代表社会整体利益的力量来克服局部的利益，所以如果没有代表人民整体利益的政治力量，改革也就很难开展。所以，受制度影响，西方的改革进行得非常缓慢且十分艰难，改革进程中常常受到各种各样的阻挠。举个例子，我上次到法国出差时了解到，当地希望在治安最差的十八区、十九区安装电子探头，但是难以实行。在《费加罗报》上还有一篇文章，标题是《中国人指出一条道路，但是我们不能学习》，大意是说中国是电子监控国家，我们不能如中国这般进行治安管理。后来我与他们讨论，先从数据来看，受恐怖主义影响，英国的电子监控程度是高于中国的；另外，我认为法国是在用工业文明的眼光看待信息文明，这是不正确的。我认为中国模式的特点就是顺应历史潮流、接受新的技术革命，而不是对抗它。在此过程中，我们来解决涌现出的各种问题，包括个人隐私、伦理道德等问题，在发展中解决问题，这是比较正确的态度，也是中国迅速崛起的一条重要经验。

第二是协商民主。在民主制度方面，中国的最大特点是协商民主。这种协商民主的广度和深度是世界上其他政治制度所无法比拟的。从上层到基层，都采用协商民主的方式，遇到一个问题，大家提出几个方法，经过商量，多次反馈、几个来回，使方案日臻完善，几轮过后，就可以达成共识。相比之下，英国的脱欧公投就很不明智，其最终结果赞成脱欧与反对脱欧的差距只有 3.6%，结果是越公投社会越分裂。14 亿中国人民在中国共产党的领导下都能达成共识做事情，世界都进入 21 世纪了，仅仅 3.6% 的差距，为何一定要用两千多年前古希腊最原始的民主方式来决定呢？西方应该与时俱进。

中国之所以采取协商民主这种形式，很大程度上是由中国文明型国家的特质所决定的。中国超大型的人口规模、超广阔的疆域国土，

中国人民政治协商会议第一届全体会议会场入口

纸棱／供图

意味着中国需要更具包容性和整合力的民主制度。在中国这么大的国家里，一个决定哪怕是 10% 的人反对，那也是 1.4 亿人反对，所以中国文化中很难接受那种以简单票决制、赢者通吃等为特征的西方民主制度。从思想传承来看，中国协商民主和决策制度继承了中国古代政治文化中强调的"明主者，兼听独断，多其门户"的理念，继承了"不谋全局者，不足以谋一域"等从长计议、谋定而后动的传统。

第三是混合经济。中国今天实行的社会主义市场经济本质上是一种"混合经济"。此混合经济与西方的一些混合经济不完全相同，实际上我国是国家拥有战略资源、土地。"混合经济"力求通过市场经济取得资源配置的最优化，通过社会主义来保证宏观稳定和社会的公平正义。它是"看不见的手"与"看得见的手"的混合；是计划与市场的混合；是国有经济和民营经济的混合；是"市场经济学"与"民本经济学"的混合。实践证明，这种制度安排虽然还在不断完善的过程中，但已经创造了中国迅速崛起的奇迹，绝大多数人民的生活水平大幅度改善，这种制度安排是对西方新自由主义模式的超越，也使中国成功地避免了席卷西方的金融危机、债务危机和经济危机。

从思想传承来看，中国"混合经济"延续和发展了中国传统意义上的"民本经济学"，即经济发展首先是为了百姓福祉，为了"经世济民"，其主要特点是经济与国计民生联系为一体，经济与治国安邦联系在一起。同时这种制度安排也引入了现代市场经济的理念，包括现代企业制度、现代贸易制度、现代银行制度等，以确保中国的全面崛起，成为世界上最大的经济体和最有竞争力的国家之一。

中国"混合经济"的发展优势体现在方方面面，2016 年"双十一"时，我正好在英国牛津大学做讲座，谈中国模式，在讲座过程中，我谈到中国的电子商务在迅速发展，仅"双十一"一天，天猫一家公司的营业额就达到 1207 亿元，这比印度一年的电子商务营业额还要多，这就是中国的消费市场。当时，一个英国的教授提问说，这是不是证明，中国的民营经济很棒，但国有企业不行？我解释说，并非如此，这实际上正说明了中国混合经济模式的优越性。毫无疑问，营业额体现了阿里公司的经营有道，但同时也要看到，其背后是中国独特的互联网治理模式以及中国国家所做的许多事情，如世界最大最好的高铁网、世界上最大规模的高速公路网；中国有强大的电力保障，可以实现家家户户用空调，这在欧洲很多国家是做不到的；中国拥有强大的网络信号覆盖，从云南昆明开车到中越边界，6 个多小时可以一直观看网络视频，这一点私营企业主导的美国根本做不到；更不要说国家对基础教育、义务教育的投资等。

中国的"混合经济"旨在让国有企业与民营企业都发挥自己的作用，并且双方能够相互配合，当然，这是一种理想的模式，实际发展中可能会遇到很多问题，但是从中央政府的层面来说，总是鼓励这两个板块发挥各自的优势，实现优势互补。

此外，我们的人民也是最勤劳、最向上、最平和的，到哪里都想改变自己的命运，这样的文化传统使中国社会充满活力，为中国崛起提供了最大的动力。

中美比较

下面我想就美国的公开的数据，和自己的观感，做一些中美的比较，主要是对于两个阶层的人进行比较：

第一是中产阶级。根据世界银行的统计，中国的中产阶级目前有 4 亿人，超过美国人口；而美国的中产阶级，据研究表明，45 年间从 61% 下降到 52%。据美国皮尤研究中心 2018 年发布的调查，美国普通工人的工资，扣除通货膨胀因素，与 1978 年相比持平，几乎没有增加；而中国人均居民的可支配收入，扣除价格因素，实际增长 23 倍，虽然我们的起点比较低，但这种发展也是很了不起的。

另外通过比较家庭中位净资产，我们也可对两国的情况有所了解。所谓净资产，就是所拥有的全部资产减去所有的债务得出的值，而中位净资产是净资产的中位数，也就是说如果共有 200 人，那么比较的就是第 100 人的水平，这一概念比较能反映一个社会的真实水平。2013 年，纽约大学教授 Edward Wolff 做了一项研究，在研究中，他计算了从 1962 年到 2013 年美国的中位净资产，大体情况如下：1962 年时，美国的家庭中位净资产为 55500 美元，而当时中国整体还比较贫困，我记得我 1977 年考大学前每月收入只有几十元，几乎没有私有财产，所以我可以毫不夸张地说，美国 1962 年的家庭中位净资产比中国高一百倍都不止。但是到 2007 年美国的家庭中位净资产达到峰值，也就是 115100 美元后，就再无超越。到 2013 年时，其家庭中位净资产值为 63800 美元，按现在的汇率来算，约合人民币四十五六万元，这是美国中产阶级的真实状况。我们现在没有中国自己做的 2013 年的数据，但是我想国内任何地方，北京、上海甚至三线城市，都可以比较出这在中国属于什么水平。过去和美国比家庭净资产是想都不敢想的事情，而如今我们越比越自信。

第二，我们可以再比较弱势群体。到 2020 年底，我国要消除极端贫困，现在只剩下最后 600 万左右，我们的标准是"两不愁三保障"。我要强调一点，中国是社会主义国家，经过土地改革，农民是有土地和住房的。反观美国的情况，根据联合国贫困报告员 2017 年的报告，（2016 年）美国有 4000 万人生活贫困，其中 1850 万人极度贫困（极度贫困的标准是，四口之家年收入 12000 美元，平均每人每年 1500 美元），而另有 530 万人生活在绝对贫困的第三世界水平当中，人均年收入低于 1500 美元，而且这 1500 美元包括了政府的补贴，包括食品券。

我们目前的贫困标准是农民年纯收入在 3700 元到 4000 元之间（按 2010 年 2300 元不变价格计算），关键是"两不愁三保障"是个很高的标准，我们的贫困户现在有彩电、冰箱、洗衣机，有土地和住房，放在很多发展中国家都相当于当地的中产阶层水准。把"两不愁三保障"进行量化，我们以云南一个深度贫困县为例做了估算，政府对实现"两不愁三保障"的投入，不算扶贫工作人员的工资，量化到每个贫困户，大约在 14 万元到 57 万元之间（这当中最大的变量是医保）。换言之，对于一个四口之家的贫困户，政府平均要投入 35 万元左右，也就是 5 万美元左右。这与美国是有很大差别的，我们深度贫困地区全在边远山区，而美国深度贫困地区就在纽约、洛杉矶、旧金山，在市区，特别是洛杉矶，据联合国的报告，美国的无家可归人数大约 55 万，并且由于美国贫困人口的认定需要填写表格、接受体检，所以这 55 万人，没有算在美国贫困人口之内。我国的 5 万美元可以切实地用在贫困地区，而美国则不同，他们的扶贫是救济扶贫，发了救济金就算脱贫。如此看来，在中国实现"两不愁三保障"的群体的生活水平，肯定高于美国的第三类贫困人口，可能也高于美国的第二类贫困群体，也就是 1850 万人的那个群体。

此外，美国人的储蓄很低，20% 的美国人没有任何的银行存款，44% 的美国人遇到紧急状况拿不出 4 万美元，约 70% 的美国人遇到紧急状况拿不出 1000 美元。而他们储蓄低的原因并不是因为福利好，据 BANKRATE 公司的民意调查显示：39% 的人认为生活开支太大，无钱可存；16% 的人认为工作不好，收入太低；13% 的人需要还债，拿不出钱；16% 的人认为还没到存钱的时候；只有 6% 的人认为没有必要。所以如果这个民意调查可靠的话，只有 20% 左右的人生活得比较潇洒，认为没必要存钱，其他都是由于经济原因导致无法储蓄。

美国的基础设施也存在严重老化的问题。比如纽约的地铁没有空调、没有电梯，处于非常原始的状态，而且难以修葺。这首先是因为政府缺少资金，其次是其政治制度影响：美国的政治制度讲求权利文化、律师文化，每个人都讲自己的权利，修缮地铁触及很多公司的利益，可能每个公司都要和政府打官司，因此就会陷入僵局。用我们中国的模式话语讲，你没有一个代表人民整体利益的政治力量，就很难做到这些。再比如美国的机场，想要修一修、增加一条跑道都很困难，各种利益集团都会以各种各样冠冕堂皇的理由反对，这背后反映的是一种制度危机。特朗普在竞选美国总统的时候也就基础设施问题抱怨，他曾向卡特询问过，面对中国的崛起、中国的超越，美国应该怎么办？我认为卡特回答得比较准确，他说，中国逐步强大是因为，美国过去 40 年每天都在打仗，不仅如此，在过去的 250 多年中，只有 16 年没有打仗，而中国 40 年来，没有战争，全在抓紧搞建设，因此就不一样了。现在美国想要有所改变也越来越难了。而美国的民众对自己的制度似乎也不甚满意，根据益普索（Ipsos）的一项民意调查，调查"你是否认为自己的国家走在正确的道路上"，结果显示，2019 年中国有 91% 的人认为中国走在正确的道路上，美国是 41%，英国是 21%，法国是 20%。

总之，"整体利益党"比西方的"部分利益党"更有领导力、执行力和凝聚力；"协商民主"比西方"大众民主"更能体现不同阶层的共同利益，更能作出具有长期战略意义的规划和决策；"混合经济"比"市场原教旨主义"更能保证经济顺利、迅速和平稳地发展。当然，中国的制度安排，包括国家治理体系和治理能力建设，还面临诸多挑战，有的还相当尖锐，仍有一个不断完善的过程。

四、文明型国家崛起的逻辑

作为一个文明型国家，中国本身就是一个精彩万分的大世界。"文明型国家"既是一个国家，又是"百国之合"。作为一个国家，它有世界上最难得的民族凝聚力和宏观整合力；作为"百国之合"，它有世界上最罕见的内部差异性和复杂性。在中国模式的引导下，中国"文明型国家"的人口、土地、历史、文化四大"超级因素"构成了中国崛起的最大优势：中国有世界上最充沛的人力资源和全球最大的消费市场，有其他国家难以比拟的地缘优势，有自己悠久的历史传承和独立的思想体系，有取之不尽、用之不竭的文化资源。

反之，如果中国放弃中国道路，转而照搬西方模式，中国自己"文明型国家"的优势恐怕就会消失得无影无踪，中国"文明型国家"的最大优势也可能变成自己的最大劣势："百国之合"变成"百国之异"，强调共识的政治变成强调对抗的政治。"百国之合"的人口将成为中国混乱动荡的温床，"百国之合"的疆土将成为四分五裂的沃土；"百国之合"的传统将成为无数传统纷争和对抗的借口；"百国之合"的文化将成为不同文化族群大规模冲突的根源。

不同于"历史终结论"，那是一种从极权主义到威权主义再到民主化的逻辑，作为一个文明型国家，中国有自己发展和崛起的逻辑。这个逻辑就是：中国历史上长期领先于西方，过去两千多年，中国在至少四分之三的时间段内是领先的，这种领先有深刻的原因。从 18 世纪开始，中国落后了，错过了工业革命，但现在又赶了上来，这种"赶超"也有深刻的原因。今天赶超成功的原因和过去长期领先的原因之间是有继承和发展关系的，这就是文明型国家发展和崛起的逻辑。比方说，中国过去领先西方，一个重要原因是治国理政中的民本主义思想，即政治机器不能空转，政治要落实到民生的改善，今天中国的治国理政还是民本主义逻辑的延续和发展。

我认为中国的话语可以影响世界，在我提出"文明型国家"之后，西方有不少学者也进行引用，比如 2019 年 4 月份在《金融时报》刊登的专栏作家拉赫曼的文章，他说现在中国、印度、土耳其、俄罗斯等都在使用"文明型国家"的概念。最后，我要提一部电影，2013 年好莱坞导演 Spike Jonze 拍摄了一部爱情片《她》，描写了未来洛杉矶城市中发生的虚构的爱情故事。这个故事发生在洛杉矶，但整部电影都是在上海取景拍摄的，他认为上海更接近于未来城市的样貌，我也是这样看的。总之，我们应该更加自信，让我们把不自信的帽子送给我们的对手。作为一个文明型国家，中国的全面崛起必将对世界格局和人类进步产生广泛而深远的影响。

注释：

① 2018 年 11 月 5 日上海首届中国国际进口博览会习近平主旨演讲。

（讲座时间　2020 年）